충북대학교 인문사회 연구총서

미국의 대한반도 정책
이론과 실제

김일수

충북대학교 출판부

차례

<표 차례>

<그림 차례>

서문

이 책은 역대 미국 대통령들의 대한반도 정책에 관한 연구로 대통령들의 정책 수립방식과 한반도에서 추구하고자 했던 그들의 목표와 정책의 실패 및 성공 등을 검토하는데 목적을 두고 있다. 미국 대통령들은 한국의 중요성을 각자 다르게 평가하였기에, 서로 다른 대한반도 외교 전략을 통해 각자의 외교목표를 달성하고자 하였다. 또한 미국 대통령들은 다른 국내외적 변화로 인해 서로 다른 역사적 맥락 속에서 일어나고 있는 남북한 사이의 대결에 직면해야 했다. 이에 이 책에서는 외교정책 설계자로서 미국 대통령이 한반도를 핵심 안보문제로 여겼는지를 논의하고자 한다.

대통령의 권한(power)은 여전히 미국이 대한반도 외교정책을 성공적으로 수행하는데 중요한 요인으로 작용하고 있다. 외교정책 개입에 대한 대통령의 권한이 효과적으로 발휘될 때, 대통령은 자신의 외교목표를 달성할 수 있다. 대통령이 외교정책에 적극적으로 가담할수록 자신들이 목표한 전략을 실행하는데 필요한 외부적인 제약 요인들을 극복할 수 있다.

이 책은 미국 외교정책의 중대한 변화의 시기라 할 수 있는 카터 대통령에서 오바마 대통령까지를 주요 연구 범위로 하였다. 이 사례 연구를 통해 외교정책 수립에서의 대통령의 역할에 관한 일반적인 특징을 파악할 수 있으며, 특히 한반도 사례의 고유한 특징들을 파악할 수 있을 것으로 기대한다.

미국의 대한반도 정책 수립에 있어 미국 의회의 역할은 간접적이지만 중요한데 이 책에서는 해외정책에 관한 대통령과 의회 간 상호작용의 중요한 의미를 도출하고자 하였다. 이러한 연구를 통해 미국 외교정책 일반, 한국학, 지역학 등을 연구하는 학자들뿐만 아니라, 미국 외교정책의 수행을 연구하는 학자들에게도 도움이 되기를 기대한다. 미국의 외교정책의 방향을 제시하고, 이를 실행하는 대통령들의 경험은 미국의 대한반도 정책과 아·태 지역에서 미국의 미래상에 대한 많은 시사점을 보여줄 것이다. 더불어 미국의 외교정책을 공부하는 이들에게 미국 대통령의 영향력에 관한 참고서가 될 수 있을 것이다.

이 책은 본인이 그 동안 작성한 논문들을 바탕으로 엮어졌다. 나름 최선을 다했지만 부족한 부분이 있을 것이다. 독자들이 많은 비판과 제언을 해주시면 차후에 수정·보완할 것을 약속드린다.

이 책이 나오기까지 많은 사람들의 도움이 있었다. 충북대학교 정치외교학과 동료 교수들의 격려에 감사드린다. 또한 이 책을 처음부터 끝까지 읽고 교정 작업에 참여해 준 대학원생 이동희, 박기형, 연정례, 윤혜영, 김나리, 오지혜에게도 감사한다.

무엇보다도 가장 도움을 준 것은 가족이다. 지금까지 헌신적인 관심과 사랑을 주신 부모님, 그리고 장인, 장모님께 감사드린다. 또한 형에게 감사드리고 싶다. 필자의 오랜 유학생활을 물질적으로, 정신적으로 후원한 형에게 이 책의 출판이 조금이라도 위안이 되었으면 한다.

사랑하는 아들 민성에게도 고맙고 미안하다는 말을 하고 싶다. 항상 논문을 준비한다는 핑계로 아들과 많은 시간을 같이 하지 못했다. 새로 시작하는 아들의 학업을 위해 아빠로서 더 많은 시간을 같이 하겠다고 약속하고 싶다.

끝으로 사랑하는 아내의 배려와 이해에 고맙다는 말을 하고 싶다. 항상 힘이 되어 주고 격려하는 아내가 없었다면 필자가 교육과 연구에 매진할 수 없었을 것이다. 이 책을 사랑하는 아내 이정아에게 바친다.

2014년 8월

개신동 연구실에서

김 일 수

제1장

미국 대통령과 한반도 안보

미국 대통령들은 세계적 도전들에 어떻게 대처하고 있는가? 미국 대통령들은 변화하는 글로벌 환경을 어떻게 평가하고 그에 대응하고 있는가? 미국 대통령들은 수많은 외교정책 요구들 가운데서 한반도에 대한 정책 목표와 전략을 어떻게 수립하고 있는가? 이러한 질문들은 대통령학(Presidency)뿐만 아니라 미국 외교정책(American Foreign Policy)을 연구하는 많은 이들의 주요 관심사였다. 위와 같은 질문들은 미국 대통령이 결국 국가 외교정책의 최고 결정자이며 자신의 정책에 책임을 지는 인물이기 때문에 그렇다.

미국 대통령은 위기와 같은 긴급한 사안에서부터 무역과 같은 평범한 외교 사안까지 다양한 외교정책 문제들을 처리한다. 대통령은 그 어떠한 문제에 직면하더라도 의회와 국민들에게 자신의 외교정책 목표가 그 문제들을 성공적으로 해결할 가장 좋은 선택이었음을 확신시켜야 한다. 대통령은 미국 외교정책이 효과적으로 수행되길 원한다면 미국 내의 합의뿐만 아니라, 동맹국의 지지 확보를 목표로 삼아야 한다. 왜냐하면 대통령이 실행하는 정책은 의회, 국민, 국제사회에 의해 지속적으로 면밀히 검토되기 때문이다.[1] 이와 같은 합의나 지지는 대통령이 외교정책을 수행할 때 대통령의 역량이 최대한 발휘되도록 하는 동기(motivations)를 부여해 준다.

이 책에서는 미국의 대한반도 정책을 중심으로 미국 대통령들의 외교정책에 대한 정책방향 설정(direction)에 대해 살펴보고자 한다. 다시 말해, 미국 대통령의 입장에 초점을 맞추어 미국의 외교정책이 어떻게 수립되고 실행되는지를 짚어보고자 하였다.

제1절 외교정책에서 대통령의 역할

대통령은 미국 외교정책에서 핵심 역할을 수행한다. 트루먼, 닉슨, 레이건 등 지난 50년 동안 미국 대통령들은 미국 외교정책에 많은 영향을 미쳐왔다. 미국 외교정책 연구자들은 개인과 대통령의 성격(personality)이 외교사(Diplomatic History)에 자주 영향을 미쳐왔음을 잘 인식하고 있다.[2] 또한 우리는 미국 정치체제 내에서 대통령이 국가의 외교정책을 공식화하고 명확하게 규정화하며 실행하는 궁극적인 책임을 가지고 있음을 잘 알고 있다.[3]

대통령은 명예와 권력을 통해 국군통수권을 행사하며, 국민들을 설득함으로써 자신의 정책을 지지하거나 수용하도록 하는 유리한 위치에 서 있다.[4] 또한 대통령은 외국과 외교적 관계를 맺고, 국제협정을 체결하며, 미국 외교정책의 일반적인 방향을 제시하는 역할을 하는 등 미 행정부의 정점에서 막대한 권력을 행사한다.

대통령은 자신에게 부여된 헌법적 권한과 더불어, 관료조직과 행정부 내의 핵심 정책입안자에 대한 임명권을 통해 외교정책 수립에서 자신의 권력과 영향력을 행사한다. 그렇게 함으로써, 대통령은 많은 경우 게임의 규칙을 정할 뿐만 아니라, 어떠한 게임 참여자들이 자신에게 접근할 것인지를 결정한다. 대통령이 대부분의 계획을 결정할 수 있기 때문에, 관료들은 대통령의 의견을 알아야만 한다. 이러한 대통령의 불가침적 특권으로 인해 대통령은 자신이 원한다면 스스로 지배적 행위자가 되어 독단적인 정책 실행도 할 수 있다.

그렇다면 미국 외교정책에서 대통령의 권력과 그 범위는 어디까지인가? 외교정책의 수립에 있어서 미국 헌법이 대통령에게 부여하고 있는 권한은 어디까지인가? 이러한 질문들에 대한 답은 불분명하기 때문에 외교문제에서 대통령의 권한은 학자들 마다 주장이 엇갈린다.

외교정책에서 대통령의 역할이 중요함에도 불구하고, 대통령의 헌법적 책임은 명확하게 정의되어 있지 않다. 사실 미국의 국부들은 정부를 입법부, 행정부, 사법부라는 삼권분립 체제로 분리해 놓았다.[5] 이러한 체제 안에서 갈등은 불가피하다. 일부 학자들은 대통령이 의회의 동의 없이 전쟁에 군대를 파견할 권

리가 없다고 주장한다.[6]

그러나 미국 대통령은 해외에 대한 광범위한 미군 배치와 안보 공약 등으로 인해 국제사회에서 더 큰 역할을 하도록 요청받는다. 대통령은 정책목표의 달성이 어렵다고 느낄 때면, 매번 국제사회의 관련 행위자들과 미국 국민들에게서 합의를 얻고자 하였다. 이러한 대통령의 국제 행위자적 역할로 인해, 대통령학을 연구하는 대부분의 학자들은 관료나 의회보다도 대통령의 역할을 더욱 중요시 하는 경향이 있다. 반면 외교정책 결정과정을 중시하는 학자들은 대통령을 정책 수립의 많은 결정요인 중 하나로 본다.

이 두 학파는 개인이 역사적으로 중요한 역할을 수행한다는 점과 개인과 개인이 처한 상황들과의 상호작용을 통해 행동이 도출된다는 점에서 인식의 궤를 같이 한다.[7] 하지만 두 학파는 다음과 같은 차이점이 있다. 먼저 대통령학을 연구하는 학자들은 대통령이 외교정책을 담당한다는 전제 하에 외교정책 수립에 있어 대통령의 영향력에 주목한다.[8]

반면에, 외교정책 결정과정 중심 학파는 외교정책은 대통령이 단독으로 수립하는 것이 아니라고 전제하면서 외교정책 수립과 실행에 참여하는 많은 자문그룹들과 관료들의 영향력을 주의 깊게 관찰한다.[9] 후자는 사실상 미국 외교정책이 대통령의 권력보다는 대통령에게 영향을 미치는 관료, 의회, 여론에 의해 더욱 영향을 받는다고 주장한다.[10] 또한 후자는 대통령의 역할이 여전히 중요한 것은 맞지만, 정책 수립에 관한 많은 일을 혼자서는 수행할 수 없다고 본다. 더욱이 외교정책 결정과

정의 다이내믹을 중요하게 생각하는 연구자들은 자문그룹, 정부 각 부처 및 산하기관, 입법부, 이익단체 등 이들 사이의 경쟁이 외교정책 수립에 영향을 미친다고 여긴다.[11)]

이 책에서는 외교정책을 대통령이 주도하고 관료들이 부차적인 역할을 하는, 행정부의 의사결정과정이라고 정의한다. 미국 대통령은 국내 행정수반인 동시에 세계의 지도자(World leader)로서 당면한 과제들을 해결할 책임을 갖는다. 이러한 접근법은 먼저, 큰 틀에서 미국 외교정책이 어떻게 수립되고, 적용되며, 실행되는지를 더욱 쉽게 파악할 수 있도록 해준다. 또한 대통령이 대외 정책을 수립하고 집행하는 데 얼마만큼의 책임감을 가져야 하는지를 명확하게 보여줄 수 있기 때문에 유용하다.

2차 세계대전 이후 미국 대통령들에게 한반도는 가장 중요한 안보 이슈 중 하나로 여겨졌기 때문에 미국의 대한반도 정책은 다른 정책입안자, 의회, 관료들의 영향력에 비해 대통령의 영향력이 매우 광범위하다. 이러한 점들을 고려할 때, 대통령에 의해 수립되고 실행되는 정책과 결정들이 미국정치의 구조적 요인에 의해 수립·실행되는 것보다 훨씬 더 중요하다. 미국 외교정책 수립에서 과정과 구조의 효율성이 여전히 중요성을 갖지만, 대통령에 의한 정책집행이 외교정책의 효율적인 집행과 더욱 깊은 관련성을 가진다.[12)]

외부적 위협이 존재하는 한 미국은 중앙집권적이고 조직적인 외교정책 수립체계를 필요로 하고, 미국 헌법은 대통령에게 행정부의 수반(최고사령관)으로서의 막대한 권한을 위임하고 있다. 그렇기에 대통령은 외교정책에 있어서 가장 강력한 정치적 인물로 계속 자리매김 할 수밖에 없을 것이다. 또한 대통령은 외교정책 분야에서 제도적인 권한과 내재적 권한의 이점을 모두 갖고 있기 때문에, 동등한 제도적 지위를 가진 입법부와 사법부보다 확실히 우위에 서 있다.

2차 세계대전부터 1970년대 초까지 외교정책 수립과정에서 의회의 영향력이 감소하고, 행정부의 권한이 커졌다는 것은 미국 정치학계에서도 널리 받아들여지는 주장이다. 이 시기 동안 미국의 헌법은 외교정책에서의 입법권한을 대통령에게도 줌으로써 의회의 외교적인 입법 활동을 보조적 위치에 두었다. 이처럼 분산된 입법권으로 인해 대통령은 외교정책을 수행하는데 어려움을 겪었다. 한편, 미국 연방대법원은 외교정책에서 의회의 역할에 대한 지지를 보내기도 했다.[13] 사실상 1960년대 말까지 의회는 외교정책에 있어 대통령에 대한 견제보다는 묵인과 동의로써 많은 권한을 양보하였다.

의회가 외교정책 수립과정에 참여하는 방법에는 두 가지 주요한 제도적 장치들이 있다. 첫째, 상원 2/3 이상의 동의가 필요한 조약체결 비준권으로 이는 일시적 참여이긴 하지만 의회가 외교정책에 강력한 영향력을 행사 할 수 있는 권한 중의 하나이다.

둘째, 좀 더 지속적인 방법으로 행정부의 해외활동에 대한 의회의 세출의결권을 들 수 있다. 대부분의 정책은 자금의 뒷받침이 중요하기 때문에 세출의결권은 막강한 제도적 장치이다. 이는 행정부와 의회 간 몇 차례의 승인과정을 필요로 한다.

그러나 의회가 외교정책 수립에 있어 대통령의 견제세력이 된다고 할지라도 실제 정책 수립에 참여하는 데는 제한적일 수 밖에 없다. 이는 의회의 주요한 기능이 대통령이 가진 고유한 권한보다는 조언과 합의를 만드는데 있기 때문이다.[14)]

베트남전쟁의 실패와 워터게이트 사건으로 인해 한동안 행정부의 권한이 약화되었으나, 그렇다고 외교정책에서의 대통령의 근본적인 역할이 사라진 것은 아니었다. 대통령이 외교정책의 모든 문제를 결정할 수 없더라도, 논쟁의 종지부를 찍는 최종적인 결정은 대통령의 몫이기 때문이다. 대통령은 외교정책에서 갈등이 발생하면 어느 한 가지 선택을 해야만 하며, 그 누구도 그 역할을 대신 할 수는 없다.

앞서 살펴보았듯이 만일 대통령이 미국 외교정책의 형성에 있어 핵심적인 요소라면, 대통령은 정책 수립과정에서 어떠한 방식으로 어느 범위까지 영향력을 행사할 수 있을까? 특히 한국과 관련하여, 어떠한 요소들이 미국 대통령들로 하여금 한반도에 대한 인식을 변화시켰는지, 미국 대통령들이 한반도에서의 정치적 목표 달성을 위해 어떠한 정치적 스타일을 이용하여 전략을 실행하였는지에 주목할 필요가 있다.

조지(Alexander George), 베리어(Ryan Barilleaux), 버크(John Burke), 그린스타인(Fred Greenstein) 등은 대통령의 스타일이 외교정책의 행태를 결정짓는다고 주장하는 대표적인 학자들이다.[15)]

외교정책과 국제문제를 다루는 대통령의 능력을 연구하기 위해서는, 먼저 정치행위자가 외부적 제약조건을 뛰어넘어 정

책추진에 유리한 환경을 조성하는데 성공하였던 조건들을 찾아내야 한다.[16)]

미국 외교정책 수립과정에서는 한 개인(a person)으로서의 대통령이 제도(institution)로서의 대통령보다 더 중요하기 때문에,[17)] 우리가 외교정책을 이해하기 위해서는 대통령이 직면해야만 하는 상황에 대해 이해할 필요가 있다.

성공적인 외교정책 수행을 위해서는 대통령의 권한 행사가 필수적이다. 이는 대통령이라는 직책이 외부적 한계를 극복하고, 외교 목표와 전략에 유리한 환경을 조성하는 데 필요한 힘을 부여해 준다. 대통령이 외교정책에서 행사하는 권한에 대해서는 외교 자문위원들이 대통령을 대신할 수 없다.[18)] 대통령의 권력은 정치와 정책의 역사적 수레바퀴 속에서 반복적으로 나타났던 헌법적·정치적·개인적 요소의 혼합물이다.[19)]

우리는 몇몇 대통령들이 왜 다른 대통령들보다 미국 외교정책에 더욱 많은 영향력을 행사하였는지를 검토해야 한다. 이러한 검토를 위해 우선 대통령이 외교정책 수립의 방향을 결정할 때 대통령의 행동에 영향을 주는 요소들을 파악해야 한다. 이를 위해 이 책의 연구범위를 미국의 각 대통령들의 한반도 문제에 대한 관심과 그들의 정치 스타일로 한정하여, 그들이 달성하고자 한 각자의 외교정책 목표와 전략들을 분석하고자 한다. 미국의 안보적 측면에서 한반도의 중요성에 대한 대통령들의 인식은 각기 달랐으며, 그에 따른 정치적 스타일도 다양하게 나타났다. 여기서 정치 스타일이라 함은 미국 대통령들이 한반도 안보유지를 위해 사용한 다양한 전략과 전술을 의미한다. 미국 대통령의 정치 스타일을 분석함으로써 대통령들이 보상(당근)과 위협(채찍)을 어떻게 이용하고 왜 사용했으며, 군사적·경제적 위협 수단보다 외교적 해결책을 선호하였는지를 파악할 수 있다.

미국 대통령들은 한반도와 세계문제에 대해 자기만의 고유한 리더십과 관점을 가지고 있었다. 서로 다른 형태의 리더십을 가진 대통령들은 서로 다른 역사적 맥락 속에서 남북한의 대립이라는 문제에 직면하였기에, 한국에 대한 그들의 상황인식은 각자 다를 수밖에 없었다. 대통령들은 자신만의 전략과 정책 목표를 통해 한국문제를 해결하는데 심혈을 기울였다. 예를 들어, 카터와 레이건의 외교적 접근법은 매우 달랐다. 카터는 한국에서의 미군철수가 한국의 안보를 위태롭게 할 가능성이 없다고 믿었던 반면, 레이건은 공산주의에 대해 강력한 이념적 태도를 보였기에 한국에 더욱 많은 군대를 주둔시켜야 한다고 주장했다. 이처럼 두 대통령은 한반도의 평화와 안보유지에 대한 정책 목표와 전략이 명백히 달랐다.

미국 대통령들의 정치 스타일과 정책목표는 달랐지만, 북한의 위협을 막아야 한다는 책임에 있어서는 인식이 일치하였다. 하지만 대통령들이 직면했던 시대적·현실적 상황이 변화하고 직접 경험했던 현실들도 다양했기 때문에,[20] 풀어야 할 문제들도 다를 수밖에 없다.[21] 그렇기에 대통령들은 외교정책을 형성하는데 있어 서로 다른 국내외적 문제들에 직면하여 국내외적 환경과 역사적 상황에 적합한 정책을 수립해야 한다.

또한 미국 대통령들이 외교정책에 미치는 영향을 알기 위해서는, 외교정책 결정에 있어서 그들이 직면하였던 한계와 당시 상황에 대해서도 명확히 이해해야 한다. 대통령의 외교정책 결정에 영향을 주는 주요 요인으로는 국민여론,[22] 이익집단, 의회, 관료정치, 뉴스 미디어 등이 있다. 대통령이 이러한 다양한 난제와 요인들을 극복하기란 쉽지 않기 때문에 이들은 비범한 정치적 능력과 대중적 인기를 갖출 것을 요구받는다.[23]

이러한 변수들은 크게 국제적 혹은 국내적 범위로 구분할 수 있다. 먼저, 대통령들이 겪게 되는 국제적 환경은 좀 더 호의적이거나, 좀 더 적대적이다. 예를 들어, 레이건은 소련의 군사적 팽창주의가 강력해지고 미국의 위신이 전 세계적으로 쇠퇴하는 국제환경에 직면하였다. 그는 소련의 도전을 봉쇄하고, 전 세계적 평화와 질서 유지를 위한 강력한 안보 공약을 제시하는 외교정책 목표를 수립해야만 했다.

최고 군통수권자인 대통령은 국내적으로 자신의 정치적 명성과 의회와의 관계, 외교 문제에 대한 대중의 관심이나 무관심을 잘 살펴야 한다. 뒤에서 언급하겠지만, 카터는 베트남전 패배와 워터게이트 사건 은폐로 인해 한국 내 미군철수를 간접적으로 선언하였다. 따라서 대통령이 정한 목표의 실행과정은 대체로 선거의 전략과 대통령의 국제적 활동계획에 영향을 미칠 수 있는 강력한 대중적 지지여부에 따라 좌우된다고 할 수 있다.[24]

제2절 외교정책에서 대통령의 권한과 한반도

이 절에서는 외교정책학이나 대통령학에 관련된 문헌들이 한국의 사례에 어떻게 적용될 수 있는가에 대해 살펴보고자 한다. 미국 대통령은 2차 세계대전 이후 세계의 핵심 지도자가 되었으며, 군사 및 경제 분야에서 슈퍼파워의 하나로 부상하였다.[25] 미국 대통령의 세계 지도자로서의 역할은 국제사회에 대한 미국의 개입 증가와 함께 커져갔다. 그러나 베트남전쟁 이후 국제사회에서 미국의 힘은 눈에 띄게 쇠퇴하였다. 특히 워터게이트 사건과 베트남전쟁으로 인한 경기침체가 지속되면서 미국여론은 미국이 고립주의로 회귀할 것으로 모아졌다. 사핀(Burton M. Sapin)은 이에 대해 다음과 같이 말하였다.

> 이제 그 같은 시절은 끝이 났다. 미래에도 계속 미국 대통령이 국제사회에서 가장 중요한 개인 행위자가 될 지라도, 이제 그는 국내정치 문제에 대해 국내정치 환경이 자신에게 부과하고 있는 더욱더 겸허한 자세를 외교 문제에 있어서도 보여주어야 한다.[26]

이어서 그는 2차 세계대전 이후 미국 외교정책을 뒷받침하였던 대통령 권력 강화에 대한 광범위한 사회적 합의는 1960년대에 이르러 차츰 줄어들었다고 평가하였다.[27]

이때부터 국제체제는 양극체제에서 다극체제로 서서히 변화하기 시작하였다. 1970년대 중반의 국제정치를 다극체제의 출현으로 본다면, 미국 대통령이 세계 지도자로서 행동할 기회·

책임·행동도 차츰 줄어들었다고 봐야 한다. 미국이 세계 정치에서 지배력을 갖고 있는지에 대한 학술적 논쟁은 늘 있어왔다. 대표적으로 케네디(Paul Kennedy)는 미국의 힘이 쇠퇴하고 있다고 주장하는 반면, 나이(Joseph Nye)는 그렇지 않다고 주장한다.[28] 미국의 힘의 상태에 대한 다양한 논의들 속에 가장 중요한 사실은 미국의 대통령은 세계 정치적 환경을 극복해야 한다는 것이다.

국제체제와 국내정치에서 일어나는 변화들은 대통령들에게 아주 주관적인 방법으로 영향을 끼쳐, 그들로 하여금 현실에 대한 자신만의 관점과 반응을 갖도록 하였다. 예를 들어 카터가 세계를 다극체제로 인식했다면, 레이건은 세계를 양극체제로 보았다. 대통령들의 이러한 상황 인식의 차이는 권력행사에 있어서 다양한 결과로 나타났다.

그러므로 대통령은 국제사회에서 발생하는 모든 문제를 해결하기 위한 외교정책 목표와 전략을 수립하여야 한다. 국제적 문제들을 해결해야 하는 미국 대통령의 역할은 사라지지 않는다. 오늘날 세계적 상호의존성이 커져감에도 대통령이 경제이익의 확보와 안보이익을 유지하는데 주요한 국제 행위자라는 점에는 변함이 없다. 다시 말해 새로운 문제들이 미국 안팎에서 발생하더라도, 미국 대통령은 군축, 핵확산, 국제 테러 등 국제 문제를 해결하는데 중요한 역할을 한다.

국제관계 혹은 미국 대통령학을 공부하는 연구자들이 가져야 할 중요한 문제의식은 국내 및 국제체제가 대통령의 행동에 어떤 영향을 미치는지가 아니라, 미국 대통령은 미국 국민들과 동맹국으로부터 지지와 동의를 얻기 위하여 어떻게 행동하는가이다. 이 책에서는 세계 지도자로서 미국의 대통령이 냉전의 잔재가 여전히 남아있는 한반도 문제를 어떻게 풀어내고 있는지 살펴볼 것이다.

제3절 연구주제와 연구방법론

1) 사례 연구

대통령이 어떻게 외교정책 문제를 풀어나가는지를 파악하는 방법은 다양하다. 그 중 효과적인 방법이 특정 사례를 검토하는 것이다. 사례 연구는 역사적 기록을 파악하는데 있어 유용한 방법론을 제공한다. 이 방법은 특히 미국 대통령들의 한반도 문제 처리와 관련된 복잡한 정보들을 검토하는데도 유용하다. 또한 이 같은 사례 연구들을 모아서 공통의 변수에 따라 비교 검토하는 것도 가능하다. 이 책은 미국의 대통령들(카터-오바마 까지)의 한반도 정책의 수립 및 실행과 관련하여 그들의 권한 행사 방법을 사례 분석함으로써, 대한반도 정책과 관련된 미국 대통령들의 행동을 분석하는 것을 목적으로 하였다. 사례 연구가 단편적 방식의 이론 설계이기 때문에 갖는 불명확성은 미국의 대한반도 외교정책을 서술적으로 기술하면서 보완하고자 하였다. 더불어 미국 대통령의 대한반도 문제 처리에 대해 심도 있는 분석·설명·평가를 덧붙였다.

위기(crisis)를 "국가 안보가 매우 위협받는 상황, 즉 대통령

스스로가 위협이라고 인식하고 그 위협에 대처하는데 심한 시간적 압박을 받는 것"이라고 정의한다면,[29] 한반도 상황에 이 같은 정의를 대입하는 것이 적절치 않을지도 모른다. 비록 한반도의 위기가 쿠바 미사일 위기와 같은 수준의 '위기'는 아닐지라도, 안보에 대한 긴장 수준은 보통의 외교 사례들보다 한반도 문제가 월등히 높다고 할 수 있다. 때문에, 한반도를 '유사 위기(quasi-crisis)'상황에 있는 것으로 묘사할 수는 있을 것이다. 휴전협정은 전쟁의 일시적 중지를 의미할 뿐, 남북한 모두에게 영구 평화를 보장해주지 않는다. 북한 공산주의의 위협이 지속되고 미군이 한국에 주둔하고 있는 한, 한반도 정책에서 미국 대통령의 역할은 매우 중요하다. 클린턴도 인지하였다시피, 한반도는 지정학적 조건을 감안할 때 냉전 이후에도 미국의 국가 안보에 여전히 중요한 지역이라 할 수 있다. 결국 세계지도자로서 미국 대통령은 한반도에 많은 시간과 노력을 기울여야만 하는 것이다.

한미 안보 관계의 연구는 대부분 합리적 행위자 이론으로 분석되고 있다. 미국의 대한반도 정책을 분석할 경우 개인, 집단 간의 국익을 극대화하기 위해 미국 정부가 일사불란하게 움직인다고 여긴다. 이러한 합리적 행위자 이론은 복잡한 한미관계를 간단명료화 하는 장점이 있다. 그러나 이러한 합리적 행위자 이론에 근거한 현실주의 가정은 국가라는 블랙박스 안에서 벌어지는 역동성(dynamics)을 설명하지 못하는 단점이 있다. 또한 한미관계에 관한 보다 심도 있는 분석에도 불구하고, 이러한 연구방법은 미국 외교정책을 형성하는데 있어 핵심 역할을 하는 대통령과 같은 개인적 정책결정자의 영향력을 설명할 수 없다는 한계를 갖는다. 미국의 대한반도 정책과 관련한 최근 연구들에서도 여전히 이와 같은 연구 형태가 나타난다.[30] 또한 학자들이 미국의 대한반도 정책을 연구하였지만 대부분이 한미 외교관계를 역사적으로 분석한 것들이었다.[31] 한국 관련 연구는 남북한 통일문제와 한국의 민주주의에 국한된 것이었으며,[32] 한미관계에 관한 연구 역시 미군배치, 한미 동맹, 한국에 대한 미국의 해외원조와 같은 핵심 이익을 분석한 것들이었다.[33] 지금까지 미국의 대한반도 정책에 관한 수많은 연구들과 저작들이 있었음에도 불구하고 몇몇 연구들에서만 대통령의 권한과 한계에 대한 이론적 탐구를 이루고 있다.[34]

이 책에서는 선행 연구들이 가진 한계를 극복하고자 노력하였다. 지금까지 한미관계연구에서 대통령 인식(presidential perspective) 수준의 연구가 부족하였던 것은, 여러 가지 요인이 있다. 무엇보다 국제정치학이나 외교정책학을 가르칠 때 방법론적 측면에서 대부분의 학교들이 다른 분석 수준 보다 체제수준(system level)의 연구를 중요하게 생각한다. 이것은 국제정치(국제관계)학의 주된 패러다임이 월츠(Kenneth Waltz)가 말하는 구조적 현실주의이기 때문일 것이다.

이 책은 대통령의 인식수준에 초점을 두고 미국의 외교정책과 대한반도 정책을 분석한다. 방법론적으로 희소성이 있기 때문에 나름 학문적인 의의를 가진다고 자위하고 싶다. 여하튼 이 책은 외교정책 수립의 이론적 토대 및 외교정책에서 대통령의 역할과 관련된 지식을 확장시키는데 기여하고자 한다. 더욱이 미국이 한반도의 평화와 안정을 유지하려고 하는 한, 본 연구와 같은 연구들은 학문적 관심과 후속 연구들을 계속해서 이끌어 낼 것으로 기대한다.

이 책이 지닌 학문적 가치와 공헌에도 불구하고 몇 가지 한계가 있다. 첫째, 이 책은 대한반도 정책 수립에 대한 미국 대통령의 역할에 초점을 맞추었기에 이에 부합하는 남북한 간의 상호작용만을 논의하였다는 것이다. 정책결정의 변수로서 작용하는 다른 많은 요인들(여론, 동북아 지역변수 등)에 대한 설명이 부족할 수 있다.

둘째, 개인에 초점을 둔 미국의 대한반도 정책 연구는 국제관계 연구에서 오랫동안 사용되어온 '체제 수준'의 분석과는 다른 미국의 대외정책 분석을 할 수 밖에 없다. 즉, 국제체제가 개별국가들의 외교정책을 좌우한다는 왈츠(Kenneth Waltz)의 주장과는 상반된다. 또한 웬트(Alexander Wendt)와 같은 구성주의자들의 주장처럼 국제정치의 현실이 일방적으로 주어진 것, 영속적인 것이 아니라 역사적이고 간주관적이라는 해석과는 사뭇 다른 분석일 수밖에 없다.

셋째, 이 책의 사례 연구는 미국 대통령의 회고록 등의 자료를 사용하였다. 그러나 대통령을 직접 인터뷰할 수 없고, 연구범위에 해당하는 시기의 공식 문서들이 비밀해제 되려면 많은 시간을 기다려야하기 때문에 2차 자료가 많이 사용되어 이에 대한 필자의 해석이 책의 전반을 이루고 있다. 대통령의 대한반도 정책에 대하여 필자의 직관적인 해석을 통한 분석에 치우친 한계가 있다.

넷째, 이 책에서 사용하는 사례 연구는 통계적 분석에 비해 이론을 일반화하는 데에는 그 역할이 제한적이다. 그러나 '비교대상이 명확하게 집중된 비교(focused comparison)'에 대한 다양한 사례 연구에서는 '일반적인 사례들 간의 유사성'을 제시해 줄 수 있다.[35] 또한 사례들 간의 차이를 체계적인 방법으로 분석한다면, 이것은 이론적으로나 실제적으로 중요한 함의를 가지는 경험적 일반화라고 명명할 수 있다.[36]

2) 연구계획

이 책은 미국 대통령이 국내외적 환경 변화 속에서 어떠한 방식으로 한반도 문제를 다루었는지를 밝히려고 한다. 세부적으로 미국 대통령들이 세계의 지도자로 남기 위해 도전과 기회를 어떻게 해결하려 하였으며, 국내외적 환경변화에 대처하기 위해 보여준 리더십은 무엇인지를 논의하고자 한다. 이 책은 다음과 같은 구체적 문제의식을 가지고 구성되어 있다.

1. 대통령은 국제문제를 어떻게 인식하고 해결하려고 하는가?
2. 대통령은 대외정책과 대한반도 정책의 목표를 정할 때 어떤 논리에 바탕을 두고 있는가?
3. 대통령이 대한반도 정책을 수립·수행할 때 의회 변수는 어떻게 작용하는가?
4. 대통령의 대한반도 정책을 수립·수행할 남북한 변수는 어떻게 작용하는가?

5. 대통령들의 대한반도 정책 실행을 어떻게 평가할 수 있는가?

3) 목표

목표는 대통령의 성공적인 정책 실행에 있어 매우 중요한 역할을 한다. 대통령은 국민들과 동맹국 그리고 적대국에게 미국이 추구하는 바와 미국이 적극적으로 국제사회에 개입해야 하는 이유를 명확하게 전달할 수 있어야 한다.[37] 이 책에서는 미국 대통령들이 한반도 문제 해결을 위해 실현가능하고 효과적인 방법을 제각각 찾은 이유에 대해 논의하고자 한다. 또한 대통령들이 선택한 목표와 이를 실행하기 위한 구체적인 정책 간의 관계를 중점적으로 살펴볼 것이다.

어떤 대통령은 새롭고 좀 더 호소력 짙은 정책목표에 집착하기 때문에, 한 가지 주제에 대해 더 많은 관심을 가진다. 대통령들은 정책실행에 있어 난관에 부딪치기도 한다. 그 목표가 무엇이든 간에 대통령은 자신의 정책목표를 분명히 정하고, 이를 실행하는데 적합한 사람을 임명하여 실행 중에 일어나게 될 갈등을 해결하여야 한다.[38] 결국, 새로 취임할 대통령에게 목표는 본격적인 활동 개시를 위한 기본적인 것이다.[39] 미국 대통령들은 재임 동안 북한에 대한 봉쇄정책을 통하여 한반도의 평화를 유지하는 것을 외교정책 목표(goal)로 삼았다.[40] 봉쇄정책의 논리는 트루먼 때부터 한반도에 적용되었으며, 대통령들 간에 전략적 차이만 있을 뿐 이후에도 계속 이어졌다.

4) 정책실행을 위한 전략

대통령은 한반도와 관련하여 성취하고자 하는 정책목표를 공식적으로 발표하고 나면, 이를 실행하기 위한 방법을 모색한다. 이때 대통령은 어떠한 난관에 봉착하더라도 한반도 문제 해결을 위한 올바른 선택을 해야 한다. 대통령은 재임기간 내내 자신의 목표를 달성해야 하며, 이때 정책목표를 달성하기 위해 다양한 방법이 사용되는데 이 수단과 방법들이 대통령의 전략이 된다.

이 책에서는 전략의 개념을 대통령이 외교정책 목표를 달성하기 위해 선택하는 방법이라고 정의한다. 물론 대통령은 역사적 상황에 부합하고 국내외적 문제에 확실하게 대처할 수 있는 정책목표를 수립하려고 한다. 하지만 대통령이 정책목표를 언제나 성취할 수 있는 것은 아니며, 의회나 한국(혹은 북한)의 합의를 얻으려면 필요에 따라 자신의 외교정책 전략을 수정할 수도 있다. 이와 같은 창조적인 전략 조정은 대통령이 국민들을 설득하고 협상하는데 많은 도움을 줄 것이다. 이러한 합의를 통해 대통령은 세계 지도자로서의 리더십을 드러낼 기회를 얻게 된다. 대통령은 다양한 전략들을 통해 대중들에게 자신의 생각을 극적으로 표현할 수 있다.[41] 대통령의 정책 목표들이 실질적인 성과를 달성하기 위해서는 상황과 관련된 모든 구성요소들을 함께 가져오도록 하는 전술적인 능력이 필요하다.[42]

5) 남·북한과 미국 의회 변수

대통령의 외교정책 목표와 전략에 대한 국내외적 변수를 검토하는 것은 미국 대통령이 대한반도 외교정책에서 가지는 역할을 파악하는데 있어 빠뜨릴 수 없는 중요한 부분이다. 여기서 지칭하는 '국내 변수'는 미국 의회의 반응을 말한다. 만약 대통령이 국내 반응을 무시한다면 국내적으로 자신의 명성이 떨어질 것은 물론이며, 국제사회에 얻은 실질적이고 상징적인 성과도 무시될 수 있다.[43)]

한편, '국제 변수'는 남북한의 반응으로 본다. 대통령이 얼마나 강력한 대중적 지지 기반을 얻느냐에 따라 대통령이 설정한 목표의 결과가 달라지며, 이러한 대중적 지지는 대통령의 국제적 개입수준에도 영향을 줄 수 있다.[44)]

같은 맥락에서, 대통령의 외교 목표의 성과는 남북한 정부의 반응으로부터 비롯된다. 만일 대통령이 리더십을 활용해 남북한 모두로부터 성공적으로 합의를 이끌어 낸다면, 그는 재임동안 자신의 정책 목표를 달성하는 데 아무런 어려움이 없을 것이다.

6) 결론

미국 대통령이 한반도 문제를 어떻게 다루어 왔으며, 또한 대통령이 미국 의회와 남북한으로부터 합의를 이끌어 내는 데 성공하였는지 혹은 실패하였는지를 분석함으로써 대통령이 추구한 정책목표의 달성 여부를 평가할 수 있을 것이다. 대통령의 정책목표는 새로운 안보문제와 정치적 이해관계의 등장으로 쉽게 달성되지는 않는다. 대한반도 정책이 남북한은 물론 의회에서 환영받지 못할 수 있기 때문에, 대통령은 남북한뿐만 아니라 의회로부터도 동의를 얻기 위해 노력해야 한다. 만약 대통령이 이러한 노력에 실패한다면, 대통령의 대한반도 정책도 실패할 수밖에 없다. 이 책에서는 역대 미국 대통령 중 카터, 레이건, 부시, 클린턴, 부시, 오바마에 대한 사례 연구를 통해 외교정책 목표를 설정하고 실행할 때, 대통령의 행동과 영향력이 어떻게 작용했는지를 보여주고자 한다.

1) Ryan Barilleaux, *The Presidents and Foreign Affairs,* New York: Praeger, 1985.

2) Snyder, Bruck, Sapin 등은 정책결정자들의 실제 행동을 관찰한 연구결과를 내놓았다. Richard C. Snyder, H. W. Bruck, Burton Sapin, "Decision-Making as an Approach to the Study of International Politics," *Internatinal Politics and Foreign Policy,* ed. James N. Rosenau, New York: Free Press, 1969, pp. 199-220.; Richard H. Immerman, "Psychology," *The Journal of American History,* June 1990, pp. 169-180.

3) Ryan Barilleaux, "Evaluating Presidential Performance in Foreign Affairs," *The Presidency and Public Policy Making*, ed. George C. Edwards Ⅲ, Steven A. Shull, Norman C. Thomas, Pittsburgh, Pa.: University of Pittsburgh Press, 1985, pp. 114-129.; Barbara Kellerman and Ryan Barilleaux, *The President as World Leader,* New York: St. Martin's Press, 1991.

4) Neustadt는 대통령의 영향력은 협상우위, 명성, 대중적 위신으로부터 나온다고 강조하였다. Richard Neustadt, *Presidential Power and the Modern Presidents,* New York: Free Press, 1990. 비슷한 주장은, Jerel A. Rosati, "Developing a Systematic Decision-Making Framework: Bureaucratic Politics in Perspective," *World Politics*, 23, 1981, pp. 234-252.

5) 특히, 미국 헌법에서는 외교정책에 대한 대통령과 국회의 역할을 명시하고 있다. 의회는 미국 헌법 제1조 8절에서 전쟁선포, 군대 동원과 편성, 군대지원 등에 관한 권한을 부여받았으며, 대통령은 헌법 제2조 제2절에서 미국의 육군과 해군의 총사령관이라고 명시되어 있다. Ryan Barilleaux, *American Government in Action: Principle, Process, Politics,* Englewood Cliffs, N.J.: Prentice-Hall. 1996, 9장.

6) Herbert M. Levine, *Point Counter Point: Readings in American Government,* 4^{th}ed, New York: St. Martin's Press, 1992.; James Meernik, "Presidential Decision-Making and the Political Use of Military Force," *International Studies Quarterly* 38, 1994, pp. 121-138.; Edwin S. Corwin, *The President: Office and Power,* New York: New York University Press, 1940, p. 200.

7) Rovert Jervis, "Political Decision-Making: Recent Contribution," *Political Psychology,* Summer 1980, p. 98.

8) Burton M. Sapin, "Improving Foreign Policy Performance: Back to

Fundamentals," *Presidential Studies Quarterly,* 1981, pp. 106-115.

9) 관련 내용은 다음을 참조. Graham Allison, *Essence of Decision,* Boston: Little, Brown, 1971; Irving Janis, *Crucial Decisions,* New York: Free Press, 1981. 대통령학을 연구하는 사람들 중에서 Rose와 Rockman은 대통령의 힘이 우리가 생각하는 만큼 크지 않다고 보았다. Richard Rose, *The Postmodern President: George Bush Meets the World*, 2nd ed., Chatham, N.J.: Chatham House Publishers, 1991.; Bert Rockman, "Presidential Power: It's Less than We Think," Current, Mar/Apr, 1997, pp. 3-7; Bert Rockman, *The Leadership Question: The Presidency and the American System,* New York: Praeger, 1985.를 참조.

10) Janis는 그룹 수준의 정책실패에 대하여 심리학적 접근법을 통해 '그룹 순응'(conformity)(그룹사고)에 관한 사례를 설명하였다. 또한 Allison은 쿠바미사일 위기에 대한 연구를 통해, 정책은 밀고 당기기(pulling and hauling)의 산물이라고 주장하였다. Janis, *Crucial Decisions;* Allison, Essence of Decision.

11) 대통령, 의회, 행정부, 사법부의 역할에 대한 많은 연구사례들이 있다. L. Gordon Crovitz & Jeremy A. Rabkin, eds., *The Fettered Presidency: Legal Constraints on the Executive Branch*, Washington, D.C.: American Enterprise Institute for Public Policy Research, 1989.; Cecil V. Crabb, Jr. & Pat M. Holt, *Invitation to Struggles: Congress, The President, and Foreign Policy*, 4th ed., Washington, D.C.: Congressional Quarterly 1997, p. 123.; Edward S. Crowin, *The President: Office and Powers, 1787-1984,* 5th ed., New York: NYU Press, 1984; I. M. Destler, *President, Bureaucrats, and Foreign Policy*, Princeton, N.J.: Princeton University Press, 1974; Louis Henkin, *Foreign Affairs and the Constitution*, New York: Norton, 1975.; Robert E. Hunter, *Presidential Control of Foreign Policy: Management or Mishap*, New York: Praeger, 1982.; Harold Hongju Koh, *The National Security Constitution: Shaping Power After the Iran-Contra Affair*, New Heaven: Yale University Press, 1990.; Lawrence Margolis, *Executive Power in Foreign Policy*, New York: Praeger, 1986.; David Chou, "The Role of the U.S. President and Congress in American Foreign Policy-Making with Special Reference to the Making and Implementation of the Taiwan Relation Act," *Issues&Studies 20*, 1984, pp. 41-51.; Linda B. Miller, "Innocence Abroad? Congress, the President and Foreign Policy," *The World Today 43*, No. 4, 1987, pp. 62-65.; James M. Lindsay, 'Congress and Foreign Policy: Why the Hill Matters," *Political Science Quarterly 107*, 1992-3, pp. 607-628. 관료정치의 모델을 통해 미국의 외교정책을 분석한 연구는, Rosati, "Bureaucratic Politics in Perspective,"; J. Garry Clifford, "Bureaucratic Politics," *The Journal of American History*, June 1990, pp. 160-168.; David Welch, "The Organizational Process and Bureaucratic Politics Paradigm:

Retrospect and Prospect," *International Security 17,* 1992, pp. 112-146.; Francis E. Rourke, *Bureaucracy and Foreign Policy,* The Washington Center of Foreign Policy Research, Baltimore, The Johns Hopkins University Press, 1972. 등을 참조할 것.

12) Sapin, "Improving Foreign Policy," pp. 106-108.

13) Paul Peterson, "The President's Dominance in Foreign Policy Making," *Political Science Quarterly* 2, 1994, pp. 215-234.

14) Amos Perlmutter, "The Presidential Political Center and Foreign Policy: A Critique of the Revisionist and Bureaucratic-Political Orientations," *World Politics*, 27, pp. 100-101.

15) Alexander George, *Presidential Decisionmaking in Foreign Affairs,* Boulder, Colo.: Westview Press, 1980. Burke와 Greenstein 역시 대통령의 성격에 따라 베트남 전쟁과 같은 동일한 국제분쟁에 대하여 다양한 조치가 취해질 수 있음을 밝히고 있다. John P. Burke & Fred I. Greenstein, *How Presidents Test Reality,* New York: Russell Sage Foundation, 1989. 유사한 연구로는, James Barber의 연구가 있는데, 그는 대통령의 성격, 활동성의 정도 및 방향 (능동 혹은 수동), 개인적 직업 만족도(부정 혹은 긍정)로 분류하여 대통령을 평가하였다. James Barber, *The Presidential Character: Predicting Performance in the White House,* 3rd ed., Englewood Cliffs, N.J.: Prentice Hall, 1985.

16) Ibid.

17) Neustadt, *op.cit, Presidential Power*, p. 102.

18) Hargrove and Nelson. *Presidents, Politics,* vii.

19) Ibid., p. 8.

20) Burke와 Greenstein의 정의에 의하면, "현실검증(reality testing)"은 대통령과 다른 행위자들이 자신들의 처한 환경을 평가하는 것을 말한다. Burke & Greenstein, *How Presidents Test Reality,* p. 3.

21) Hargrove and Nelson. *Presidents, Politics,* p. 87.

22) 미국 외교정책에 있어서 여론의 영향에 대한 연구로는 Thomas Hartley & Bruce Russett, "Public Opinion and the Common Defence: Who Governs Military Spending in the U.S.?," *American Political Science Review* 86, 1992, pp. 905-915; Thomas Risse-Kapen, "Public Opinion, Domestic Structure, and Foreign Policy in Liberal Democracies," *World Politics* 43, 1991, pp. 419-512. 등이 있다.

23) Howard J. Wiarda, "The Paralysis of Policy: Current Dilemmas of U.S.

Foreign Policy Making," *World Affairs* 49, 1986, pp. 15-20.

24) Charls W. Ostrom Jr. & Brian Job, "The President and the Political Use of Force," *American Political Science Review* 80, 1986, pp. 541-566.; James Meernik, "Presidential Decision Making," pp. 121-138.

25) Ryan Barilleaux, *President and Foreign Affairs, op.cit.*, p. 1.; George C. EdwardsⅢ and Stephen Wayne, *Presidential Leadership: Politics and Policy Making.* 4th ed., New York: St. Martin's Press, 1997, 14장.

26) Burton M. Sapin, "Isn't It Time for a Modest Presidency in Foreign Affairs? Reflections on the Carter Performance," *Presidential Studies Quarterly* 10, 1981, p. 20.

27) Ibid., p. 21.

28) Paul Kennedy, *The Rise and Fall of the Great Powers: Economic Change and the Military Conflict from 1500 to 2000,* New York: Random House, 1987.; Joseph Nye, *Bound to Lead: The Changing Nature of American Power,* New York: Basic Books, 1990.

29) Barilleaux, *President and Foreign Affairs*, p. 25.

30) 체제수준과 관료정치모델을 비교 분석한 연구로는 Lawrence Freeman, "Logic, Politics, and Foreign Policy Process: A Critique of the Bureaucratic Politics Model," *International Affairs* 52, 1976, pp. 434-449.

31) Byung-Joon Ahn, "The United States and Korean-Japanese Relations," *The U.S.-South Korean Alliance: Evolving Patterns in Security Relations*, ed. Gerald Curtis & Sung-Joo Han, Lexington, MA, 1983.; Sung-Joo Han, "South Korea and the U.S.: Past, Present, and Future," *The U.S.-South Korean Alliance*; Bae Ho Han, "The Korean-American Alliance: Its Evolution, Transition, and Future Prospect," *Asian Perspective* 7, 1983, pp. 175-209.

32) Keon Soo Chi, "Doctoral Research on Korean Politics in the United States: A Statistical Analysis," *Korea Observer* 14, 1983, pp. 18-39.

33) 동맹이론에 기초한 한미관계 분석은, Astri Shurke, "Gratuity or Tyranny: The Korean Alliances," *World Politics* 25, 1973, pp. 508-532.; Bae Ho Han, "The Korean-American Alliance," pp. 175-209.

34) Paige의 Korean Decision, New York: Free Press, 1968.은 그룹 수준에서 이뤄진 훌륭한 초기 연구이다. Head는 1976년 한반도 DMZ에서 발생한 위기인 판문점 도끼 만행사건에 대한 사례 연구에서 관료정치모델을 사용하였다. Richard Head, "Crisis Decisionmaking: Bureaucratic Politics and the Use of Force," *Bureaucratic Politics and National*

Security: Theory and Practice, ed. David C. Kozak, and James M. Keagle, Boulder, Colo.: L. Rienner Publishers, 1988.

35) Alexander George & Richard Smoke, *Deterrence in American Foreign Policy: Theory and Practice*, New York: Columbia University Press, 1974, pp. 95-96.

36) Ibid.

37) John C. Whitehead, "The Department of State: Requirement for an Effective Foreign Policy in the 1990s," *Presidential Studies Quarterly* 19, 1989, p. 13.

38) Hargrove and Nelson. *Presidents, Politics,* p. 263.

39) W. David Clinton and Daniel G. Lang, "What Makes a Successful Presidential Transition? The Case of Foreign Affairs," *Presidential Studies Quarterly* 23, 1993, pp. 41-55.

40) 이 책에서 '목표(goal)'의 정의는 킹던(John Kingdon)의 '의제(agenda)'의 개념을 응용하여 정의 내렸다. John W. Kingdon, *Agendas, Alternatives, and Publics Policies*, Boston, Little: Brown and Company, 1984.

41) Hargrove and Nelson. *Presidents, Politics,* p. 88.

42) Ibid.

43) Bruce Russett, *Controlling Sword: The Democratic Governance of National Security*, Cambridge: Harvard University Press, 1990, p. 1.

44) Ostrom & Job, "President and Political Use of Force," pp. 541-566.

제2장

미국의 대통령, 봉쇄정책, 한반도의 안보

트루먼이 한국전쟁에 개입을 결정한 그 순간부터 한국은 미국의 중요한 국가안보 지역이 되었다. 한국의 가장 중요한 안보 파트너로서,[1] 미국은 한국과의 정치·군사적 동맹관계 구축을 통해 한국의 평화와 안정을 보장하고 있다. 트루먼을 기점으로 미국 대통령들은 대한반도 정책에 관해 자신의 권력을 행사해 왔다. 대통령들의 정책이 모두 같지는 않았지만, 2차 세계대전 이후 지속되어 온 '한국에 대한 지원과 북한에 대한 봉쇄'라는 대한반도 정책에서 크게 벗어나지는 않았다. 미국 대통령들은 한국전쟁 이후, 북한을 봉쇄하기 위해 다양한 전략과 전술을 사용하였다. 여기에는 한국의 국방력 강화를 위한 군사원조 및 주한미군 주둔과 같은 군사적 조치뿐만 아니라, 남북한 회담과 역내 신뢰구축 등과 같은 남북한 긴장완화 조치들이 포함되었다. 그 중에서도 주한미군 주둔문제는 미국 외교정책의 핵심이다.

이 장에서는 카터 이전 시기의 미국의 대한반도 정책을 검토함으로써, 대통령 수준에서 수립되는 미국 외교정책의 발전과정에 대한 이해를 돕고자 한다. 이를 위해 미국 대통령들의 북한 봉쇄정책과 국내외적 상황 간의 관련성을 대통령의 관점에서 분석하고자 하였다. 이 장은 다음과 같은 문제에 중점을 두었다. (1) 미국 대통령들이 한반도 평화유지를 위해 어떠한 노력을 하였는가? (2) 대통령들이 사용한 전략과 정책목표는 각각 무엇인가? (3) 봉쇄정책이 성공했다면, 성공하는데 가장 많은 영향을 준 요인은 무엇인가? (4) 다른 전략을 통해 북한의 공격을 봉쇄하고자 하였다면, 봉쇄정책과 차이점은 무엇인가? (5) 대통령들이 노력한 결과는 어떠하였는가?

제1절 트루먼과 한반도 안보

지난 수십 년간 미국은 한국과 한반도의 평화와 안정을 보장하기 위해 정치·군사적 동맹 관계를 구축하여 왔다. 한미관계는 미국이 한국을 군사적·경제적으로 지원하는 후원자-피후원자의 관계로 요약할 수 있다.[2] 한미 간의 안보협력으로 인해 한국은 한반도 평화 유지, 경이적인 정치·경제적 성장과 발전이라는 성과를 이루었다.

2차 세계대전 이후 트루먼은 봉쇄정책을 미국 외교정책의 목표로 삼았으며, 이는 냉전시기 동안 계속되었다. 이후의 대통령들이 새로운 상황에 맞게 자신만의 외교정책을 수립하였지만 어느 누구도 봉쇄정책의 틀을 벗어나는 외교정책을 제시하지는 못했다.[3]

다시 말해, 냉전시기의 미국 대통령들은 봉쇄정책을 실행하기 위해 자신만의 전략을 내놓았을 뿐이었다. 미국의 대한반도 정책이 국제체제와 국내 상황의 변화로 인해 제약받기는 하였지만, 안보적 이해관계를 고려할 때 봉쇄정책 이외의 다른 대안을 찾지는 못했다. 미국 대통령들은 자신만의 정책목표와 미국의 국가적 능력 사이의 간극을 확실히 알고 있었다. 예를 들어, 아이젠하워는 대북한 봉쇄정책을 전쟁 직전의 상황을 약간 상회하는 수준으로 실행하는 것이 무척 어렵다는 것을 잘 알고 있었다.

봉쇄정책은 본래 전 세계 차원이 아니라 유럽에 심각한 위협이 되는 소련을 통제할 목적으로 시작되었기 때문에, 트루먼은 한반도를 미국의 주요 전략요충 지역에서 제외하였다.[4] 트루먼은 이러한 전략적 판단 하에 한반도에 개입하지 않는다는 '트루먼 독트린'을 발표하였다. 트루먼 독트린은 북한이 한국을 공격하더라도 미국이 한국을 지원하지 않을 것이라는 추측을 널리 확산시켰다.

1948년 8월에 남한 정부, 9월에는 북한 정부가 수립되면서 유엔의 결의에 따라 미군과 소련군의 철수가 시작되었다. 미군철수를 둘러싸고 철군 지지론자들과 신중론자들 간의 이견이 나타나, 철군 논쟁은 NSC 8을 통해 "실행 가능한 한계 내에서 한국을 지원하되, 미국의 인적, 금전적 연관성을 점차로 줄이도록 하는" 방안을 추진하면서 남한 정부가 수립되는 대로 가능한 빨리 주한미군을 철수해야 한다는 건의와 함께 종결되었다. 그리하여 1948년 9월 15일부터 미군철수가 시작되었다.[5]

1949년 가을부터 세계정세는 일련의 급격한 변화를 보였는데, 소련의 핵실험 성공과 중국의 공산화 및 중소상호우호동맹조약

등이 체결되었다. 특히, 중국 공산당의 통일은 동북아의 세력균형을 뒤흔든 중대한 사건이었다. 미국 내에서도 중국 공산화의 충격과 더불어 매카시즘이 풍미하면서 이러한 세력균형의 변화에 따른 대외정책의 재검토가 어려워졌다. 그리고 미군철수 이후 남한은 방위력 공백상태에다가 경제·군사원조의 지연으로 어려움을 겪고 있었던 반면, 북한은 소련의 지원에 의해 점차 강화되고 있었다.6)

1950년 6월 25일 북한군이 38도선을 넘어 전면전을 전개하자 트루먼은 전략을 수정하여 전쟁 개입을 결정하였다. 그는 유럽에서 만연한 공산주의에 대처하기 위해 실시한 봉쇄정책을 아시아에도 적용하기로 결정하였으며, 북한의 공격을 곧바로 미국의 안보를 심각하게 위협하는 사건으로 규정하였다. 트루먼은 "우리는 한국에 대한 명예로운 의무를 지키기 위해, 그리고 역경에 처한 우방국에 대한 미국의 우정이 헤아릴 수 없을 만큼 크다는 점을 전 세계에 보이기 위해 한국에서 싸우고 있다"라고 힘주어 말하였다.7)

그는 북한의 공격으로 인해 극동지역과 더불어 전 세계적으로 집단안보체제가 도전받고 있다고 생각하였다. 소련의 지원을 받은 북한의 공격에 직면하게 되면서, 트루먼은 공산주의로부터 자유국가들을 수호해야 한다고 믿었다. 더구나 북한의 공격으로 인해 미국의 가장 중요한 안보 지역인 일본이 풍전등화와 같은 상황에 처해 있다고 보았다. 그는 다음과 같이 표현하였다.

> 10년-20년 전 유럽과 일본에서 팽배했던 전체주의처럼, 지금 한국에서는 공산주의가 팽배하고 있습니다. 우리가 한국에서 공산주의를 막아내지 못한다면, 공산주의 지도자들은 더욱 대담하게 우리의 바로 주변 국가들에게까지 마수를 뻗칠 것입니다. 만일 공산주의자들이 자유 국가의 반대 없이 한국에 안착한다면, 어떠한 약소국이 강대한 공산주의 이웃 국가의 공격이나 위협에 맞설 용기를 가질 수 있겠습니까? 이것이 우리에 대한 도전이 아니라고 생각한다면, 마치 그와 같은 생각이 2차 세계대전을 가져온 것처럼, 미래의 3차 세계대전을 초래하는 일이 될 것입니다.[8]

트루먼이 한국전쟁에 개입한 이후부터, 한반도는 동북아에서 가장 중요한 전략적 가치를 가지게 되었으며, 한국의 안보는 1945년 일본의 항복을 이끌었던 미군정 통치 이후 또다시 미국의 영향을 받게 되었다. 한국전쟁이 발발하기 전, 미국의 봉쇄정책은 주로 소련의 팽창주의를 저지하기 위한 것이었으며, 유럽이외의 지역에서 실행할 의도도 그럴만한 능력도 없었다. 그러나 한국전쟁을 계기로, 공산주의에 대한 실질적인 봉쇄정책이 전 세계적으로 실시되기 시작하였다.[9]

트루먼 이후 미국 행정부들이 유럽에 억지전략이라는 고전적 방어조치를 실시했던 것처럼, 구조화되지 않은 상황에 대해서 봉쇄적 조치를 취하고자 하였다.[10] 트루먼의 외교정책 성과에 대한 평가여부와 상관없이, 트루먼은 공산주의의 전 세계적 위협을 봉쇄한 세계적 지도자로 널리 이름을 떨치게 되었다.

제2절 아이젠하워와 한반도 안보

아이젠하워는 트루먼 보다는 더욱 풍부한 외교 경험을 가지고 있었다. 아이젠하워는 트루먼이 ① 현상유지에만 초점을 맞춘 점, ② 공산주의자들에게 주도권을 빼앗긴 점, ③ 공산주의의 위험에 대처하는 데만 급급한 점을 지적하며, 트루먼의 봉쇄정책에 부정적인 시선을 보냈다. 또한 봉쇄정책으로 인해 미국이 거의 파산 지경에 놓이게 되었다고 믿었다.[11]

아이젠하워는 소련과 공산주의의 팽창을 막기 위해 동맹구축과 대량보복 정책을 취하였다. 점점 증가하는 소련의 위협에 대항하고 국방 예산을 효율적으로 운용하기 위해 미국의 선진과학 기술과 핵무기를 이용하는 전략을 모색하고자 했다. 따라서 핵무기를 가지지 않고는 소련과 경쟁할 수 없다는 판단으로 핵억지 전략을 강조하는 NSC 68의 세부 권고안을 정책으로 실현시켰는데, 이것이 바로 '뉴룩(New Look)'이다.

한국전쟁이 장기전의 양상을 띠자, 아이젠하워는 '뉴룩'의 관점에서 미국 안보문제를 재검토하였고, 한반도에 대한 최우선 정책목표를 명예로운 전쟁종결로 정하였다. 그는 대통령 선거 기간 내내 한국전쟁의 휴전을 지지하였다. 대통령 취임 연설에서 미국이야말로 "자유세계를 이끌어 갈 책임감을 지닌 운명"을 타고 났기에,[12] 이를 위해 미국이 자유 세계국가들을 규합하여 '시대적 도전'에 맞서야 한다고 역설하였다.

> 미국을 위협하는 자들의 목적을 저지하기 위해 선택할 수밖에 없었던 전쟁을 혐오스럽게 생각할지라도, 우리는 적의 공격을 억제하고 평화를 조성하는데 필요한 역량을 증대시키는 것을 제1의 사명으로 삼아야 한다.....우리는 군비축소를 실현하기 위해, 양측 모두에게 장애가 되는 공포와 불신의 원인들을 제거하기 위한 노력을 다른 모든 국가들과 함께 할 준비가 되어있다.[13]

아이젠하워는 '대량보복(massive retaliation)'이라고도 불리는 전략적 핵억지를 강조하였으며, 핵전력을 강화하기 위해 지상군을 감축하고자 하였다.[14] 아이젠하워는 핵무기를 사용하여 소련을 봉쇄하고, 한국전쟁의 휴전협정 체결에 영향력을 행사하고자,[15] 소련에 북한이 휴전협정에 서명하도록 압력을 행사하였다. 이승만은 휴전회담을 거부하며, 한국은 전쟁을 계속할 것이라는 점을 아이젠하워에게 전달하였다.

한편, 이승만은 미국이 다음 세 가지 사항을 수용해 준다면 동맹국과 중국군의 철수에 동의하겠다고 밝혔다. ① 한반도가 외부 국가의 공격을 받게 되는 경우, 미국이 한반도의 방위를 위해 개입할 것이라는 상호조약을 한국과 체결할 것, ② 남한이 충분한 공군력과 해군력을 갖출 때까지 한국에 미 공군과 해군을 주둔시킬 것, ③ 미군의 철수 이후에도 한국의 자주방위에 충분한 군사무기와 물자를 공급해 줄 것이었다.[16]

이승만은 군사적인 방법으로 통일을 해야 한다고 생각했지만, 아이젠하워는 정치적 혹은 다른 방법에 의해 한반도가 통일되어야 한다고 보았다. 이에 아이젠하워는 이승만이 제안한 호주·뉴질

랜드의 경우와 유사한 한미상호방위조약을 검토하기 시작하였으며, 한국이 먼저 휴전협정에 동의해야 한다는 것을 조건으로 내세웠다. 하지만 이승만은 이러한 아이젠하워의 제안을 불만족스럽게 생각하며 수용하지 않았고, 한국의 의회와 국민들은 휴전에 반대하는 시위를 벌였다.

한국전쟁의 휴전에 대한 아이젠하워의 구상을 둘러싼 미국 의회의 반응은 복잡했다. 상원의원 모스(Wayne Morse)는 지지하는 입장을 보였으나,[17] 상원의 다수당 원내총무였던 태프트(Robert A. Taft)는 한반도 분단은 나중에 언제든지 전쟁이 재발할 우려가 있다는 점에서, 휴전에 반대하였다.[18] 아이젠하워는 유엔을 통해서 한국전쟁을 해결하는 것이 어려울 것이라는 태프트의 주장을 정면으로 거부하였다. 노울랜드(William F. Knowland) 공화당 상원의원은 이승만이 트루먼이나 아이젠하워 정부와 휴전 조건에 대한 충분한 협의를 하지 못했다는 점을 들어, 자신이 이승만이었더라도 통일이 되지 않은 상태에서는 휴전제안을 받아들일 수 없었을 것이라고 말하였다.[19] 이승만에 대한 미 의회의 대다수 반응은 상원 외교관계위원회의 와일리(Alexander Wiley)가 이승만의 휴전반대에 대해 "세계평화를 위한 기회를 산산조각 내버리는 어리석은 태도"라며 비난했던 것과 유사했다.[20]

1952년 12월 2일 대통령 선거 직후, 아이젠하워는 취임 전에 휴전협정을 강행하기 위해 한국을 방문하였다. 그는 휴전협정을 위한 교환조건으로 한국에 다음과 같은 군사적·경제적 원조를 제공해 주겠다면서 이승만을 설득하였다. 첫째, 한·미 안보조약 체결, 둘째, 2억 달러의 차관 제공과 한국군 증강 지원, 셋째, 제반 사항

논의를 위한 한·미 간 고위급회담 개최 등이었다.[21]

야당의 반대에도 불구하고, 이승만은 휴전협정을 존중하겠다고 약속하였다. 양측의 모든 병력과 장비는 군사경계선으로부터 최소 2㎞지점까지 철수해야 했다. 아이젠하워는 이 휴전협정을 유엔체제 하에서 이룬 집단안보의 승리로 표현하며 환영하고, 공산주의의 위협을 항상 경계해야 한다고 강조하였다.

1953년에 비로소 휴전협정이 체결되었으며, 이듬해 미국 의회는 한미상호방위조약을 승인하였다. 아이젠하워가 한국전쟁의 정치적 해결을 성공적으로 수행하기 위해서 이승만의 협력이 필요했다면, 이승만이 한국의 안보를 보장받기 위해서는 미국의 법적 구속력이 있는 공식적 약속이 필수적이었다. 한미상호방위조약은 한미 간의 갈등과 대치국면을 타개할 수 있는 유일한 타협점이자, 처방책이었다. 아이젠하워는 소련의 팽창주의와 북한의 위협을 억제하기 위해, 한반도의 안보에 관한 기본적인 정책 지침들을 재설정하고자 하였다. 한미상호방위조약은 어떤 공격에 대해서도 함께 방어하는 것을 목적으로 하였다.

아이젠하워는 한미상호방위조약을 통해 한반도에서의 긴장 국면을 완화시킬 수 있을 뿐만 아니라 한국의 정치적 민주화와 경제발전에 영향을 줄 수 있을 것이라고 생각하였다.[22] 실제로 한국은 미국의 원조에 지나치게 의존하였기에, 아이젠하워는 여러 가지 수단을 통해서 한국정부의 정치 및 경제 개혁에 영향력을 행사할 수 있었다. 그러나 아이젠하워는 실제 한국의 개혁에 적극적으로 개입하지는 않았다. 오히려 아이젠하워는 한국에 대한 원조 축소가 정치·경제적 불안정을 심화시킬 것이라고 우려하였다.

아이젠하워는 봉쇄 논리에 빠져 분단된 한반도에 투입되는 끝없는 방위부담을 회피하고자,[23] 재래식 군대와 지역 개입의 대체 일환으로 핵억지 및 동맹 네트워크 전략을 채택하였다.[24] 그는 대량보복 전략을 통해 한반도의 평화와 안보가 보장될 수 있을 것이라고 기대하였다. 더욱이 스탈린이 갑작스럽게 죽자 아이젠하워는 소련이 팽창주의를 중단할 것이라고 판단하여 국방비 지출을 삭감하였다.

아이젠하워는 한반도에 대한 기존의 봉쇄적 목표와 전략을 수정하려 하였으나, 한국전쟁이 미국과 북한 간의 뚜렷한 결과가 없는 휴전협정으로 끝났기 때문에, 한반도의 평화와 안보를 유지하기 위한 대안이 별로 없다는 것을 알았다. 그의 딜레마는 바로 소련, 중국, 북한으로부터의 위협이 계속되는 한, 한국의 군사력이 북한의 군사력보다 열세인 상황이 지속되는 한 미군을 한국에 계속 주둔시켜야 하는 것이었다. 결국 아이젠하워는 봉쇄논리를 벗어날 여지가 없음을 알고 한국 정부에 대한 군사와 경제적 원조를 계속하였다.[25]

제3절 케네디와 한반도 안보

케네디는 미국 경제를 회복시키고 미국 외교정책의 힘과 명성을 재건하겠다는 선거공약으로 대통령에 당선되었다. 그는 취임식에서 "모든 국가가 자유의 성공과 생존을 보장받으려 한다면, 대가를 지불해야 하고 부담을 짊어져야 하며 또한 우방을 만들고,

적에게는 단호히 대항해야 한다"고 말하였다.26) 케네디는 아이젠하워의 대량보복 전략이 적절하지 않다고 생각하였으며, 소련이 인공위성 스푸트니크(Sputnik)호 발사 성공을 통해 소련의 핵전력 발전 수준을 보여주자 더욱 그러한 생각을 가지게 되었다. 케네디는 미국과 소련의 전략 핵무기의 수준이 동등하게 되면 핵전쟁을 피할 수 있을 것이라는 가정하에 '상호확증 파괴전략(MAD)'을 수립하여 아이젠하워의 대량보복전략을 대체하였다.27) 그는 전임 대통령의 지나친 핵무기 의존과 핵무기에 의한 대량보복 전략이 제3세계의 게릴라 전술에는 효과적이지 않았다고 보고, 군사적으로 유연한 대응(flexible response)을 채택하였다.

케네디는 미국적 가치와 제도의 세계적 확산에 대한 신념과 공산주의에 대한 적대감과 그리고 소련과의 대결은 유럽이 아니라 아시아, 아프리카, 중남미로 옮겨갔다는 상황 변화를 인식했다. 따라서 미국의 제3세계 정책을 새로운 방향에서 정립하고자 하였으며, 여기에 자신의 최측근이자 외교 정책전문가들이었던 번디(McGeorge Bundy), 맥나마라(Robert McNamara), 타일러(Maxwell Taylor) 등과 함께 제3세계에 대한 미국의 대외전략을 수립하였다. 이들은 대체로 학계에서 냉전 이론과 대응책들을 논의했던 인물들로 케네디와 기본적으로 세계관을 공유하고 있었고, 공산주의 확산의 근원적 요소들의 차단이 미국의 이익에 중요하다고 보았다.

케네디는 라오스, 콩고, 쿠바 등 제3세계에서 일어난 위기상황을 관리하느라 매우 분주하였고, 이들 지역에서 주도권을 빼기지 않기 위해 가능한 모든 수단을 강구하고 있었으나 한국의 상황에는 큰 관심을 두지 않았다.

당시 한국엔 좀 더 민주적인 장면정부(1960-1961)가 들어섬에 따라, 케네디의 대한반도 정책실행은 아이젠하워보다 훨씬 수월했다.[28] 사실상 장면정부의 정치·경제 등 사회전반에 대한 개혁이 케네디의 정책방향과 잘 부합한 것이다. 그러던 중 주한 미국 원조 사절단(U. S. Operations Mission in Korea, USCOM)의 부단장이었던 팔리(Hugh Farley)가 미 대통령 고위관리들에게 한국의 여러 사회적 문제와 심각성을 제기하고, 이러한 문제점에 무관심한 미국을 비판하고 적극적인 개입을 권고하면서 대한반도 정책에 대한 논의를 불러일으켰다.[29]

'팔리 보고서'는 한국사회가 부정부패로 위기 상황에 직면해 있으며, 국민들은 변화를 강하게 요구하지만 장면 정부의 위기극복 능력이 매우 미흡하고 무기력하기에, 4.19 기념일을 전후하여 대규모 시위나 폭동이 일어날 가능성이 높다고 분석하고, 미국의 적극적인 개입을 주장하였다.

'팔리 보고서'를 계기로 케네디 행정부 내에서 대한반도 정책에 대한 논의가 시급하다는 인식이 확산되었고, 케네디와 그의 참모들은 '정말로 골치 아픈 문제가 발생할지도 모르는' 한국 상황을 우려하게 되었다. 그리하여 1961년 5월 5일, 미국의 국가안전보장회의(National Security Council, NSC)는 케네디가 참석한 가운데 대한정책을 검토하기 위한 대책반을 구성하기로 결정하였다.[30]

한국 대책반이 보고서를 통해 한국에서 쿠데타의 기미가 보인다고 언급 후 5.16 쿠데타가 일어나자, 케네디는 대한반도 정책을 새로이 설정해야 하는 상황에 처하게 되었다. 케네디는 한국의 군사정부를 표면적으로 비난하였지만, 미국이 개입할 수 없다는 논리로 '불개입의 원칙'을 표명했다. 케네디는 점차 미국의 안보이익을 위해 새 정권을 수용하는 방향으로 정책을 변화시켰다. 쿠데타의 불가피성을 인정하면서 장면정부보다 새로운 정권이 정치·경제적 불안을 해소할 수 있는 강력한 리더십을 가진 것으로 본 것이다.

1961년 11월 박정희의 방미로 이루어진 양국 정상회담에서는 미국과 한국 간의 긴밀한 우호관계를 재차 확인했다. 케네디는 한국에 대한 군사적 공격이 다시 일어날 경우, 군사력 사용을 포함한 모든 방어적 지원을 한국에 제공할 것임을 약속하였다.[31] 또한 케네디는 한국의 발전을 촉진하기 위해 가능한 모든 경제적 지원을 확대해 나가겠다고 약속하였다. 나중에 박정희가 국민선거를 통한 정권이양 약속을 번복하자, 케네디는 지속적인 군사통치가 안정적이고 효과적인 정부를 구성하는데 위협이 될 수 있다는 내용의 서한을 박정희에게 보냈다.[32] 하지만 케네디는 종국에 박정희 정권을 인정한다고 선언하였으며, 지속적인 원조도 약속하였다. 케네디의 정책은 북한에 대한 봉쇄와 한국에 경제적·군사적 원조, 일본과 한국 간의 관계 정상화를 가져오는 것이었다. 케네디는 이러한 전략이 동북아 안정에 기여한다고 보았다.

제4절 존슨과 한반도 안보

갑작스러운 케네디 암살사건으로 인해, 대통령직을 계승하게 된 존슨은 케네디가 추구했던 전략적 기조와 정책을 대부분 계승했다. 존슨은 케네디 행정부의 주요 인사들이었던 러스크(Dean Rusk), 맥나마라, 타일러, 번디 등을 대부분 유임시켰다.

1960년대의 국제환경은 미국 우위의 핵균형이 점차 깨지기 시작했으며, 미국 경제력이 상대적으로 하락했고, 미국 주도 진영의 내부 갈등이 심화되었다. 이러한 상황적인 변화와 더불어 존슨의 최우선적인 외교 과제는 바로 베트남전쟁이었다. 따라서 이 시기 대한반도 정책은 한국의 베트남전쟁 파병과 밀접하게 형성되었고, 한미 양국은 파병을 놓고 주한미군의 감축, 한국군 지원과 같은 안보정책상의 논의를 지속했다가 중단하기도 하는 양상을 보였다.

1968년 1월 23일, 83명의 승무원을 태우고 업무 수행 중인 미 해군 정보수집함 푸에블로(Pueblo)호가 북한의 해군초계정에 의해 납치되었다. 존슨은 푸에블로호 및 그 승무원의 즉각 송환을 요구하며 한반도 주변에 해군력과 공군력을 강화하였다.[33] 또한 존슨은 북한이 한국과의 신뢰와 진전을 방해하면서 한국을 위협하고 있다고 북한의 무모한 도발행위를 비난하고 유엔 안전보장이사회에 푸에블로호의 송환을 요청하였다.[34]

미국 의회는 푸에블로호 사태에 대한 존슨의 강경 자세를 지지하였다. 특히 상원의원 서먼드(Strom- Thurmond)는 북한이 푸에블로호를 지정된 시기에 송환하지 않는다면 물리적 힘으로 푸에블로호를 되찾을 것이라는 최후통첩을 북한에 전달해야 한다는 내용의 전문을 존슨에게 보냈다.[35] 상원 군사위원회의 러셀(Richard B. Russel)은 송환을 위해 모든 외교적 수단을 동원할 것이라고 말하였다. 이에 존슨은 핵추진 항공모함인 엔터프라이즈(Enterprise)호를 한반도 주변에 배치하여 북한에 경고하였다. 그러나 승무원과 군함의 송환은 북미 간 외교적 해결책을 통해 이루어졌다.

한국은 한국을 제외하고 미국과 북한 간에 양자회담이 열리는 것을 매우 못마땅하게 여겼다. 또한 1968년 1월 21일 푸에블로호 납치 며칠 전에 북한 특수부대가 박정희를 암살하기 위해 청와대로부터 500야드 떨어진 곳까지 침투한 사건이 발생하였다.[36] 미국은 한국 정부에 북한에 대한 어떤 보복이나 공격 조치도 취하지 말 것을 요청하였으며, 한국 정부는 푸에블로호 납치사건과 북한의 박정희 암살 시도는 똑같이 취급될 문제가 아니라고 주장하면서, 한미 간에 갈등이 빚어졌다.

이어 한국 정부는 북한의 기습공격에 대처할 수 있도록 미국에 추가적인 군사 장비를 제공해 줄 것을 요청하였다.[37] 그러나 미국은 이 요청과 더불어 또 다른 군사원조 확대요청을 거절하였다. 그러자 박정희는 청와대 기습사건에 대한 보복조치를 취하지 않을 것과 북·미 양자회담에 간섭하지 않을 것을 미국에 약속함으로써, 한·미 간의 갈등상황을 해결하고자 했다.[38]

존슨은 이와 같은 한국의 불만이 합당하다고 생각하고, 한국에 밴스(Cyrus Vance)를 급파하여 한국 내 반미감정을 완화하고자 하였다. 존슨은 푸에블로호 납치사건이 해결되기 전에 북한의 행동에 대응하고자 1억 달러 규모의 특별 군사지원을 의회에 요청하였다.[39] 그 후 1968년 8월, 존슨은 한국에 대한 군사 지원정책을 재차 확신시키기 위해 박정희와 만났다. 두 정상은 공동성명서에서 북한 공산주의자들의 호전적인 행동이 한국의 안보와 동아시아의 평화에 심각한 위협을 초래하고 있음을 밝혔다. 존슨은 북한의 공산주의를 봉쇄하기 위해 모종의 조치를 취할 것이라고 재차 언급함으로써,[40] 존슨 행정부 초기 발생한 박정희 정부와의 갈등을 봉합하고자 하였다.

이후 베트남전쟁이 장기전에 돌입하게 되자, 미국은 인도차이나에 대한 지원이 절실하였다. 대부분의 동맹국들이 베트남전에 참전하기를 꺼려할 때에 한국은 미국을 돕겠다는 의지를 표명하였다.[41] 박정희는 어떠한 희생을 감수하더라도 공산주의자들의 침략에 대한 저항에 동참하고 한국전쟁 동안 한국의 자립을 위해 노력한 미국에 보답하고자 하는 자신의 의지를 자유세계에 알리고 싶어했다. 더욱이 한국은 미국으로부터 베트남전쟁 참전의 대가로 약 100억 달러를 받았다.

존슨은 1965년에 이미 한국의 경제발전을 위해 150억 달러를 제공하기로 약속한 바 있었다. 존슨은 미국 내 사회·경제적 발전에 대해 많은 관심을 갖고는 있었지만, 베트남전쟁이 장기간 계속되고 확대됨에 따라 정치적 곤경에 빠지게 되었다.[42] 한국의 베트남 파병은 존슨이 베트남전쟁에서 군사력을 유지하는데 도움을 주었으며, 존슨이 세계에 한국군의 개입을 베트남전쟁에 대한 국제적 지원의 신호라고 공표 할 수 있는 계기가 되었다.

실제로 존슨의 대한반도 정책은 베트남전쟁의 어려움과 미국 내 불만에도 불구하고 거의 바뀌지 않았다. 미국 국민들 사이에 고립주의에 대한 열망이 커져 갔다. 그러나 존슨은 "미국은 한국에 강력한 군대를 계속 주둔시킬 것이며, 한국의 안보를 보장하기 위해 주한미군과 함께, 한국이 충분한 수준의 군사력을 유지하도록 지원할 것"이라고 말하면서,[43] 한국에 강력하고 안정적인 민주주의 체제가 유지되도록 최선의 노력을 다할 것을 약속하였다. 한국은 트루먼 정부부터 이어져 온 봉쇄정책이 가까운 미래에도 바뀌지 않을 것이라고 알려주는 역할을 하였다. 박정희는 베트남전 참전과 같은 노련한 정책수행을 통해 미국으로부터 정상적인 원조계획 이상의 재정적·군사적 지원을 이끌어 내면서, 미국과 성공적인 협상을 하였다는 좋은 평판을 국내에서 얻을 수 있었다. 그러나 존슨 이후 이러한 긍정적 효과가 계속 나타나지는 않았다.

제5절 변화하는 국제관계와 닉슨 및 포드의 대한반도 정책

닉슨은 외교정책을 수행하기 위해 대통령으로서 통제권을 행사하고자 했고, 중앙집권화 된 정책결정 과정에 대통령의 선호를 반영할 수 있는 시스템을 구축하고자 했다. 그리하여 국가안전보장회의를 강화시켰는데, 이는 강력한 참모진을 구축하는 방식으로 나타났다. 여기에서 주도적인 역할을 한 사람이 바로 키신저(Henry Kissinger)였다. 닉슨은 안보담당 보좌관으로 키신저를 임명하여, 그를 중심으로 하는 중앙집권적 외교정책 결정구조를 고정화하였다.

북한이 지속적인 도발을 일삼는 한반도의 상황은 닉슨이 취임할 당시에도 여전하였다. 1969년 북한이 합당한 사유와 경고 없이 미국 비행기인 EC-121을 격추하자, 닉슨은 이를 맹렬히 비난하였다. 이러한 사건에도 불구하고, 닉슨은 자신이 추구한 외교정책 목표인 '데탕트정책'을 바꾸지 않았다. 닉슨은 임기 초기부터 세계

질서가 미소 양극체제에서 미국, 소련, 중국, 일본이 서로 경쟁하는 다극체제로 변화하고 있다고 인식했다.

닉슨은 전임 대통령들과는 확연히 다른 미국 외교정책을 수립하길 원하였다. 베트남전이 야기한 외교정책에 대한 국론분열과 여소야대의 정국 상황에서 의회로부터 지지가 필요하였던 그는 더욱 명확한 외교정책 목표와 방법을 모색할 수밖에 없었다. 그리하여 닉슨은 소련이 미국과 동등한 핵전력을 보유하였다고 보고, 소련을 억제하기 위해 경쟁보다는 협력을 강조하는 새로운 봉쇄정책인 데탕트(détente), 즉 긴장 완화 전략을 수립하였다.[44] 돌이켜 볼 때, 닉슨의 새로운 외교정책에 대한 구상, 특히 중국에 대한 구상은 대통령 취임 전부터 시작되었다. 그는 변화하는 국제 환경에 걸맞게 미국 외교정책에 대한 사고방식이 바뀔 필요가 있다고 믿었다.

한편 한국정부와 관련하여 닉슨은 정치적 반대파에 대한 탄압과 시민의 인권을 유린하고 있는 한국정부에 대한 군사적·경제적 원조를 삭감하거나 중지할 수도 있었다. 박정희의 독재정책에 대한 닉슨의 우려가 깊어갔지만, 닉슨은 한국의 경제발전의 성과를 치하하고 환영하는 등 정경분리의 태도를 견지하였다. 그는 가능한 한 한국 내부 정치문제에 대해 간섭하지 않았으며, "전임 대통령들과 달리, 나는 당신네 국가의 내부 정치 문제에 간섭할 의향이 없다"[45]라고 분명히 밝히기도 하였다.

1969년 7월 9일, 닉슨은 해외에 파견된 미군과 민간 정부요원을 10% 감축할 것을 명령하였다. 대신 그는 NATO, 주한미군, 군사작전에 참여하고 있는 부대는 감축대상에서 제외된다고 발표하였다.[46] 닉슨은 해외 주둔 미군의 감축과 불필요한 예산의 절감을 통해 자신의 구상을 달성하고자 하였다. 그의 의도는 필리핀 방문 연설에서 잘 나타나는데 닉슨은 "평화가 아시아로부터 나오는 것이라면, 미국은 아시아의 평화를 위해 일정부분 역할을 할 것이고, 이 평화를 공평하게 제공할 것이다. 그러나 아시아의 평화가 미국으로부터 나오는 것은 아니다. 평화는 분명 아시아로부터 나와야 한다. 아시아의 정부와 아시아의 국민들이야말로 아시아를 평화로 이끌어 나갈 주체들이다"라고 밝혔다.[47]

1969년 8월 21일, 닉슨은 박정희와 정상회담을 나누면서, 한국의 독자적인 방어능력 구축을 강조하였다. 닉슨은 "미국은 향후 발생할 북한의 어떠한 도발로부터도 한국을 방어할 것이지만, 한국 역시 북한의 위협을 스스로 방어하는 데 주된 책임을 질 만큼의 강력한 군대를 유지해야한다"라고 말하였다.[48] 그러나 박정희는 닉슨이 주장한 한국의 자주국방보다는 한국에 대한 향후 지원을 약속했던 미국의 정책을 더욱 강조하였다. 닉슨은 한국이 자주국방에 대한 충분한 능력을 갖추었다고 주장했지만, 당시 한국의 군사력은 자주국방과는 많이 동떨어져 있었다.

닉슨의 데탕트 전략은 국내적 제약요인과 미국 국민들의 고립주의적 태도를 신중히 고려하여 수립된 것이라 할 수 있다.[49] 닉슨의 데탕트 논리는 아시아 및 환태평양 지역에 대한 미국 외교정책에 실질적인 변화를 가져왔던 닉슨 독트린(Nixon Doctrine)에서 정형화되었다. 닉슨 독트린은 미래 미국 안보의 목표를 다음과 같이 상세하게 설명하였다.

첫째, 미국은 약속을 철저히 지켜나갈 것이다. 둘째, 만약 핵무기가 우리 동맹국 또는 우리의 안보에 매우 중요한 역할을 담당하고 있는 국가의 자유를 위협한다면, 우리는 그곳의 방패막이가 되어줄 것이다. 셋째, 다른 형태의 공격이 가해진 경우에는 우리의 약속과 부합하는 요청이 있을 때, 우리는 군사적, 경제적 지원을 아끼지 않을 것이다. 그러나 미국은 적으로부터 위협을 받는 국가 스스로가 자국의 방어에 우선적인 책임을 지길 기대한다.50)

종합적으로 볼 때, 닉슨 독트린은 미군과 전략적 원칙들이 실질적인 수행능력에 맞게 변화되어야 함을 의미하는 것이었다. 닉슨은 미국과 소련 간의 데탕트, 미국과 중국 간의 관계회복의 측면에서 주한미군 주둔의 군사적 정당성을 재고하기 시작하면서, 다음과 같이 선언하였다.

우리는 세계사에서 세력균형이 이루어졌던 시기가 가장 평화의 시대였음을 기억해야 한다. 어느 한 국가가 잠재적 경쟁국보다 훨씬 더 강력한 힘을 가졌던 시기에 전쟁의 위기가 발생하였다. 따라서 나는 미국이 현재의 세계에서 강한 힘을 유지하고 있다고 믿는다. 나는 미국이 강력한 힘을 보유하면서 야욕을 부리지 않고, 또한 유럽, 소련, 중국, 일본이 서로 적대시하지 않으면서 균형을 잘 이룬다면, 세계는 더욱 안전하고, 살기 좋은 곳이 될 것이라 생각한다.51)

이 같은 독트린의 결과로 닉슨은 주한미군의 철수를 명령하였으며, 아시아 국가들에게 자국방어에 대한 더 큰 책임과 자주국방의 책무를 강조했다.

닉슨이 주한미군 철수를 주장한 배경을 살펴보면, 먼저 닉슨은 주한미군이 철수해도 한국 스스로 북한의 위협을 방어할 수 있는 능력을 갖추었다고 생각했다. 하지만 닉슨은 동아시아지역에 대한 미국의 중요한 지정학적 이익 때문에 한국의 안보문제에서 완전히 손을 뗄 수 없었다.[52] 따라서, 닉슨은 지상군 철수라는 주한미군 감축 결정 후에도 F4전폭기를 한국에 영구 배치하는 등 봉쇄정책의 미국 외교정책 기조를 완전히 배제하지 않았다.

둘째로, 닉슨은 아시아에 대한 개입정책을 줄이면서, 한반도의 안보와 평화를 유지하기 위한 핵우산정책은 지속하였다. 이는 개디스(John Lewis Gaddis)가 지적하듯이, 닉슨의 데탕트정책은 봉쇄로부터의 탈피라기보다는 오히려 "적은 비용으로 더욱 효과적인 봉쇄정책을 수행하기 위한 또 다른 시도"였다고 볼 수 있다.[53]

그럼에도 불구하고 닉슨의 주한미군 철수 계획은 많은 비난을 받았다. 먼저, 닉슨 독트린은 미국 외교정책 목표에 있어서 자신감의 상실을 반영한 것이며, 적으로 하여금 "닉슨은 공격에 대응하지 않을 것"[54]이라는 오판의 빌미를 제공했다고 비판을 받았다. 한국 내에서도 닉슨의 구상을 반대하였다. 또한 닉슨의 구상은 한국에 부정적인 결과를 초래하였다. 닉슨의 주한미군 철수 결정이 지속됨에 따라, 박정희는 국내적으로 정권을 정당화할 수 있는 이점을 가지게 되었다. 1971년 12월 6일, 박정희는 만약에 있을 북한의 침략에 대비한다는 명분하에 국가비상사태를 선언하였다. 닉슨은 이러한 한반도의 상황을 심각하게 받아들이지 않았다. 박정희는 닉슨의 이 같은 정책판단이 북한이 전쟁무기를 대량생산하려는 한반도의 사정을 제대로 반영하지 못하고 있다고 믿었다. 또한 미국이 한국의 국가이익을 희생삼아 타협을 모색한다고 생각하면서, 닉슨의 중국과의 관계정상화 노력을 의심하였다. 이에 한국정부는 닉슨의 계획이 한반도 안보상황에 해가 되는 것이라고 판단하고, 북한과의 신뢰구축을 위한 독자적인 구상을 하게 되었다. 이러한 구상은 통일논의에 대한 기본 합의서인 7.4남북공동성명을 만들어 냈다.[55)]

포드(Gerald Ford)가 미국의 제38대 대통령으로 취임함에 따라 미국의 대한반도 정책은 또 다시 변화를 겪게 되었다. 포드는 미국은 자신의 의무를 줄이지 않을 것이며, 또한 동맹국들을 저버리지 않을 것이라 하면서 동맹국들을 안심시켰다. 그는 다음과 같이 말하였다.

> 우리는 베트남전쟁 패배로 야기된 일부 국가들의 우리에 대한 인식을 잘 알고 있다. 최근 몇 가지 난항을 겪고 있지만, 미국은 여전히 군사적으로나 경제적으로 강하기 때문에 전 세계적인 리더십을 지속해 나갈 것이다. 이에 우리의 우방국들은 미국이 그들의 곁을 변함없이 지켜줄 것임을, 우리의 적들은 미국이 그들과 용감히 맞서 싸울 것임을 잘 알아주길 바란다.[56)]

포드의 이 같은 말은 닉슨 외교정책 전반에 대한 비판이었다. 또한 포드는 의회에 앞으로 있을 그의 외교정책 수행을 방해하지 말 것을 경고하였다.

> 우리는 지금 대통령과 의회 간의 협력이 요구되는 중대한 기로에 서 있다. 헌법이나 그간의 전통을 봐도 대통령의 책임 하에 외교정책이 실행되어 왔다. 그런데, 베트남전쟁의 여파로 인해, 최근 몇 년간 의회는 대통령의 외교적 · 군사적 결정에 대해 많은 견제를 가하고 있다. 우리의 외교정책이 성공하기 위해서는, 대통령의 행위를 법률로써 엄격하게 제한해서는 안된다. 의회가 규제하고자 하는 동기와 목적이 최상의 것이라 할지라도, 이로 인해 오히려 정반대의 결과가 나타날 수 있기 때문이다.[57)]

포드는 동북아 지역의 균형 유지와 북한에 대한 효과적인 봉쇄를 위해, 한국에 미군이 주둔해야 한다고 생각했다. 이에 포드는 동북아 안보 질서의 악화를 이유로 내세워, 닉슨의 지상군 철수결정을 철회하였다. 그의 이러한 대한반도 군사정책 기조는 임기 내내 유지되었다. 포드는 4만 명의 미군 주둔을 논의하면서, 기존 안보 질서의 중요성을 특히 강조하였으며, 또한 남북한이 긴장완화와 평화적인 통일을 위한 대화를 나눌 것을 피력하였다.[58)]

슐레진저(James Schlesinger) 전 국방장관을 비롯하여 많은 미국 인사들도 포드의 북한 봉쇄정책과 주한미군 유지정책에 대해 공감을 표했다. 특히 슐레진저는 만약 북한이 한국을 침략한다면 미국은 북한에 대해 추가적인 군사작전을 수행하여 북한의 군대를 전멸시켜야 한다고 말하였다. 심지어 그는 한반도에서 전술핵무기의 사용도 가능하다고 주장하였다.

포드는 핵무기의 사용에 대한 질문에 대해, 미국의 정책은 국익을 고려하여 최대한 유연하게 대처하는 것이라고 답하였다. 특히 한반도 문제와 관련하여, 만약 북한이 한국을 공격한다면 핵무기를 사용할 것인지에 대한 질문에는 "우리는 전략적으로나 전술적으로 강한 억지력을 가지고 있다. 물론 우리의 군사력은 국익을 고려하여 매우 유연적인 방법으로 사용될 것이며, 핵무기 사용에 대한 긍정도 부정도 하지 않겠다"[59]라고 답하였다.

1975년 6월, 박정희는 만약 미국이 핵우산 정책을 철회한다면 한국은 핵무기 독자 개발 능력을 확보할 것이라고 말하였다. 미국은 한국의 핵보유가 남북한 간의 군비경쟁을 야기할 수 있다는 우려를 표하며, 한국의 핵보유를 반대하였다.

1974년 11월 22일, 서울에 도착한 포드는 주한미군이 한국에 있을 침략을 억제하기 위해 높은 수준의 강력하고 신속한 대비태세를 유지해야 한다는 점을 다시금 확인하였다. 또한 포드는 한국에 군사적 공격이 발생하면 1954년에 체결된 한미상호방위조약에 따라 미국은 즉각적이고 효과적인 지원을 제공할 것이라고 발표하였다.[60] 그는 미 의회에 한국 군사 원조비용으로 4억 8천 8백만 달러를 요청했으나, 의회는 최대 예산을 2억 9천만 달러로 책정하였다. 또한 한국 식량 지원비 역시 원래 요청했던 것보다 1억 4백만 달러가 적은 1억 7천 5백만 달러로 결정되었다. 그는 한국에 대한 1억 1천 6백 7십만 달러를 포함한 60억 달러 상당의 무기구매 제안서를 제출하였다.[61]

포드는 1975년 12월 7일에 발표한 '신태평양 독트린'에서 미국의 힘이 태평양의 안정적인 세력균형의 근간이 되기 때문에, 미국은 태평양의 패권국으로서 아시아에 머무를 것이라고 명확하게 밝혔다.

> 한반도의 긴장이 지속되고 있는 상황에서 우리는 한국과 긴밀한 유대관계를 가지며, 한반도의 평화와 안보를 위해 노력할 것임을 우리 군대의 주둔을 통해 증명하고자 한다. 오늘날, 미국은 한반도의 긴장 완화를 위한 건설적인 방법을 검토할 준비가 되어 있으며, 우리는 한국의 미래에 대한 논의에서 한국을 배제하려는 어떠한 행동에도 계속 저항할 것이다.[62]

포드의 '신태평양 독트린'을 간략히 요약하면, 주요 강대국들 간의 균형, 지역 내 동맹 강화, 적대국들 간의 긴장 완화, 약소국들의 자립과 지역적 단결, 경제협력과 문화적 교류의 확대 등을 들 수 있다.[63]

제6절 결론

이 장에서는 트루먼, 아이젠하워, 케네디, 존슨, 포드 대통령이 전후 미국의 외교정책 기조인 봉쇄정책을 어떻게 유지하며, 한반도에 적용하였는지를 논의하였다. 이를 통해 본 미국의 대통령들은 세계와 한반도에 대해서 자신들의 고유한 스타일과 견해, 리더십을 가지고 봉쇄정책을 유지해 왔다는 것을 알 수 있었다. 특히 한반도 문제와 관련하여 미국의 대통령들은 남북한의 대립이라는 한반도의 특수한 상황을 다르게 인식하고 바라보았으며, 각기 다른 전략과 목표 등을 통해 한반도 정책을 조율하고자 했다. 그럼에도 모든 대통령들이 북한이라는 위협적인 존재를 봉쇄해야 한다는 것에서는 동일하게 인식하고 있었다. 확실한 것은 미국의 모든 대통령들이 국가이익의 극대화를 미국 외교정책의 목표로 삼았으며, 비판도 함께 받았다는 것이다.

조지와 스모크(Alexander George & Richard Smoke)가 지적했듯이, 냉전이 시작되고 강화됨에 따라, 미국 행정부는 소련의 영향력 확대를 봉쇄하기 위한 수단으로써, 억지전략을 사용하도록 강하게 압박 받았다.[64] 중국, 소련, 일본에 둘러싸여 있는 한국의 지정학적 상황으로 인해, 미국 대통령들은 북한의 공격을 봉쇄하는 것 외에는 다른 뚜렷한 정책이 없다는 점을 잘 알고 있었다.

미국의 모든 대통령들은 한반도가 갖고 있는 딜레마를 해결하기 위해 개입해야 한다는 세계 지도자로서의 역할을 기꺼이 받아들였다. 미국 대통령들은 반공산주의를 내세워 그들의 전략에 대한 국내적 합의를 이끌어 낼 수 있었을 뿐만 아니라 국제적 지지도 확보할 수 있었다. 대통령들은 때때로 한국을 위한 적극적인 역할에서 벗어나려고 했지만, 실제 정책으로 실행되지 않았다.

또한 트루먼-포드까지 모든 대통령들은 남북한 사이의 안보구축이나 통일모색 등과 같은 새로운 정책을 채택하기 보다는 한반도 지역에서의 세력균형의 유지에 열중했다. 확실한 것은 주변 강대국(소련, 중국, 일본)이 역내 세력균형을 원하는 한, 남북한 긴장완화와 남북한 통일은 성공할 가능성이 없다는 것이다.

하지만 대통령들은 한반도의 안보를 지키기 위해서 자신들만의 권한을 행사하였다. 트루먼은 한반도의 평화유지와 재선에 실패하였지만, 미 의회는 그의 정책을 전폭적으로 지지하였다. 휴전협정을 주저하던 한국을 밀어붙여 휴전협정을 체결하도록 한 아이젠하워의 공로는 인정받을 만하다.

존슨은 베트남전의 수렁에 빠져있었지만, 북한으로부터 한국을 방어하는데 헌신하였다. 닉슨은 봉쇄정책에 크게 영향을 받지 않고, 주한미군 철수를 통해 자신의 데탕트정책을 추진하려 했다. 더 정확히 말하면, 닉슨의 데탕트정책은 한반도의 평화와 안보를 지키기 위한 새로운 전략이었다고 할 수 있다. 즉, 앞서 언급한 미국 대통령 모두는 북한의 공격을 봉쇄할 필요성에 대해 인식의 궤를 함께 하고 있었다고 할 수 있다.

분명한 것은 한국에 대한 다양한 전략들은 누가 대통령직에 있느냐에 따라 크게 영향을 받았으며, 대통령들은 성공적인 봉쇄를 위해 자신만의 목표와 전략을 서로 다르게 설정하였다는 점이다. 또한 국내외적 환경변화라는 외부적 조건은 대통령들로 하여금 서로 다른 행동을 하도록 하였다. 각 대통령들의 정책은 전임 대통령의 외교정책에 대한 전반적인 비판과 함께 시작되어 다양한 양상으로 발전하였으며, 닉슨의 주한미군 철수처럼 자신만의 특색 있는 정책을 수립하길 원하였다.

요약하면, 미국의 봉쇄전략은 한국방어에 대한 미국의 근본적인 약속에 대해서 애매한 태도를 유지하면서, 개입(트루먼)과 철수(닉슨)라는 양극단 사이에서 오락가락했다. 트루먼 이래로 미국 대통령들은 한반도의 평화와 안정이라는 측면에서 이러한 정책을 유지해 왔다. 그들은 모두 한반도에서 미국의 역할이 조금이라도 축소되면 이는 곧 북한의 새로운 도발을 야기할 것이라는 공통된 생각을 하였다. 닉슨도 주한미군의 지상군철수 결정이 이 같은 현실을 시험하기 위한 가장 최선의 전략이라고 믿었다. 베트남전쟁 이후부터 미국의 외교정책은 소련 및 중국과의 긴장완화와 관계 개선에 초점을 두고 변화하기 시작하였다.

그러나 몇 가지 중요한 의문점들은 그대로 남아 있었다. 베트남 전쟁의 여파에 따라 미국 정부는 예산을 축소하였는가? 포드 이후의 미국 대통령들은 국민들이 받아들일 수 있는 수준에서 그리고 지난 10여 년간 지속되어온 일방적인 미국의 영향력을 제약하는 구성요소로서 봉쇄정책을 유지 할 수 있었는가? 후임 대통령들은 봉쇄정책과는 다른 외교정책 목표를 설정하였는가? 다음 장에서 이에 대한 논의를 이어가겠다.

1) 여기서 '안보'의 의미는 군사 및 국방 분야로 한정된 개념이며, 이러한 개념구분은 Richard Smoke, *National Security and Nuclear Dilemma*, 2nd ed., New York: Random House, 1987.을 참고하기 바람. 또한 경제 및 환경과 관련된 비군사적 안보의 개념이 최근 학계에서 폭넓게 주목받고 있는데, 이는 Joseph J. Romm, *Defining National Security: the Nonmilitary Aspects*, New York: Council on Foreign Relations Press, 1993과 Ronnie D. Lipschutz, ed., *On Security*, New York: Columbia University, 1995.를 참고할 것.

2) Bae Ho Han, "The Korean-American Alliance," p. 177, p. 188.

3) Stephen E. Ambrose, "The Presidency and Foreign Policy," *Foreign Affairs* 70, 1991, pp. 118-137.

4) 미 국무부 장관 Acheson은 미국의 태평양 방어선을 북태평양의 알류샨 열도에서 일본, 남서제도(오키나와), 필리핀까지로 설정하면서, 타이완과 아시아 대륙을 제외하였다. Harry S. Truman, *Years of Trial and Hope*, Garden City, New York: Doubleday, 1956, pp. 325-328.

5) 서울신문, 『한국외교비록』, 서울신문사, 1984, p. 198.

6) 김일수, "한·미 군사동맹의 초기 형성 과정에 관한 연구," 『미국학 논집』, 제 35집, 2호, 한국아메리카학회, 2003, pp. 64-65.

7) Glenn Paige, *The Korean Decision*, New York: Free Press, 1968. 한국전쟁의 원인에 대한 새로운 주장은 다음 연구를 참고할 것. Robert R. Simmons, "The Communist Side: An Exploratory Sketch," *The Korean War:25-year*.

8) U.S. Senate, *The United States and Korean Problem: Documents 1943-1953*, 83rd Cong., 1st Sess., 1953, S. Doc. p. 74, pp. 29-32.

9) Lynn E. Davis, "Containment and the National Security Policymaking Process,"와 *Containment: Concept and Policy*, ed. Terry L. Deibel and John Lewis Gaddis, Washington, D.C.: National Defense University Press, 1986, Chap. 5 참조.

10) Alexander George & Richard Smoke, *Deterrence in American Foreign Policy: Theory an Practice*, New York: Columbia University Press, 1974, p. 6.

11) Christopher Coker, *Reflections on American Foreign Policy Since 1945*,

New York: St. Martin's Press, 1989, p. 55.

12) *Facts on File 1953*, pp. 19-20.

13) Ibid., p. 18.

14) Donald M. Snow, *National Security: Enduring Problems in a Changing Defense Environment*, New York: St. Martin's Press, 1991, pp. 56-61.

15) Amos Yoder, *The Conduct of American Foreign Policy Since World War II*, New York: Pergamon Press, 1986, Chap.3.

16) *Facts on File 1953*, p. 185.

17) *Facts on File 1952*, p. 122.

18) *Facts on File 1953*, p. 165.

19) Ibid., p. 186.

20) Ibid.

21) Ibid.

22) 아이젠하워는 한국의 군사력 증강을 위해 1953년부터 1959년까지 3억 달러 이상의 장비와 기술을 제공하였다.

23) 아이젠하워는 자신을 비판하는 사람들에게 자신이 한국에 대해 실제로 어떻게 말해 왔는지를 검토해 주고, 또한 그렇게 말한 근원적인 논리와 합리성에 대해서도 살펴봐 줄 것을 요청하였다. Greenstein의 연구에서 나타나듯이, 아이젠하워의 애매모호한 몇 가지 수사(rhetoric)는 미국이 자유세계에 대한 명확한 규정이 없는 상태에서 약간의 외부 침입에 대해 핵전쟁으로 이어질 수 있음을 가정하였던 것이다. Fred I. Greenstein, *The Hidden-Hand Presidency: Eisenhower as Leader*, New York: Basic Books, 1982.

24) Yong Soon Yim, "The U.S. and Two Koreas in the Post-Seoul Olympics Era," *Korea Observer, 19,* 1988, p. 227.

25) 아이젠하워는 정교한 무기와 병력을 제공하였으며, 주한미군은 1955년 이후에도 계속 주둔하였다.

26) John F. Kennedy, *Vital Speeches of the Day* , Feb 1961, p, 226.

27) Donald Snow, *National Security*, pp. 55-61; Robert E. Osgood, "The Revitalization of Containment", *Foreign Affairs, 60,* 1982, p. 467.

28) 아이젠하워는 이승만을 설득하는데 어려움을 경험하기도 하였지만 그는 이승만이 대단한 애국자라는 점은 인정해 주었다. Edward W. Wagner, "Failure in Korea," *Foreign Affairs, 40,* 1961, pp. 128-135.

29) 장준갑, "케네디 대통령의 초기 대한정책 : 대미 우호적 국가발전전

략," 『미국사연구』, 제 17집, 한국미국사학회, 2003, p. 189.

30) Editorial Note, FRUS, 1961-1963, vol. 22, p. 448.

31) *Facts on File 1963,* p. 138.

32) Ibid.

33) *Facts on File 1968,* pp. 25-26.

34) Ibid.

35) Ibid.

36) *Keesing's Contemporary Archives 1968*, p. 22588.

37) Department of State Memo (11), Feb. 20, 1968, *Declassified Documents Catalog*, 1996, (fiche no. 1511).

38) Ibid.

39) *Facts on File 1968,* p. 54.

40) *Keesing's Contemporary Archives 1968*, p. 22861.

41) Bae Ho Han, "The Korean-American Alliance," pp. 189-190.

42) Robert E. Osgood, "The Revitalization of Containment," *Foreign Affairs, 60,* 1982, p. 467.

43) Se-Jin Kim, *Documents in Korean-American Relations,* Seoul, 1976, p. 289.

44) Richard M. Nixon, "Asia After Vietnam," *Foreign Affairs, 46,* 1967, p. 117.

45) The U.S. House Committee on International Relations, *Investigation of Korean-American Relations: report of the Subcommittee on International Organization*, 95thCong., 2nd Sess. 1978, Committee Print, p. 39.

46) *Facts on File 1969,* p. 434.

47) Ibid., p. 473.

48) Ibid., p. 542.

49) Charles Kegley and Eugene Wittkopf, *American Foreign Policy: Pattern and Process*, New York: St. Martin's Press, 1982, pp. 64-65.

50) Richard M. Nixon, *U.S. Foreign Policy for the 1970s: Shaping a Durable Peace*, Washington D.C.: GPO, 1973, pp. 109-110.

51) "An Interview with the President: The Jury is Out," *Time*, Jan 3, 1972.

52) 닉슨 독트린에 대한 보다 심층적인 연구는 Earl Ravenal, "The Nixon Doctrine and Our Asian Commitments," *Foreign Affairs, 49,* 1971, pp.

201-217 참조.

53) John Lewis Gaddis, "Introduction: The Evolution of Containment," *Contain ment: Concept and Policy*, ed. Terry L. Deibel and John Lewis Gaddis, Wa shington, D.C.: National Defense University Press, 1986, 1장을 참조.

54) Hedley Bull, "The New Balance of Power in Asia and the Pacific," *Foreign Affairs, 49* , 1971, pp. 669-681.

55) Tae-Hwan Kwak, "The Reduction of U.S. Forces in Korea", *The Korean Journal of Defense Analysis,* 1990, pp. 171-194. 남북한은 공동선언에서 무장도발을 억제하고, 불의의 사고를 예방하는 조치들을 취하고, 다양한 분야에서 교류할 것을 합의하였다.

56) *Facts on File 1975,* p. 314.

57) Ibid., p. 21.

58) Ibid., p. 572.

59) Ibid., p. 453.

60) *Congressional Quarterly Almanac 1976*, p. 226, p. 253.

61) Ibid., p. 226.

62) *Weekly Compilation of Presidential Documents 11*, 1975, p. 1355.

63) The U.S. Department of State, *New Release*, "President Ford's Pacific Doctrine," Washington D.C.: December 7, 1975, p. 3.

64) George and Smoke, *Deterrence in American Foreign Policy*, p. 1.

제3장

카터의 대한반도 정책

카터(Jimmy Carter)가 1976년 대통령으로 당선되면서 미국의 대한반도 정책도 새로운 전기를 맞이하게 되었다. 카터는 도전과 기회라는 시대적이며 맥락적인 상황에 직면해 있었다. 그가 대통령이 되었을 때, 미국은 국내외적으로 힘든 시기였다. 카터는 남베트남의 몰락, 워터게이트 사건의 여파, 인플레이션, 에너지 위기 등이 지속되는 것을 두고 '국가적 불안감(national malaise)'이라고 표현하였다. 미 의회와 국민들은 대통령이 끊임없이 발생하는 국제문제보다 국내문제 해결에 더 노력해 줄 것을 요구하였다.

미국 국민들은 베트남전쟁의 패배로 미국이 가진 힘의 한계를 직시하였으며, 대통령의 역할을 축소할 것을 요구하였다. 이러한 정치적 분위기 속에서 카터는 국내문제로 상처받은 국민들을 다시 통합할 수 있는 정책 목표를 수립해야 했다. 또한 카터는 국내정치에 무관심한 국민들과 국제정세의 변화를 고려한 새로운 외교정책을 수립해야 했다.

카터는 명분도 당위성도 없던 닉슨식의 미국 외교정책 기조를 바꿀 필요성과 미국 국민들의 우려를 고려해 전임 대통령인 닉슨과 포드와의 차별화를 시도하였다. 카터는 닉슨을 리더십, 도덕성, 개방성이 부족한 인물로서 미국의 명예를 실추시켰다고 비난하였다. 그로 인해 미국은 국제적으로 더 이상 강하지도 존경받지도 못하면서 외교 문제에 리더십을 발휘하지 못하게 되었다고 강도 높게 비난하였다.

카터가 시도한 새로운 정책목표와 전략은 국내 상황뿐만 아니라 국제체제에 의해서도 크게 좌우되었다. 그는 전임 대통령들과 마찬가지로 대한반도 정책에 있어서 자신만의 정책을 실행하고자 하였다. 앞에서 언급하였듯이 한국은 지정학적으로 역내 강대국들의 이익이 교차하는 중요한 위치에 있다. 한반도에서의 세력균형은 모든 동북아 국가들은 물론 미국의 동북아 지역 및 세계 차원의 이익에도 지대한 영향을 미치기 때문에, 한국과 미국은 북한의 공격 억지라는 공통의 이익을 가지고 있었다.[1] 이에 한국은 미국의 안보에 여전히 중요한 국가이며 이러한 점을 한반도 정책 수립에 잘 반영하는 것이 중요하였다.

제1절 카터와 한반도

카터는 취임하자마자, 전임자들이 추구했던 외교정책을 개혁해야 할지, 그대로 따라야 할지 결정해야 했다. 지난 1976년 미 대선에서 카터가 포드의 재선을 막고 승리한 주요 원인은 변화에 대한 국민들의 열망이었다. 또한 카터는 새로운 대전략(grand strategy)을 수립해야 한다는 압박감을 갖고 있었다. 그러나 기존정책을 고수하는 것과 새로운 정책을 수립하는 그 어느 것도 성공이 보장되지 않기 때문에 어떤 선택이 옳은지 명확한 해법이 없었다.

카터는 인권문제를 해결하기 위한 국제적 노력의 일환으로 한반도 문제에 접근하였으며, 주한미군 철수를 모색하는 등 자신만의 대한반도 정책을 내세우고자 하였다. 이는 카터가 외교정책 목표와 인권문제를 세계적 혹은 한반도 차원에서 다루고자 한 것이지 봉쇄정책을 포기한 것은 아니었다. 다시 말해, 카터는 20여 년간 이어져 온 한반도에 대한 봉쇄전략에서 불개입의 전략으로 바꾸고자 하였다.

카터의 인권, 민주주의, 군비통제에 대한 강한 신념은 국제체제에 대한 카터의 관점으로 나타났다. 그는 국제체제가 실질적인 수준에서 변화할 수 있다고 믿었다. 카터는 국제사회가 미국이나 소련이 정치로써 통제할 수 없을 만큼 복잡하며,[2] 이제는 국제체제가 양극체제가 아닌 국가 간 상호의존이 이뤄지는 다극체제로 변화하였다고 보았다. 이러한 국제체제에 대한 자신의 비전과 해석을 기초로 하여, 카터는 미국의 막강한 경제적·군사적 우위는 이제 끝났다고 생각하였다. 더불어 현 국제사회는 "새로운 세계이고, 우리는 이를 두려워하지 않아야 하며, 새로운 세계가 잘 형성되도록 도와야 한다. 새로운 세계는 새로운 미국의 외교정책을 요구하는 세계이다"[3]라고 말하며, 새로운 국제질서가 활성화되기를 희망했다.

그는 1977년 3월 17일 유엔 총회 연설에서 다음과 같이 말하였다.

나는 더욱 개방된 외교정책을 위해 확고한 신념을 가지고 일해 왔다. 나는 인간 존엄의 가치가 더 높아 지는 세계를 위해, 본질적인 권리를 위한 기본적인 자유가 더 많이 요구되는 그런 희망찬 세계를 예상한다.[4] 인권 존중에 대한 인식이 공유된 사회를 명백히 더 선호하는 것은 우리의 도덕적 소명이다.[5]

새로운 국제 환경에 대한 카터의 이러한 발언은 그의 대소련 정책이 전임자들과는 많이 다를 것임을 나타낸 것이었다. 그는 소련과의 경쟁이 가장 긴급한 사안이지만, 혁신적 접근을 통해 소련과의 관계 개선이 중요하다고 여겼다. 그는 미국이 당장 필요로 하는 것은 당면한 정치적 이슈들과 제반 고려 사항들에 의해 규정되는 외교정책이 아니라 명확한 목표에 의해 정의되는, 비용 대비 효과가 높은 정책적 해결책이라고 보았다.[6]

우리의 국가 안보는 소련과의 군사적 경쟁으로만 거의 정의되어 왔다. 이러한 경쟁은 전쟁 발생과 연관되기 때문에 여전히 중요한 문제라 할 수 있다. 그러나 이러한 군사적 균형 관계가 중요하다 할지라도, 이와 더불어 마땅히 관심을 가져야 할 다른 세계적 이슈를 제외하고 이것에만 몰두할 수는 없다.[7]

그는 강대국들 간의 관계가 군사적인 경쟁 관계가 되기보다는 여러 다른 분야들에서의 협력 관계가 구축되기를 원하였다.

소련과 미국, 중국과 미국, 중국과 소련 등 모든 관계가

> 변화했다. 북한과 비교하면 한국은 2배나 많은 인구를 보유하고 있으며, 더욱 발전된 장비와 기술력을 갖춘 서구식 산업 민주주의에 훨씬 근접한 양상을 띤다.[8)]

이러한 관점에서 카터는 군사력을 감축하고 외국 정부와의 비밀접촉을 제한하는 외교정책 이념을 옹호하기 시작하였으며, 선진국뿐만 아니라 개발도상국들과도 더 나은 경제적·정치적 관계를 구축하기 위한 적극적인 정책 수행을 강조하였다. 또한 그는 이러한 유형의 외교정책이 미국의 동맹국들로부터 협력을 얻어내고, 동시에 미국의 잠재적 고립을 피할 수 있는 효과를 가진다고 보았다. 그러나 불행하게도 카터의 이러한 구상은 군사적 봉쇄정책의 대안이 되지 못하였다. 그는 비민주적인 동맹 국가들에 대한 지원을 철회할 것을 목표로 삼았기 때문에, 비민주적인 정치체제를 가진 한국에서 미군을 철수하고자 하였다.

카터는 미국을 제3세계의 진보적 혁명 세력에 대한 지원과 인권신장을 가능하게 하는 세력균형의 한 축이라고 믿었다. 그는 자신의 정책이 이상적이라 생각하지 않았으며, 오히려 미국의 힘과 목표에 대한 현실적인 평가에서 나타난 결과라고 보았다.[9)]

심지어 그는 이상주의가 미국의 외교정책에 더욱더 적용되기를 희망하였으며, 이러한 자신의 생각을 자서전에서 다음과 같이 밝혔다.

> 나는 이상주의와 현실주의 혹은 도덕성과 실력행사 중 하나를 선택해야 된다는 보편적인 주장들에 대해 잘 알고 있었다. 하지만 나는 그러한 주장을 거부하였다. 나에게 이상

주의는 미국의 외교정책 사안에 대한 실용적이며 현실적인 접근 방법이었으며, 도덕적 원칙 역시 미국의 힘과 영향력 행사를 위한 가장 기초적인 토대였다.10)

카터는 분명하게 자신의 생각에 확신을 가지고 있었으며, 국제정치에서 나타나는 일련의 행위들이 자신의 정책에 공헌할 수 있을 것이라고 생각하였다. 그는 "우리는 훨씬 유리한 조건에 있다. 우리의 산업 기반과 생산성은 타의 추종을 불허할 정도이며, 우리의 과학과 기술력은 다른 모든 국가들보다 뛰어나다. 다른 자유국가들과의 동맹관계 역시 견고하며, 점점 견고해지고 있다. 그리고 우리의 군사력은 현재에도 앞으로도 누구에게도 뒤지지 않을 것이다"라고 말했다.11)

제2절 카터의 대한반도 정책

카터의 대한반도 정책은 주한미군 철수와 도덕성 반영이라는 두 가지 전제에서 출발하였다. 카터의 재임기간 동안 이 두 가지 정책 기조에 따라 미국의 대한반도 정책은 전환되었다.

이러한 점에서 카터의 대한반도 정책은 닉슨, 포드와 뚜렷한 차이를 보였다. 포드는 한국을 포함한 국가들에 대한 원조를 없애려는 의회에 대해, 한국과 같은 나라들에 진정한 민주주의가 없다고 매도하는 것은 전통, 문화, 사회가 분명히 다른 국가에 미국적 관점을 강요하는 대표적인 사례라 말하며 이를 반대하였다.12) 이와 달리 카터는 대선 기간 중인 1976년 주한미군(지상군)의 철수를 약속하였다. 닉슨이 외교정책 기조에 데탕트와 봉쇄정책을 함께 포함시켰다면, 카터는 한반도 문제 불개입으로 봉쇄정책을 종결시키고자 했다. 카터는 이러한 새로운 정책을 통해 "반공을 목적으로 행해지던 불공평하고 억압적인 외국 정권들의 폭압을 바로잡도록 미국의 목적의식을 되돌림으로써" 국가 안보가 강화되기를 기대하였다.[13)]

주한미군 철수가 한반도의 자립에 기여할 것이라고 강하게 표명했던 카터는 당선 되자마자 5,000명의 지상군 철수를 단행하겠다고 발표했다. 이는 한국정부와의 긴밀한 정책 조정으로 이루어진 것이라기 보다는 한국정부를 자극하는 독단적인 결정이었다. 그는 한국에 적절한 정도의 군사력만 배치하고 4-5년에 걸쳐 주둔군을 단계적으로 철수할 것이라고 밝혔다.[14)] 이와 같이 카터가 주한미군을 철수하기로 결정한 배경은 한국의 경제력이 성장했으며, 군사력 역시 북한보다 앞섰다고 판단했기 때문이다. 그는 "지금이 우리가 주한미군을 철수할 적절한 시기이다. 결정은 내려졌으며, 박정희 대통령에게도 통보되었다"라고 언급했다.[15)]

카터 초기, 역내 전략적 구도와 미국과 한국의 양자 관계는 더욱 악화되어 갔다. 특히 박정희는 인권을 강조하는 카터와 충돌하였다. 한국정부는 경제발전을 빌미로 정치적 억압을 자행했으며, 반정부 인사에 대한 밀착 감시와 사전 체포가 증가되면서 시민의 기본적 자유를 위한 한국 국민들의 시위가 빈번해졌다. 이에 카터는 이와 같은 인권침해를 이유로 대한반도 정책을 수정하고자 하였다. 더불어 인권침해 국가들에게 경제적, 군사적 원조를 보류하겠다고 경고하였으며,[16] 인권침해 국가들에 대한 비판은 카터 외교정책의 대명사가 되어갔다.

카터가 주한미군 철수를 결정하게 된 두 번째 이유는 베트남전 실패의 여파에 의한 것으로, 미국이 또 다른 아시아의 전쟁에 더 이상 개입하지 않기를 바라는 여론의 영향 때문이었다.[17] 카터는 국제문제에 대한 개입과 축소 사이에서 균형을 찾기 위해서 개입 축소, 부담 전환, 경쟁국과의 협상 등의 실용적인 정책 조정을 하였다.

1977년 카터는 주한미군을 철수하겠다는 자신의 계획을 반복해서 밝혔다.

> 나는 북한의 공격으로부터 한국을 보호하기 위하여 한국 정부에 의해 통제되는 적정 수준의 지상군 병력만을 한국에 주둔시키고자 한다. 나는 앞으로도 오랜 기간 동안 한국의 영공 방어를 지속적으로 지원할 것이다. 그러나 이것은 기본적인 수준이며, 주한미군 지상군은 반드시 철수시킬 것이다.[18]

1977년 5월에 발표된 철수 계획의 내용을 보면, 카터는 공군, 해군, 육군 지원부대만을 남겨둔 채, 1978년 말까지 6천 명의 지상군을 철수하고, 5년 이내 총 3만 3천 명의 지상군을 철수한다는 내용을 명시하였다.

카터는 미국이 공군과 해군의 지원을 계속한다면, 미국의 지상군 없이도 한국이 북한의 공격을 방어할 수 있을 것이라고 판단하였다. 한편, 카터는 미국의 단계적 철군으로 한국 군대를 현대화할 수 있을 것이라 기대하였다. 카터는 미국이 한국에 영원히 군대를 주둔시킬 수 있을지 여부를 문제의 본질로 보았다.[19] 한국의 지상군이 미국으로부터 적절히 장비를 공급받아 전력을 갖추고, 미국 공군 및 해군의 전술적 지원을 받는다면, 중국과 소련의 직접적인 개입이 없는 북한의 공격을 적절히 방어할 수 있을 것이라는 전제가 바로 카터의 철군 계획의 기저를 이루는 주요 논리였다.[20]

제3절 카터의 외교정책 실행과 한국정부

카터의 주한미군 지상군 철수 결정에 한국정부는 강하게 반발하였다. 한국정부는 오랫동안 주한미군을 공산주의로부터 동아시아를 지키는 미국의 상징이라고 여겼다. 한국 국민들은 주한미군 지상군 철수가 임박한 것으로 생각되자 불안감을 느꼈으며, 앞으로 있을 미국의 방어 노력과 억지력에 의구심을 가졌다.

이러한 상황에서 1978년 비무장지대에서 땅굴이 발견되어, 한국에 대한 북한의 도발이 계속되고 있음이 증명되었다. 한국정부는 카터의 대중국 정책변화와 주한미군 철수라는 두 정책에 심한 안보 불안을 느끼며 이에 상응하는 조치를 취하고자 하였다. 1978년 12월 5일, 카터는 미국과 중국이 1979년 1월 1일 자로 국교를 수립하는데 합의하였음을 발표하면서 한국에 대한 불개입 정책을 강조하였다. 이는 미국의 대만 방위지원이 1979년 말까지만 유지된다는 것을 의미하는 것이었다. 카터는 미국과 중국의 외교 관계 수립이 대만인들의 안전을 위협하지 않을 것이라고 보았다.[21] 그러나 한국정부는 카터의 대만 포기정책을 바라보면서, 한국에 대한 미국의 지원도 의심하게 되었다.

카터의 이러한 조치는 다른 동맹국들과의 신뢰관계에도 악영향을 미쳤다. 특히 한국은 카터가 새로운 국제적 요구와 도전이라는 이름하에 어떠한 방위조약도 없앨 수 있다는 점을 우려하였다.[22] 또한 한국은 중국이 주한미군 철수를 용이하게 하기 위하여 미국에 '잘못된 확신(false assurances)'을 심어주는 것은 아닌지 불안해 하였다.[23] 이러한 카터의 새로운 대중국 정책은 한국뿐만 아니라 일본에도 불신을 심어주었다.

카터의 정책 전환과 전통적 동맹에 대한 비존중은 미국의 동맹국들에게 경종을 울렸고, 주한미군 지상군의 철수 계획에 따라, 한국은 북한 문제를 자신만의 방식으로 해결하고자 하였다. 카터 재임기간에 미국의 외교정책은 동맹국들로부터 목표와 전략에 대한 동의를 구하지 못하면서 거듭 실패하였다.

한국은 주한미군 철수가 북한과의 안보 균형을 위협하고, 한국에 대한 미국의 안보 역할을 포기 하거나 축소시키는 것이라고 여겼다. 한국은 닉슨 재임 시기에도 주한미군 감축 시도를 경험하였기에, 박정희는 두 가지 방법을 통해 이 문제에 대처하고자 하였다. 첫 번째는 자주국방을 위한 군사력을 확보하기 위해, 재래식 군사력을 확대하는 동시에 독자적인 핵능력을 개발하는 것이었다.[24] 두 번째는 지속적인 주한미군의 주둔을 위하여 미국 정책결정자들을 설득하는 것이었다.[25] 미국으로부터 한국에 대한 우호적인 외교정책을 얻기 위한 이러한 시도는 1976년 코리아게이트 사건으로 나타났다.

한국은 먼저 군사력의 신장을 꾀하였다. 1975년 6월 26일 박정희는 미국의 핵우산이 철수될 경우, 한국은 안전보장을 위해 핵개발을 포함한 모든 조치를 취할 것이라고 앞서 밝힌 바가 있었다.[26] 실제로 1975년 한국은 매년 200개의 핵폭탄을 생산하는데 충분한 240에서 300킬로그램의 플루토늄을 생산할 수 있는 핵프로그램을 시작하였다.[27]

1975년 3월 3일 국가안전보장회의 문건에 따르면, 당시 한국이 핵무기 개발 계획의 초기 단계에 있었으며, 미국의 정보기관은 한국의 핵무기와 미사일 개발 계획을 알고 있었다.[28] 또한 이 문건에서는 한국이 민감한 기술과 장비에 접근하는 것을 억제하고, 핵확산방지조약(NPT)을 비준하도록 압력을 가하며, 한국의 핵시설에 대한 감시를 강화할 것을 요청하였다.[29]

두 번째 방법은 한국에 우호적인 정책을 입안하도록 미국 의회의 영향력을 매수하는 것이었다. 1978년 12월 29일 해제된 보고서에 따르면, 미 하원 사법위원회는 한국 중앙정보부의 지원을 받은 쌀 수출업자 박동선이 1970년대 초 영향력 있는 미국 의원들을 매수하는데 대체로 성공하였다며 이를 맹비난하였다.[30] 주한미군 철수를 이미 결정한 카터는 이 사건에 대해 경멸적 태도를 감추지 않았다.

> 불쾌한 박동선 사건으로 인해 우리는 한국이 우리의 강력한 동맹국이라는 사실을 잊어버리게 되었다. 우리는 한국 내 인권문제를 매우 우려하며, 우리에게 골칫거리이자 우리 국민들에게 나쁜 인상을 지니는 한국의 지도자들을 압박할 수 있는 모든 수단들을 현재 동원하고 있다.[31]

카터는 1977년 2월, 그의 주한미군 철수 계획을 설명하고 한국 내 인권문제에 대해 깊은 우려를 표명하는 서한을 박정희에게 보냈다. 서한에서 그는 직설적으로 말하였다.

> 미국은 타국의 국내문제에 연루되거나 개입하기를 원하지 않는다. 우리는 우방국이 우리의 이러한 입장을 잘 이해하길 바란다. 이를 통해 우리의 의회와 국민에게 양국이 긴밀한 관계임을 정당화 할 수 있으며, 계속해서 이러한 관계를 유지하게 해 줄 것이라고 믿는다. 우리가 한국과의 관계, 특히 안보 분야에서의 관계를 옹호하려는 것과 마찬가지로, 당신도 한국 내 인권문제에 대해 신중을 기해줄 것을 요청한다. 사적으로나 공적으로 중요한 이 인권문제를 어떻게 처리할 것인지를 심각하게 고려한 뒤에 당신의 견해를 나에게 알려주길 바란다.[32]

대부분의 한국 국민들은 미 지상군의 철수로 인해 북한 공격에 대한 미국의 억지력이 약화될 것을 두려워하였다. 한국정부의 반응은 분노와 당혹 바로 그 자체였으며, 그들의 분노로 인해 미국은 안보보장 의지를 되풀이하여 밝혀야 했다. 한국의 외무장관 박동진은 브레진스키(Zbigniew Brzezinski)와의 회담에서 미군철수 조치를 재고해 줄 것을 요청하였으며, 미국이 인권문제에 압력을 가하는 것은 한국의 안보에서 미국의 역할을 감소시키는 것으로 여길 것이라고 말하였다.[33] 박동진은 미국이 세계 안보를 위해 노력을 보여야 하며, 현재 상황에서 어떠한 대규모 철수도 반대한다는 점을 강조하였다.[34] 이는 카터가 태평양 세력으로서 아시아 지

역에 관여하고 있음을 보여주고 있지만, 카터에 대한 불만의 간접적인 표시라고 할 수 있었다.[35)]

한국은 주한미군 철수를 어쩔 수 없는 현실로 받아들일 수밖에 없었다.[36)] 1977년 5월 한·미 양국은 병력 철수에 대한 논의를 마무리 짓기 위한 회담을 개최하였다. 박정희는 왜 미국이 이런 중요한 시기에 한국으로부터 병력을 철수하려 하는지 이해할 수 없다고 불만을 토로하면서,[37)] 미국 대표단에게 두 가지를 강조했다. 하나는 철수에 걸맞은 보상 조치가 있어야 하며 이 조치는 철수가 완전히 끝나기 전에 완료되어야 한다는 것이었다. 그런 다음 박정희는 국무차관인 하비브(Philip Habib)에게 철수 후 북한의 공격이 있을 경우 어떤 지원과 보조를 해줄 수 있는지에 관해 물었다.[38)]

한편, 몇몇의 부처 간 합동 보고서는 주한미군 철수가 한반도 안보를 위협할 수 있다고 지적하였다. 카터의 상세한 철군 계획 요청에 대하여, 국방부 대변인은 "미국의 지상군 철수가 한국에 대한 화력과 지원의 손실을 초래할 뿐만 아니라 억지력을 약화시킬 수도 있기 때문에 한국 지상군의 열세를 개선해 줄 방법을 신중히 검토해야 한다"고 밝힌 바 있었다.[39)]

1978년 카터의 미 지상군 철수 계획과 동시에 미국 내 전문가들의 예상보다 훨씬 더 빠르고 광범위한 북한의 병력 전개가 이뤄졌다. 한국정부뿐만 아니라 카터의 주요 정책 결정자들도 카터의 미군철수 계획에 대해 강하게 반대하였다.

그럼에도 불구하고 주한미군 철수를 선언한 카터는 합동참모본부와 주한미군 또는 국무부에게 검토할 시간적 여유를 주지 않았다. 이것은 전적으로 카터만의 생각이었다.[40)] CIA 국장 터너

(Stansfield Turner) 조차도 개인적으로는 주한미군을 철수하고자 하는 카터의 의사에 동의하지 않았다. 그는 현재 남북한은 억지의 균형을 이루고 있으며, 미국이 병력을 철수하면 그 억지력이 감소될 것이라고 보았다.[41] 미국 합동참모본부는 부분적으로는 현재 수준의 국방비 지출을 유지하고, 북한의 군사력이 한국보다 강할 것이라 생각하여 카터의 철수 계획에 전적으로 동의하지 않았다.[42]

1977년 5월 21일 카터는 주한미군 철군 계획을 공개적으로 비판한 주한미군 사령관 싱글랩(John K. Singlaub)을 해임하였다. 싱글랩은 주한미군이 계획대로 철수한다면 전쟁이 일어날 것이라 주장하였으며,[43] 며칠 뒤인 1977년 5월 25일 미 하원 군사위원회 소위원회가 주관한 청문회에서 주한미군과 군속 관리 대부분이 미군이 철수하면 전쟁이 일어날 것이라고 굳게 믿고 있다고 말하였다.[44] 이후에 싱글랩은 다음과 같이 말하였다.

> 물론 나는 내가 옳았다는 것을 알고 있다. 당시에 미군의 철수가 전쟁을 일으킬 것이라고 느끼는 사람들은 실제 업무를 담당했던 사람들이었다. 나는 북한의 능력과 분명한 의도를 객관적으로 평가한다면, 어떤 규모의 주한미군 철수도 연기되어야 함을 분명히 확신한다.[45]

또한 미 태평양함대 최고 사령관인 와이즈너(Murice F. Weisner) 제독과 주한미군 최고 사령관인 베시(John W. Vessey) 장군은 상원 군사위원회의 비공개회의에 앞서 진행된 증언에서 주한미군 철수에 대해 반대한다고 강하게 표명하였다.[46] 그들은 설사 미국이 공산 정권인 중국과의 관계를 정상화하거나 또는 남북대화가 재개된다 하더라도 군사적 경계를 늦추는 것은 현명하지 못한다고 강조하면서, 한반도는 불안정한 상태에 있다고 주장하였다.[47)]

결국 카터의 주한미군 철수 구상은 한국정부와 미군 지도자들의 반대에 부딪혔고, 더욱이 미군 지도자들이 카터의 철군 논리를 공개적으로 반대하였다. 군 관계자들의 반대에 직면한 카터와 핵심 관료들은 이를 완화하기 위한 방법을 강구할 수밖에 없었다. 먼저, 국방장관 브라운(Harold Brown)으로 하여금 한국이 철군계획을 수용하도록 설득하게 하였다. 그는 의회에 한국에 대한 19억 달러 상당의 유상 군사원조, F-16 전투기와 8억 달러 상당의 무기 판매 계획을 승인해 줄 것을 요청하였다. 이러한 조치들은 부분적·일시적으로 카터의 미군철수 계획에 대한 비판을 약화시켰으나, 시간이 지남에 따라 정책결정자들은 카터의 철군 논리에 대해 의문을 제기하기 시작하였다.

1978년 봄 미국의 CIA, 국방부 정보국, 육군 정보보안사령부, 다른 미국 정보기관들이 공동으로 북한의 군사력에 대한 재평가를 실시하였다. 이후 1978년 10월에는 비무장지대 내에서 북한의 땅굴이 발견되었다.[48)] 소련의 지속적인 군사 증강, 요동치는 국제정세 변화, 제3세계에서의 소련의 영향력 확대와 같은 문제가 꾸준히 나타나면서, 카터는 자신의 대한반도 불개입 정책을 변경해야만 하였다. 북한의 전투부대, 탱크와 다른 지상군 병력이 미 육군이 추정하는 것보다 상회한다는 정보보고가 있었다. 미 육군 보고서에 따르면, 북한 육군은 이전에 추정한 28개보다 많은 40개 사단을 보유하고 있으며, 탱크도 추정치에서 수백 대가 증가한 약

2,000대 가량을 보유하고 있다고 발표하였다.[49)]

상황이 이렇게 되자 카터는 원래 철수 계획을 재검토하기 시작하였고, 주한미군 철수 결정에 대한 철회 요구를 받아들여야 하는 상황에 놓이면서, 원래 철수 계획에 대한 중요한 사항들을 수정하거나 포기하기 시작했다. 결국 카터는 1979년 2월 10일 철군 계획을 철회한다고 발표하였다.

> 현재 북한의 군사력 증강, 중국과의 관계정상화에 따른 결과, 남북한 양국 정부에 의해 제기되는 새로운 평화 제안 혹은 평화를 위한 논의들 등에 대한 새로운 정보들이 평가될 때 까지 더이상의 주한 지상군의 병력 감축은 없을 것이다.[50)]

카터의 성명에는 다음과 같은 내용이 포함되어 있었다. (1) 제2사단 전투부대 철수를 중지하며, (2) 지금부터 1980년 말까지 지원부대의 인력 감축을 계속하고, (3) 이 이상의 철수시기와 범위는 1981년에 다시 검토할 것이다.[51)]

카터가 체면치레를 위한 행동 없이 자신의 정책 변경을 꺼려하였기에, 1979년 6월 29일부터 7월 1일까지 서울 방문이 이루어졌다. 서울 방문에서 카터는 더이상의 지상군 철수는 없을 것이라는 결정을 넌지시 비추었다. 한국의 박정희와 카터는 세계의 긴장 완화와 대화 증진을 위해 남북대표단과 미국과의 3자회담을 공동으로 제안했다.[52)]

그들은 공동성명서에서 주한미군 지상군 철수를 보류한다는 어떤 직접적인 언급이나 상세한 설명이 없이 단지 계획의 보류를 암시하는 몇 마디만을 밝혔을 뿐이었다. 카터는 한국 방문에서 일본의 역할을 강조하였으며, 한국이 세계적인 경제력을 갖춘 국가가 될 수 있다고 말하였다.[53] 그는 인권과 경제성장이라는 양국 간의 보다 성숙한 단계를 간접적으로 지적하였으며, 미국은 군사적 균형을 유지하고 도발을 저지하는 데에 그 소임을 다할 것이라고 밝혔다.[54]

철군 계획에 대한 재평가가 이루어짐에 따라 카터의 주한미군 지상군 철수 결정의 토대가 된 한반도 군사균형의 안정성과 본질에 대한 카터의 초기 판단에 대한 적절성이 크게 의심받게 되었다. 더구나 그 계획은 장래 한반도에 갈등이 발생하게 되었을 때 미국 전투부대가 즉각적으로 개입하게 되는 가능성을 줄이지 못한 채, 15억 달러에서 25억 달러까지의 비용이 드는 것으로 나타났다. 이것은 긴밀한 정책협력이나 협의가 아닌, 오로지 한미 안보관계의 자연스러운 진화라는 카터의 말에 의해 주한미군 철수 결정이 이뤄졌다는 점에서 문제였다.[55]

카터는 세 가지 이유로 주한미군의 철수를 연기하기로 결정하였다. 첫째, 북한 지상군의 수, 장비, 화력, 기동성 무기의 수량이 이전에 추정했던 것보다도 더 많았다. 둘째, 박정희와 카터의 외교적인 공동 노력에도 불구하고 한반도에서 긴장완화가 조금도 진전되지 못하였다. 셋째, 소련이 동남아시아, 특히 캄보디아에서 새로운 긴장감과 불확실성을 조성하면서 동아시아 지역에서 군비증강을 계속하였기 때문이었다.

주한미군의 지상군 철수 연기는 무기한 동결 혹은 사실상 취소로 해석되어졌다. 한국정부는 카터의 결정을 미국의 굳건한 의지로 받아들였다. 한국은 카터가 북한의 오판에 의해 촉발될 한반도에서의 또 다른 전쟁을 억지할 준비가 되었으며, 또한 양국 간의 상호안보 증진을 위해 노력할 것으로 생각하였다. 중요한 것은 한미 양국이 3자회담을 함께 지원하며, 북한의 동맹국이 한국과의 관계를 강화하지 않는 한, 미국도 북한과의 관계를 강화하지 않기로 약속하였다는 점이었다.

카터는 한국과 미국 모두를 당혹시킨 자신의 철군 결정을 되돌려야 했지만, 한미 간 공동의 이해가 두 국가 간의 어떤 일시적인 불화도 극복하게 한다는 것을 알게 되었다. 카터는 국가안보적 측면에서 미국의 이해를 고려하여 자신의 정책적 신념을 잠시 접고 한국과의 관계개선을 해야 한다는 것을 인식하였다. 자신이 달성하고자 하는 정책이 무엇이든, 자신이 한국의 대통령을 싫어하든 그렇지 않든 간에, 카터는 북한으로부터의 잠재적 공격을 저지하기 위해서는 한국으로부터 확실한 해결책을 끌어내야 한다는 것을 알게 되었다.

북한의 존재로 인해서 미국과 한국의 관계는 모호하게 되었다. 김일성은 카터의 대선 직후 미-북간 양자회담을 제안하였다. 그러나 카터는 북한과의 어떤 회담에서도 한국 대표단이 함께 참여해야 함을 미국의 정책적 요구로 주장하였는데, 이는 북한이 수용하기에 어려운 조건이었다.[56] 카터는 “우리는 남북한 간의 직접적인 협상을 지지한다. 우리는 필요하다면 여기에 다른 이해 당사국들과 함께 참여할 것이다. 한국을 제외하고 회담을 진행하자는 제안을 북한으로부터 간접적으로 받았다. 그러나 우리는 그러한 형태의 참여를 거부한다”라고 말했다.[57]

제4절 카터의 대한반도 정책과 의회

카터의 철수 결정에 대한 비판여론은 늘어났지만, 그의 인권 정책에 대한 의회의 초기 반응은 비교적 우호적이었다. 예를 들어 1977년 3월 25일 상원의원 58명은 카터에게 보내는 서한에서, 카터의 인권에 대한 입장을 지지하며 미국 외교정책이 자유라는 대의에 헌신하고 있음을 세계에 알리기 위해 노력하고 있는 그를 찬사한다고 밝혔다.

카터는 1978년 의회 안건목록에 주한미군 2사단 소속의 한 개 전투대대를 철수하고, 또 다른 대대는 1979년까지 계속 주둔하는 것을 골자로 하는 첫 번째 철군 계획을 포함시켰다. 또한 카터는 한국에 대한 2억 7천 5백만 달러 상당의 대외 군사원조를 의회에 요청하였다.[58]

앞에서 간략히 논의했듯이, 카터가 미군철수를 위한 압력을 행사하면서 한국에 인권 개선을 요구하였을 때, 몇몇 의원들은 한국인 사업가 박동선에게 불법 기부금을 받았다는 혐의로 법무부의 조사를 받고 있었다. 한국이 미국으로부터 더 많은 군사원조와 쌀 구매 약속을 얻어 내고, 미 의회 의원들이 미 국민들에게 한국의 독재정권을 미화하는 말을 하도록 협조를 구하였다는 혐의들이 알려지자, 한국과 미국은 모두 당황하였다.[59]

이러한 상황은 초기에 카터의 인권 강화정책과 미군철수 주장에 반대하려고 하였던 의회의 입지를 약화시키는 것이었다. 카터는 미 국방부에 자신의 공약인 32,000명의 주한 미 지상군 철수를 실행할 것을 지시하면서, 동시에 의회에는 한국의 군사력 강화를 위한 병력 이동 프로그램의 승인을 요청하였다. 그렇다고 해서 미 의회가 카터의 외교정책 구상을 그의 임기 내내 지지한 것은 아니었다.

분명한 것은 외교정책 수립에 있어 의회의 역할은 헌법에 의해 제한되었으나, 의회는 베트남전쟁 이후 국제문제에 관한 대통령의 일방적인 결정을 견제하기 위해 스스로 많은 노력을 하였다는 것이다. 예를 들어, 의회는 수많은 행정 행위에 대한 권고 또는 동의권을 대통령에게 요구했다. 의회는 비록 외교정책 전반을 수립할 수 있는 대통령의 헌법상 특권을 인정하였지만, 의회도 정책 실행에서 중요한 역할을 수행해야 하고 정책 성공을 위해서라면 결국 서로 동조해야 한다고 보았다. 이러한 인식을 바탕으로 의회는 대한반도 정책을 의회와 대통령이 공동으로 결정해야 한다고 선언하였다. 만일 카터가 자신의 주한미군 철수정책을 실행하고 싶어 한다면, 그 같은 결정은 의회와의 정기적인 협의를 통해 이뤄져야 한다는 것이었다.[60] 그래서 카터는 자신의 정책 구상에 대한 의회의 지지를 구하고자 하였다. 카터는 주한미군 철수가 한반도의 안보 균형에 아무런 영향을 미치지 않을 것이라고 의회를 확신시켰다. 그는 핵심 참모들에게 주한미군 철수에 관한 기본적 사항들을 입증해 줄 것을 요청하였다.[61]

미 의회 의원들은 카터의 전반적인 정책 기조에는 동의하였지만, 주한미군 철수와 같은 특정한 정책까지 지지하였다고 보기는 어렵다. 일부 의원들은 카터의 결정에 호의적이었는데, 국제관계 아시아 분과 소위원회 의장 울프[Lester L. Wolff(D-NY)]는 한국이 북한보다 훨씬 더 부유하기 때문에 한국 스스로가 방위를 책임질 수 있을 것이라는 카터의 판단에 동의하였다. 미 의회 예산처가 주한미군을 유지하는 데 연간 13억 달러가 소요될 것으로 추정하자, 더 많은 의원들이 카터의 정책목표가 정치적으로도 실행 가능할 뿐만 아니라 예산상으로도 효과가 있을 것이라고 기대하였다.[62] 1977년 9월, 카푸토[Bruce Caputo(R-NY)]는 코리아게이트 청문회에서 한국의 지연전술에 진저리를 느끼고, 1억 1천 달러의 한국 원조를 삭감하는 예산 수정안을 제출하였으나 통과되지는 않았다.[63]

그렇다고 해서 모든 의회 의원들이 한국에 대해 비판적이지는 않았다. 상원의원 이노우에(Daniel K. Inouye)는 지난 2년간 외국 로비스트에 관한 새로운 이야기들이 호사가들에게 영향을 미쳤고, 사이비 종교지도자들이 한국인에 대한 고정관념을 미국 대중들에게 심어주었다고 말하였다.[64] 미 의회는 카터의 주한미군 지상군의 순차적인 철수를 고려하여, 한국에 대한 2억 7천 5백만 달러 유상 무기 추가 원조를 거부하려고 하였다. 하킨[Tom Harkin(D-IA)]은 이 제안이 한국 내 인권 문제에 대한 미국의 분명한 의사표시의 역할을 할 것이라고 주장하였다. 그러나 의회는 또한 카터의 인권정책, 한국의 인권침해, 박정희의 독재에 대한 불만으로부터 야기된 주한미군철수 등에 대한 반대 의견을 제안하였다.

미 하원 외교위원회는 한국에 대한 군사원조를 최대 2억 9천만 달러까지 지원할 수 있는 국방부 수정안을 승인하였다.(포드 행정부에서는 4억 8천 8백만 달러를 요청했었다.) 한국에 대한 군사원조 예산을 삭감할 것을 주장하는 삭감주의자들은, 미국이 전통적으로 민주주의 정부 형태를 유지하고자 성실히 노력해 온 한국을 지원해 왔지만, 한국에서는 박정희 정권을 비판하는 사람들을 체포하는 상황이 포착되었다. 따라서 미국 의회는 이러한 사실을 무시할 수 없었기 때문에 예산을 삭감해야 한다고 주장하였다.

그러나 삭감 반대론자들은 군사원조 예산 삭감은 한국이 자주국방을 이루는데 악영향을 미치고, 동북아시아의 군사 균형을 위협할 수 있다고 주장하며 삭감에 반대하였다. 또한 그들은 수정안이 미국과 아시아 안보를 위태롭게 할 것이며, 그리하여 인권 개선 문제에 대한 어떠한 성과도 없이 주한미군의 점진적 감축을 위한 카터의 협상을 어려움에 빠뜨릴 것으로 보았다. 의회는 카터의 인권정책이 일관성이 없고 나라마다 차별적으로 적용되고 있다고 비난했다.

미국 상원 외교위원회는 한국에 대한 2억 7천 5백만 달러 규모의 유상원조 전부를 승인하였으나, 한국의 인권 유린에 대해 깊은 우려를 표명했다. 게다가 의회는 카터의 철수 계획과 관련하여, 카터에게 한국의 군 현대화에 대한 성과보고서를 제출해 줄 것을 요구했다. 의회가 1961년 해외 원조법에 대한 수정안을 통과시킴에 따라, 국제적으로 인권침해가 심각하다고 알려진 국가들에 대한 미국의 경제 및 군사적 원조가 제한되었다. 인권침해에는 고문, 비인격적 처우와 처벌, 실종을 초래하는 기소 절차 없는 장기 구금, 그리고 생명권, 자유, 신변보호를 노골적으로 부정하는 사항들이 포함되었다. 궁극적으로 이 법을 근거로 작성된 인권 보고서들은 시민적·정치적 자유에 관한 법규, 정부의 태도, 인권침해 혐의에 대한 정부 차원의 진상 조사기록을 근거로 미국의 경제적 군사적 원조를 받고 있는 모든 국가들을 평가하여 만들어졌다. 위원회에 보고된 한국 관련 보고서들은 의회의 불만을 사기에 충분했다.

카터의 정책을 반대하는 국내외의 여론은 의회에도 영향을 미쳤다. 1977년과 1978년을 거치면서 카터의 철군 계획을 의회가 취소하거나 수정해야 한다는 압력이 더욱 거세졌다. 상원 외교위원회 산하 아시아 및 태평양 문제 소위원회 의장인 글렌(John Glenn) 의원은 철군계획이 특정한 시간 계획을 따르기 보다는 부대를 철수하고 인수할 수 있는 한국의 능력을 토대로 이루어지는 것이 가장 적절하다고 보았다. 만일 그렇게 되지 않으면 군사 불균형을 가져와 북한의 군사적 모험을 부추기게 될 것이고, 이것이 바로 가장 큰 위험이 될 것이라고 주장했다.

상원 군사위원회 인사관리 소위원회 의장인 넌(Sam Nunn) 의원 역시 주한미군 철수 계획에 대한 재평가가 현재에도 또한 미래에도 계속해서 이루어져야 한다고 주장했다. 예를 들어 1978년 발표된 험프리-글렌(Humphery-Glenn) 상원보고서는 북한의 군사력이 한국보다 월등하다고 주장하였다. 이 보고서는 북한이 지상군 전투사단의 수, 지상화력, 대공방어 체계에서 한국보다 더 우세하고, 한국은 좀 더 현대화된 공군부대, 베트남 참전 경험, 미국의 억지력제공 측면에서 약간 우세하다고 보았다.

북한 지상군의 군사력이 한국보다 우월하다는 것이 확인됨에 따라, 하원 군사위원회 조사소위원회의 스트래턴(Samuel Stratton) 의원은 의회의 최종 승인 전까지 미군의 철수를 중지하도록 하는 수정안을 제출했다. 이 수정안은 남북한 간에 평화정착이 이루어질 때까지는 대통령이 2사단 병력 32,000명 중 약 6,000명 이상은 철수시키지 못하도록 하였다. 스트래턴은 미국으로 철수하는데 더 많은 비용이 들 것이며, 만약 잘못된 판단으로 인해 한반도에서 또 다른 전쟁이 발생하여 이에 개입하게 된다면 훨씬 더 많은 비용이 발생할 것이라고 주장했다.

또한 수정안은 미군이 사용하던 장비들을 한국 측에 인계하도록 하는 권한을 대통령에게 부여하는 법률을 의회가 제정하기 전까지는 한국으로부터 어떠한 미군철수도 금지한다고 명시했다. 스트래턴은 한반도 문제를 제대로 파악하고 있는 사람이라면 한국으로부터 병력 철수가 전쟁의 위험을 증가시킬 것이라는데 동의할 것이라고 주장했다. 비록 그의 수정안은 부결되었지만, 많은 의원들은 카터의 철수 결정이 잘못된 정보 보고나 평가에 근거하고 있다고 보았다.

상원 외교위원회는 한국에 미군 장비를 이전하는데 8억 달러, 한국 군사력 개선을 위한 2억 7천 5백만 달러, 한국의 영구적 사용을 위한 미군 탄약 비축 비용 9천만 달러를 더한 비용을 권고하였다. 이와 더불어, 1982년까지 26,000명의 주한미군 병력을 철수하는 것은 한반도에서의 군사적 균형을 위협할 것이라는 상원의원 퍼시(Charles H. Percy)의 수정안이 통과되었다. 이에 따라 카터는 1979년부터 향후 철군 계획과 관련해서 의회와 협의할 것을 요구받았다.

확실히 미 의회는 카터의 논리와는 다른 논리로 주한미군철수 문제를 다루고 있었다. 카터는 미군철수가 한반도 안보를 위협하지 않을 것이라며 의회를 설득하고자 하였다. 카터는 한국이 북한과 대등한 군사력을 갖추고 있다고 보았지만, 의회는 이에 대해 너무 이른 평가라고 일축했다. 카터는 자신의 주한미군 철수와 한국의 인권침해에 대한 압력 행사 우선 정책이 모두 신중한 분석을 토대로 한 것이라고 주장하였지만, 의회는 카터의 결정이 잘못된 분석 혹은 인권에 대한 카터 개인의 집착에 의한 것이라고 간주하였다.

의회를 설득하기 위해 행정부는 카터가 의회의 주요 의원들에게 서한을 보낼 것을 권고했다. 크리스토퍼(Warren Christopher) 미 국무부 부장관은 카터에게 보낸 메모에서 다음과 같이 밝혔다.

> 주한미군 철수 계획에 반대하는 상원의원들의 우려는 주한미군철수가 정세 변화에 대한 고려 없이 오직 엄격한 시간 계획에 따라 이뤄질 것이라는 잘못된 인식에서 비롯된 것입니다. 이러한 잘못된 인식을 떨쳐버릴 가장 좋은 방법은 카터 대통령 당신이 의회 지도자들에게 행정부는 각 철군 계획에 맞춰 군사적 · 정치적 평가를 주의 깊게 평가할 것이라는 메시지를 전달하는 것입니다.

카터는 자신의 한반도 정책이 의회로부터 제약을 받자 크리스토퍼의 조언대로 행동하였다. 1978년 7월 20일, 카터는 자신의 병력재배치 권한을 지지하거나 중립 했던 상원 다수당 대표 바이드(Robert C. Byrd)에게 보낸 서한에서 다음과 같이 밝혔다.

> 의회의 우려는 미군철수 계획이 정세 변화에 따라 수정되지 않고 엄격한 시간 계획에 따라 이루어질 것이라는 잘못된 인식에서 비롯된 것이다. 그러나 결코 그렇지 않다. 4-5년 단위로 계획된 철수는 한반도의 변화 양상을 수용할 만큼 충분한 유연성을 가질 것이다.

이후 싱글랩 장군의 공개적 맹비난은 한국과 관련된 카터의 정책에 대해서 국민들과 의회의 논쟁을 다시 불러 일으켰다. 대부분의 의원들은 한반도로부터의 미군철수가 최소한 아시아인들에게 미국이 아시아의 안보상황을 덜 고려한다는 의미의 상징이 될 것이라고 믿었으며, 최악의 경우에는 미군철수가 북한에게 공격의 빌미를 제공하는 것이라고 생각했다.

새로운 정보 보고서는 더 많은 의원들이 카터의 철수정책을 반대하도록 하였다. 상원 군사위원회 태평양 분과위의 의장인 넌 의원은 카터에게 철수를 중지할 것을 강력히 촉구했다. 넌 의원은 미 정보기관이 북한의 군사력을 재평가하면서 한국의 군사력이 계획대로 개선된다 하더라도 주한미군 2사단의 철수 공백을 메울 수 없다는 결론을 도출하였으며, 또한 재평가 보고서는 주한미군 철수 결정의 기초로 삼은 한반도 군사 균형의 안정과 본질에 대한 초기 판단의 타당성에 대해 강한 의혹을 제기했다고 밝혔다.

제5절 결론

카터의 외교정책을 한마디로 평가하자면, 일관성과 통합성이 부족하다는 것이다. 카터는 외교정책의 명확한 우선순위를 구분하려 하지 않았다. 예를 들어, 그는 군의 현대화를 지지하면서도 국방비 감축을 주장했다. 세력균형이 핵무기 없이 재래식 군사력의 상대적 크기에 의해 결정된다고 생각한 카터는 주한 미 지상군의 단계적 철수가 가져올 결과와 의미를 국민들에게 알리고자 하였다. 그러나 미국 국민들은 공산주의에 대한 공포로 한국의 독재정권을 용인하였다. 이에 카터는 공산주의의 봉쇄는 더이상 미국 외교정책의 핵심 목표가 아니란 점을 국민들에게 설득하고자 하였으나 실패하였다.

카터의 인권에 대한 국제적 헌신은 미국 외교정책에 심각한 영향을 미쳤다. 아시아 동맹국들은 자신의 안보에 대한 미국의 역할을 의심하였으며, 라틴아메리카 국가들도 미국에 등을 돌렸다. 소련은 미국이 타국의 내정을 간섭한다고 맹비난하며, 군비회담이 결렬될 수 있음을 경고하였다. 카터는 이상적으로 모든 지역에 인권문제를 적용하겠다고 하였으나, 실제로는 미국의 국익과 이해관계가 있다고 생각되는 국가들의 인권 침해에 대해서는 침묵하였다.

인권이라는 이상적인 목적이 안보상황이라는 실제 현실보다 더 중요시되었으나, 국민들이나 정책결정자들에게 있어 인권문제 그 자체는 외교정책의 핵심 의제가 아닌 주변 관심사에 불과했다. 비록 카터의 인권정책이 비현실적인 이상주의를 바탕으로 하였지만, 일부 사람들은 유용한 정책 구상이었다고 생각하였다. 요더(Amos Yoder)는 카터를 미국이 모든 일을 통제하고 만들 수 없는 다극체제의 희생자라고 동정적으로 말하였지만, 카터가 한국의 인권침해 상황에 대한 불이익 차원에서 주한미군을 철수시킴으로써 인권침해 상황을 개선하고자 한 것이라면, 그는 상황을 잘못 이끈 것이라고 평가했다.

카터의 외교정책과 주한미군 철수 계획이 실패한 이유를 살펴보면 첫째, 의원, 관료, 국민들이 카터의 구상과 철수 논리에 대하여 이의를 제기하였다.

둘째, 한국, 일본 등 미국의 동맹국들이 한반도 안보에 대한 미국의 역할에 대해 심각하게 의구심을 가졌다. 카터는 한반도의 전략적 가치와 미국의 이익에 대한 인식이 부족하였고, 결국 한미관계를 약화시키는 자신의 원래 계획을 중지할 수밖에 없었다. 이는 카터가 '유럽우선주의'의 성향을 가지고 미국의 안보측면에서 아시아보다 유럽이나 중동을 더 중시하였기 때문이다. 카터는 비무장지대에 주둔한 미군이 전쟁발발과 동시에 자동개입이 되는 인계철선의 상황을 피하고, 전쟁에 대비한 태평양주둔 미 해군 전력을 유럽으로 전환하고자 하였다. 결국, 카터의 외교정책 목표와 전략들은 소련, 북한 같은 공산 국가들에 적절한 주의를 기울이지 못했기 때문에 정치적으로 받아들여지지 않았으며, 카터의 대한반도 정책도 실행되기 어려웠다.

마지막으로 카터의 인권정책이 실패하였기 때문이다. 카터는 많은 사람들의 비판에도 불구하고 인권정책을 포기하지 않고 무조건적인 정책 수행만을 고수하는 가운데, 특히 한국의 인권상황을 매우 우려하였다. 카터는 안정과 협력이 넘치는 세계 공동체를 꿈꾸며 자신의 인권정책을 전개하고자 하였으나, 실제 정책 실행에서는 일관성이 결여되었다. 그는 인권정책의 실패로 외교정책을 수행하는데 사회지도층들로부터 신뢰를 상실하였고, 이는 소련의 아프가니스탄 침공과 더불어 재선 실패의 한 원인이 되었다.

더욱이 한국의 독재정권은 미국을 당혹스럽게 하였다. 미국은 한국정부의 독재통치방식을 완화할 목적으로 계속해서 압력을 행사하였지만, 갑작스러운 원조와 지원을 중단하게 될 경우 북한의 공격을 다시 유도할 수도 있다고 생각했다. 주한미군 철수 계획은 박정희에게 오히려 국가안보라는 미명하에 탄압을 더욱 남용할 수 있는 역설적인 상황을 마련해 주었다. 또한 카터는 일방적인 철수 선언으로 북한과의 협상에서 유리한 협상카드를 버리는 근시안적인 시각을 보였다. 미국은 과거 애치슨(Dean Acheson) 국무장관이 한국을 미국의 방어선에서 제외하여 한국전쟁이라는 값비싼 대가를 치른 경험이 있었다.

카터는 의회와 한국정부로부터 자신의 한반도 정책에 대한 지지를 받지 못하였다. 이러한 국내외적인 불만들이 커지자 한반도에 대한 안보 공약을 재확인 하는 전략을 취하면서 의회와 한국정부로 부터의 반발을 무마하려고 하였다. 그러나 카터의 대한반도 정책은 이상주의적인 발로에 의한 것이 컸기 때문에 닉슨과 포드 같은 전임 대통령들이 추구하던 현실주의적인 관점과는 대비되었다. 결국 카터는 미국의 힘이 국제정치 현실에서 어느 정도 적용될 수 있는지를 간과한 너무 이상적인 정책기조를 추진했기 때문에 실패할 수밖에 없었다.

카터는 나름대로 새로운 국제정치 현실에 부합하는 새로운 국제 질서의 밑그림을 그리면서 여러 현안 문제를 해결하고자 하였다. 또한 그는 인권과 민주주의 확산에 심혈을 기울였다. 카터는 이러한 정책과제를 성공시키기 위한 실용적이고 신뢰할 만하며 잘 구상된 전략을 만들고자 했다. 미국이 지상군 없이 한반도에서 안정적인 군사적 교착상태를 유지하기 위해서는 정치적 안정이 매우 부족한 한국에서 어느 정도의 정치적 안정을 필요로 했다. 그 당시 한국이 북한보다 재래식 전력이 열세에 있었기 때문에,

한국에서 재래식 군사력을 철수하고 나면 카터의 대북한 억지 수단은 핵무기 밖에 없었다. 그러나 카터는 모든 핵무기를 폐기할 의도를 재천명했었기에, 북한에 대한 핵억지 수단을 포기하는 동시에 자신의 정책목표를 무효화하였다.

새로 취임한 모든 대통령들이 자신만의 방식으로 새로운 외교정책을 펼치고자 했듯이 카터 역시 그러하였다. 카터는 취임과 함께 새로운 국제체제가 자신의 외교정책 목표를 실행하기 용이하게 변화할 것이라는 믿음이 있었다. 트루먼, 아이젠하워, 케네디, 존슨, 포드 등 그의 전임자들은 각자의 임기를 미국정치의 과도기적 시기로 인식했다. 새로운 국제환경에 직면한 카터는 외교정책에 대한 새로운 사고만이 세계 정치에서의 이러한 변화들에 대처할 수 있다고 믿었다.

카터는 미국의 민주주의적 이상과 목적이 세계에 미치는 영향력이 크다고 생각하였고 이를 한반도에 적용했던 것이다. 그의 바람과는 달리, 카터가 내놓은 외교정책은 거의 새롭지 않았다. 사실상, 그가 외교정책 의제라고 말하는 민주주의 산업 국가들과의 긴밀한 협력, 중국과 소련과의 관계 개선, 인권정책 지지, 다양한 문제를 해결하기 위한 다각도의 접근법 등은 이미 전임자들에 의해 제기된 것들이었다.

정세 오판을 수정하지 않은 채, 카터는 소련의 아프리카, 중동, 아시아 지역에서의 도발에 대응하였고, 1977년 이후부터 그의 외교적 수사는 더욱 거세어졌다. 1980년까지 카터는 페르시아만 원유 공급 루트를 보호하기 위해 필요하다면 전쟁도 불사할 것이라 경고하며, 군비확충과 소련의 새로운 위협에 대한 대처를 요구하면서 그가 견지해온 정책과는 다른 면모를 보여주었다.

1979년 아프가니스탄 침공이라는 소련의 팽창주의에 대응하여, 카터는 외교정책의 방향을 봉쇄정책으로 선회하였다. 카터는 페르시아만 지역을 통제하려는 외부의 어떤 시도들도 미국의 핵심 이익을 침해하는 것으로 간주하여 군사력을 포함한 모든 필요한 수단을 동원하여 격퇴할 것이라는 강한 의지를 밝혔다. 카터는 소련의 아프가니스탄 침공을 새로운 위험에 대한 시도이자 매우 심각한 판단 착오를 감수하려는 것으로 인식하였고, 이에 강경하게 대응함으로써 막아낼 것이라는 입장을 천명하였다.

1979년부터 1980년 사이에 한국에서 발생한 일련의 사건들은 카터의 한반도정책에 또 다시 충격을 가하였다. 카터는 박정희 암살사건을 계기로 한국에서 민주주의에 대한 일말의 희망을 가졌으나, 한국에선 임시정부를 축출하고 정권을 잡고자 하는 전두환의 등장과 함께 5.18광주 민주화항쟁이 발생하였다. 이 같은 또 다른 군부정권의 탄생에 대해 카터는 혐오감을 느꼈으나, 1980년 재선에 따른 레임덕으로 전두환 정권을 비난하기에 역부족이었다.

이와 같은 변수들은 카터의 외교정책 목표와 전략에 세 가지 근본적인 변화를 가져왔다. 첫째, 카터는 1980년부터 세계 변화를 긍정적인 시각으로 보지 않고, 소련의 아프가니스탄 침공에 대응하여 첨단 기술 장비 판매중지, 곡물수출금지, 1980년 모스크바올림픽 불참 등 일련의 조치를 단행했다.

둘째, 카터는 국방비 예산 감축을 번복하기 시작했다. 그는 데탕트를 상호 간의 억제를 기반으로 하는 것으로 선언하면서, 소련이 데탕트를 소련의 정치적 이익을 위한 공격적인 투쟁과 다양한 방식으로 증대된 영향력을 은폐하는데 이용하고 있다고 비난했다. 닉슨을 시작으로 카터가 추구하고자 했던 데탕트는 끝난 것처럼 보였다. 이에 대해 카터는 다음과 같이 표현했다.

> 소련에 대한 나의 생각은 지난 2년 반 전보다 지난주에 급격히 바뀌게 되었다. 지금은 소련의 아프가니스탄 침공의 정도가 어느 정도인지를 알 뿐이다. 다시 말하지만, 소련의 이번 행동으로 소련의 궁극적인 목표에 대한 나의 생각이 어느 때보다도 더 급격하게 변하였다.

셋째, 카터는 자신의 봉쇄정책에 대한 주장들을 국방예산 감축 철회, 중동지역 국가에 대한 무기판매 확대를 통해 현실 속에서 재확인하였다. 그는 이러한 새로운 위기 상황에 대처하기 위해 국방비 예산을 연 5%까지 늘릴 것을 약속했으며, 또한 신속배치군(RDF)의 창설을 명령했다. 그러나 이러한 봉쇄정책으로의 전환은 외교활동에서 카터의 이미지를 우유부단하고 일관성 없는 정책을 추구한 인물로 만들고 강화시켰다. 봉쇄정책이라는 측면에서 카터의 독트린은 트루먼과 아이젠하워의 독트린과 유사한 면이 있었으나 닉슨 독트린과는 달랐다.

이제 카터의 외교정책 수행에 대해 다음과 같이 의문을 가질 수 있다. 한국에 대한 카터의 시각은 전임자들과 얼마만큼의 차이를 보였는가? 카터의 외교정책은 2차 세계대전 이후 시대를 특징지었던 봉쇄정책과 얼마만큼 달랐는가?

어떤 학자는 카터는 취임부터 봉쇄정책을 자신의 외교정책의 기조로 삼지 않았기 때문에 전임자들과 뚜렷이 구분되었으며, 카터로 인하여 2차 세계대전 이후 첫 번째 냉전시대를 구분할 수 있게 되었다고 분석하였다. 카터가 한반도정책에 있어서 약간의 수정된 봉쇄정책을 취했다고 볼 수도 있다. 인권정책 중시, 소련 및 한국 등의 문제에 대한 불개입 정책이 추진되었는데, 미국 이상주의에 대한 카터 개인의 신념과 다극체제라는 시대적 상황에 대처하기 위한 카터 자신만의 시도였다고 볼 수 있다.

카터의 정책 수행은 국내 및 국제문제에 대한 그의 경험 부족을 여실히 보여주었다. 이에 대해 카터 자신도 복잡한 정책결정과정이나 워싱턴 정치에 대한 이해가 부족하였다고 밝힌 바 있다. 또한 카터는 확고하고 명확한 정치 이념이야말로 대통령 외교정책 성공의 전제조건이라고 알았음에도, 외교정책에 대한 신념부족으로 많은 정책목표들을 제시하면서 사안에 따라 일관적이지 못한 모습을 보였다.

카터는 인권이라는 목표를 한국에서의 전략적 목표보다 더 가치 있는 것이라 생각하였기에, 경제적 자원을 갖추고 인권침해를 자행하는 한국을 지원하는 것은 불가능하다고 보았다. 그러나 자신의 한반도 정책을 스스로 뒤집어야 했다. 일반적으로 알려진 것과는 다르게, 카터의 경우에는 대통령이 외교정책의 수립과 실행을 자유롭게 할 수 없는 것처럼 보였다.

그럼에도 불구하고 카터의 외교정책이 실패한데는 그만의 스타일이 없었기 때문이다. 그는 일관성 없는 신념과 이념으로 정치에 휘둘렸고, 스스로를 불확실한 지도자의 모습으로 보이게 만들었다. 또한 카터는 동맹국들의 지도자들을 잘 통솔하지 못하고, 자신의 정책을 실행하기 위한 대중과 의회의 지원을 이끌어내지 못한

미숙한 지도자였다. 카터가 그의 정책 중 어느 하나라도 성공적인 것이 있었다고 미국 국민들에게 확신시킬 만한 것이 없었다. 이처럼 카터의 리더십은 국민들의 지지를 잃은 대통령의 힘의 부재를 잘 보여 주었다.

1) Kaplan은 명시적인 침략자를 억제하기에는 충분하지 않지만, 전쟁이 시작되었음을 알릴 수 있는 최소한의 지상군의 존재는 대량보복정책의 중요한 요소라고 말하였다. 그는 이러한 군사력이 침략을 성공적으로 막을 수는 없을지 몰라도 침략을 최소한으로 제한할 것이라고 주장하였다. Morton A. Kaplan, *The Strategy of Limited Retaliation,* Princeton, N.J.: Princeton University Press, 1959, pp. 6-7.

2) Richard W. Cottom and Bert A. Rockman, "In the Shadow of Substance: Presidents as Foreign Policy Makers," in *American Foreign Policy* in *An Uncertain World,* ed. David P. Forsythe, Lincoln, Nebraska.: University of Nebraska Press, 1984, pp. 82-87.

3) U.S. State Department, *Bulletin*, June 13, 1976, pp. 621-625.

4) *Historic Documents of 1977*, Washington D.C.: Congressional Quarterly, 1978, p. 191.

5) http://www.columbia.edu/acis/batttleby/inaugural/pres60.html

6) John P. Burke, *The Institutional Presidency*, Baltimore, Md.: Johns Hopkins University Press, 1992, p. 119.

7) U.S. State Department, *Bulletin*, August 15, 1977, pp. 193-197.

8) 이러한 카터의 확신은 부적절한 것이었다. 북한이 중국이나 소련의 지원이나 참전 없이도 한국에 대한 공격을 감행할 수도 있기 때문이다. 결국 주한미군의 지상군 전력의 억제적 가치는 매우 중요하다. Jimmy Cater, *Public Papers of the President: Jimmy Carter, 1977,* Washington, D.C.: GPO, 1978, pp. 1018-1019.

9) Christopher Layne, "Requiem for the Reagan Doctrine," *Assessing the Reagan Years*, ed. Daivid Boaz, New York: Cato Institute, 1988, p. 96.

10) Jimmy Carter, *Keeping Faith: Memoirs of a President,* Toronto: Bantam, 1982, p. 143; Jerel A. Rosati, "Jimmy Carter, A Man Before His Time? The Emergence and Collapse of the First Post-Cold War Presidency," *Presidential Studies Quarterly 23*, 1993, p. 468.에서 재인용

11) U.S. State Department, *Bulletin*, July 14-16, 1977.

12) *Washington Post*, July 11, 1977.

13) Tony Smith, *America's Mission: The U.S. and the Worldwide Struggle for Democracy in the Twentieth Century*, Princeton, N.J.: Princeton

University Press, 1994, p. 240.

14) *Weekly Compilation of Presidential Documents 13*, 1977, p. 817.

15) Ibid.

16) 국무부에 의해 조사된 '우려사항' 목록이야말로 인권에 대한 카터의 희망을 잘 보여준다. 연례 보고서에서는 사회정치적인, 특히 민주화와 관련된 활동과 인간의 기본적 욕구에 대한 경제적 문제에 있어서의 개인적 권리, 법률적 권리들을 열거하였다.

17) 1974년 선거기간 중 한국에 대한 북한의 공격과 관련한 미국 국민들의 여론 동향은 14%의 국민만이 미국의 군사적 개입을 찬성하였을 뿐, 65%의 국민은 미국의 직접적인 참여를 반대하였다.

18) Carter, *Public Papers*, 1977, p. 343.

19) 1977년 5월 26일 워싱턴에서 발언한 내용.

20) *Chicago Tribune*, Nov. 24, 1976.

21) *Washington Post*, December 20, 1978.

22) Barry Goldwater 상원의원을 비롯한 15명의 상·하원 의원들은 의회만이 조약 폐지에 관한 헌법적 권한을 가졌음을 주장하면서, 타이완과의 협정을 폐지하려는 카터의 결정을 막기 위해 워싱턴 소재 연방지방법원에 소송을 제기하였다.

23) Young Hwan Jo, "U.S. Policy toward the Two Koreas and Its Implications for Inter-Korea Relations," *Korea Observer 13*, 1986, p. 258.

24) Sung Joo Han, "South Korea and the U.S.," 한국에서의 미군철수를 막고, 지속적인 군사·경제적 지원을 위하여 미국 의원들을 설득하고자 하였다. "The Alliance Survives," A*sian Survey 20,* 1990, pp. 1075-1086.

25) Young Whan Kihl, "Korea's Future: Seoul's Perspective," *Asian Survey 5*, 1977, p. 1065.

26) U.S. Senate Committee on Government Operations, *Facts on Nuclear Proliferations, a Handbook*, compiled by Congressional Research Service, Library of Congress, 94th Cong., 1st Sess., 1975의 내용을 Young Whan Kihl, "Korea's Future: Seoul's Perspective," *Asian Survey 5*, 1977, p. 1068.에서 재인용함.

27) Ibid.

28) George Springsteen, "Text of a cable to the U.S. Embassy in Seoul on U.S. policy regarding South Korean plans to develop nuclear weapons and missiles," NSC memo (7), in *Declassified Documents Catalog*, 1998, Woodbridge, Conn: Research Publications, 1998, (fiche no.1013).

29) Ibid

30) *Historic Documents of 1977*, Washington D.C.: Congressional Quarterly, 1978, p. 769.; *Historic Documents of 1978*, Washington D.C.: Congressional Quarterly, 1979, p. 853.

31) Ibid., p. 853.

32) Jimmy Carter, "Text of letter to President Park," Department of State Cable (3), Feb 14, 1977, in *Declasssified Documents Catalog*, 1998, (fiche no. 2064).

33) Zbigniew Brzezinski, "Background and Purpose for President Carter's Mar 9, 1977 meeting with South Korean Foreign Minister Dong Jin Park," Mar 8, 1977, *Declassified Documents Catalog*, 1997, Woodbridge, Conn.: Research Publications, 1997, (fiche no.2881).

34) Ibid.

35) Frank Gibney, "The Ripple Effect in Korea," *Foreign Affairs*, 1977, p. 162.

36) Kihl, *op.cit.*, "Korea's Future", p. 1065.

37) "Plan for the withdrawals from Korea of the first two brigades of the 2nd Infantry Division and a proposal for military assistance to South Korea," Department of Defense Memo (13), May 16, 1977, *Declassified Documents Catalog*, 1997, (fiche no. 2456). 또한 Philip C. Habib, "Letter form Philip C. Habib, Under Secretary of State for Political Affairs, to the Senate Foreign Relations Committee on Consultations with Japan and South Korea Regarding U.S. Plans for the Withdrawal of U.S. Ground Forces from Korea," Department of State Letter (9), June 10, 1977, *Declassified Documents Catalog*, 1997, (fiche no. 3216).

38) Ibid., "Plan for the withdrawals"

39) Ibid.

40) Donald S. Zagoria, "Why We Can't Leave Korea," *New York Times Magazine*, October 2, 1977, p. 18 내용을, John R. Sano, "The U.S. Ground Troop Withdrawal: Factors Leading to the Decision and Implications For the Future of the Korean Peninsula," *Korea Observer 9*, 1978, pp. 178-214.에서 재인용함.

41) Ibid., p. 181.

42) 1977년에 실시된 갤럽조사에 의하면, 미국 국민의 40%는 미군의 철수를 찬성한 반면, 38%는 반대하였다. John E. Rielly, ed, *American*

Public Opinion and U.S. Foreign Policy 1983, Chicago, IL: Chicago Council on Foreign Relations, 1983, p. 31.

43) "U.S. Generals in South Korea Hit Carter's Pullout Plan," *Washington Post*, May 19, 1977.

44) *Los Angeles Times*, May 24, 1977.

45) Ibid.

46) "Cable from th Commander in Chief, Pacific, to the Joint Chief of Staff Regarding South Korea," Department of Defense Cable (2), May 11, 1977, *Declassified Documents Catalog*, 1998, (fiche no. 0033). 주한 미 지상군의 철수 시기와 방법, 한국과 일본에 의한 정치적·군사적 조정을 주제로 다루고 있다.

47) "Weisner 제독은 중국과의 새로운 관계가 한반도 안정에 영향을 미치고 있다고 말하기는 시기상조라고 생각하였다. Vessey 장군은 상원의원들에게 한국에 미국 지상군이 반드시 주둔하여야 한다고 말하며, 주한미군의 철수를 강력히 반대한다고 하였다.", *Korea Newsreview*, Mar 3, 1979, p. 9.

48) 1974년 북한의 제1땅굴이, 1975년 3월 제2땅굴이, 1978년 10월 2일에 제3땅굴이 발견되었다. 더 자세한 사항은 Sung Joo Han, "South Korea 1978: The Growing Security Dilemma", *Asian Survey*, 19, 1979, pp. 41-50. 참조.

49) *Korea Newsreview*, Jan 13, 1979.

50) *New York Times*, Feb 10, 1979.

51) Carter, *Public Papers*, 1979, pp. 1275-1276.

52) *Korea Newsreview*, July 7, 1979, p. 4.

53) *Weekly Compilation of Presidential Documents 15* (1979), p. 1205.

54) 미 국방부 기록에 따르면, 주한미군 중 육군 3,670명이 1977년 7월부터 한국에서 철수를 하였으며, 이후 주한미군은 육군 30,500명, 공군 8,100명, 소수의 해병 및 해군만이 남게 되었다.

55) *Weekly Compilation of Presidential Documents 13*, 1977, p. 1576.

56) Mike Armacost, "Memo to Zbigniew Brzezinski Explaining the Need for U.S. to Exercise Caution in the way it Responds to North Korean Desires to Establish Bilateral Contacts," Feb 28, 1977, *Declassified Documents Catalog*, 1996 (fiche no. 2210).

57) *Weekly Compilation of Presidential Documents*, 14, 1978, p. 68.

58) Ibid, p. 16, p. 768.

59) 한국의 로비는 한국 중앙정보부의 후원 하에 실시되었다. 최소한 25명의 전·현직 의원들이 박동선 명의의 돈을 받았다고 추정되었다. 브래드먼[John Brademans(D-IN)]은 1972년 이래 박동선으로부터 선거후원명목으로 총 5,150달러를 받았다고 시인하였다. *Congressional Quarterly Almanac 1976*, p. 32.

60) *Congressional Quarterly Almanac* 1977, pp. 348-351.

61) Department of State *Bulletin*, July 11, 1977, pp. 48-50.

62) *Congressional Quarterly Almanac* 1978, p. 326.

63) Sano, "U.S. Ground Troop Withdrawal," p. 186.

64) *Congressional Review*, Oct 17, 1977의 내용을 Sano, "U.S. Ground Troop Withdrawal" p. 187.에서 인용함.

제4장

레이건과 부시의 대한반도 정책

레이건(Ronald Regan)과 부시(George H. W. Bush)는 국제정치적으로 매우 복잡한 시기에 대통령으로 재임하였다. 레이건은 소련에 대한 강력한 반공산주의 정책을 내세웠고, 부시는 공산주의의 붕괴를 목격하였다. 1989년 가을 무렵부터 1991년 말까지 유럽에서 공산당은 서서히 힘을 잃어갔으며 결국 소련의 공산당 정권도 붕괴하였다. 레이건과 부시는 소련의 고르바초프와 함께 중요한 군축논의를 통해 냉전 종식의 가능성을 열었다. 두 대통령 모두 미국의 공화당 출신으로 공산주의 국가를 적대시 하는 보수적인 입장을 보였으며, 그들은 국제정치에서 가장 역동적이고 복잡한 시기를 경험하였고, 이러한 상황변화에 자신의 외교정책 기조를 맞춰야만 했다.

1980년부터 1992년까지 레이건과 부시가 직면해야 했던 여러 문제들은 한반도의 안보에도 많은 영향을 끼쳤다. 이와 관련된 핵심 쟁점들을 정리하면, 레이건 및 부시가 재임동안 해결해야 했던 사안에는 어떠한 것들이 있었는지, 그들은 한반도 안보를 유지하고 북한의 위협을 억지하는데 필요한 한국의 지지를 얻어 내기위해 대통령의 권한을 어떻게 행사하였는지, 한반도 문제를 다루는 세계지도자로서의 그들을 어떻게 평가할 수 있는지를 들 수 있다.

이 장에서는 레이건과 부시의 대한반도 정책 수립과정 및 세계지도자로서 그들의 성공과 실패에 대한 평가를 논의 할 것이다.

제1절 레이건과 한반도 안보

미국 국민들은 미국이 세계 지도국으로서의 지위를 회복하고 전 세계적 문제를 해결하기를 원하는 마음에서 레이건을 대통령으로 선출하였다. 이는 국제정치에서 미국의 명성을 떨어뜨리고, 대통령의 권한을 실추시킨 인물로 낙인찍힌 카터에 대한 반발이라고 볼 수 있다. 레이건은 "카터의 평범한 리더십으로 인해 국가의 의지와 목적이 손상되었다. 왜냐하면 카터 전 대통령은 강력함이 요구될 때는 나약함을, 견고함이 요구될 때 동요를 안겨 주었기 때문이다"라고 카터를 비판하면서 임기를 시작하였다.[1] 카터가 이스라엘과 이집트 간의 캠프데이비드 평화협정처럼 일부 외교정책에서 성공을 거두기도 하였지만, 동맹을 보호하거나 공산주의 팽창을 봉쇄하지는 못했다. 예를 들어, 소련이 아프가니스탄을 침공하고 이란에 반미정권이 들어서는 것을 묵인하였다. 일부 학자들은 카터의 대통령 직책을 '불가능한 일(impossible job)'로 규정하기도 하였다.[2] 그리하여 미국 국민들은 정치적으로 국익을 위한 외교정책 목표를 수행하면서, 발전시킬 수 있는 적극적인 대통령으로 돌아서게 되었다. 이는 미국 국민들이 보수주의에 확신을 갖고 있었다기보다는 순진한 이상주의에 근거한 카터의 외교정책에 대한 실망이 컸던 것으로 볼 수 있다.

레이건은 대선 기간 내내 외교정책의 방향을 변화시킬 것을 약속하며, 1980년 대통령 선거를 "1970년대 일어난 미국 자존심의 상실과 군사력의 쇠퇴를 멈추기 위한 요구"라고 일컬었다.[3] 레이건은 미국을 더욱 보수주의적 방향으로 이끌기 시작하였다.[4]

레이건의 외교정책을 한마디로 표현하면, 소련을 봉쇄하고 동맹국에 대한 위협을 억지하는 강한 미국을 만드는 것이었다. 취임식 연설에서 그는 미국이 다시 자유의 전형이 될 것이며, 자유를 누리지 못하는 이들에게 희망이 될 것이라고 단언하였다.

> 우리는 신뢰는 신뢰로 대할 것이나, 국가 안보의 수호가 요구될 때는 행동을 취할 것이다. 우리는 누군가가 믿고 있는 것처럼 피할 수 없는 쇠퇴에 처해 있지 않다. 우리는 스스로를 믿는 의지와 위대한 일을 할 수 있는 우리의 능력을 믿는 의지가 필요하다.[5]

레이건은 국민들의 기대에 부응하는 국정운영을 추진하는데 몇 가지 국내외적 난관에 부딪쳤다. 당시 미국은 국내적으로 높은 인플레이션과 이란 인질사건 등으로 국민들의 의식 속에 미국의 국력쇠퇴에 대한 감정이 만연하였다. 국제적으로는 레이건의 봉쇄정책 부활에 영국 마가렛 대처는 지지를 표했지만 NATO 동맹국들은 반발하였다. 이로 인해 레이건은 비공산권 국가들 사이에서 리더로서 위신을 잃어가고 있었다. 또한 일부 아시아 동맹국들, 특히 한국은 극동지역에 대한 소련제 SS20 미사일의 추가 배치 가능성을 염려했다. 일본은 자국 안보를 위한 실질적인 국방예산 확대를 꺼리고 있었으며, 중국과의 관계도 소원해지는 등 아시아 지역에서도 쉽지 않은 상황이었다. 이에 레이건은 더이상 대통령의 권한이 실추되는 것을 막고, 세계 지도자의 지위를 회복하며 한국과 같은 동맹국들과의 강한 유대관계의 회복을 통해 자신이 주도적인 역할을 하고자 했다.

레이건의 보수주의 이념과 국방에 대한 강경한 태도는 미국의 대한반도 정책 수립에도 많은 영향을 주었다. 그는 공산주의 봉쇄와 동맹국과의 강한 유대관계 회복이라는 외교목표에 전념하였다.[6)]

레이건은 소련의 군사력 증강이라는 맥락을 고려하여 대한반도 정책을 수립하였으며, 일방적인 방위 증강과 동맹국과의 결속 강화, 미국 외교정책에 대한 국민들의 일치된 합의를 통해 봉쇄정책을 부활시켰다.[7)] 1980년 여론조사에서 50%의 미국인들은 국방비 지출규모가 너무 작다고 응답하였으며, 74%는 국방비 지출 확대를 지지하는 것으로 나타났다.[8)] 그는 경제적으로 높은 경제성장률과 낮은 인플레이션을 유지하면서, 공산주의에 대항하는 강력한 국가 방위를 제안하였다.[9)]

또한 그는 미국이 소련의 위협에 신속하게 대응하기 위한 능력을 강화할 필요가 있다고 믿었다. 이에 5년 동안 260억 달러를 투입하는 새로운 미국의 방위 프로그램인 전략방위구상(SDI)을 구축할 계획을 밝혔다. 레이건은 기존 대소련 억지전략의 핵심이었던 상호확증파괴(MAD)의 논리에 반감을 표했는데, 다음의 발언 속에 이 같은 사실이 잘 나타나 있다.

> 나는 MAD가 내가 본 것들 중에 가장 터무니없는 것이라고 생각한다. 서로의 머리에 총을 겨누고 있는 두 남자가 서로에게 방아쇠를 당길 수 없는 것과 마찬가지이다. 그렇지만 누군가가 방아쇠를 당긴다면 이 문명세계는 파괴될 것이다. 그들이 먼저 발사한다면, 우리가 더욱 강하게 대응하더라도 그들의 미사일 궤적에서 벗어날 수는 없다.[10)]

그는 SDI 프로그램이 미국의 대륙간탄도미사일(ICBM)의 취약성에 대한 두려움을 경감시키고, 소련의 선제공격의 가능성을 낮춰줄 것이라고 기대하였다. 레이건의 임무는 소련에 대한 두려움이 증대되는 상황 하에서 미국의 힘을 재확인하고 강화시키는 것이었다. 그는 레이건 독트린으로 잘 알려진 자신의 핵심적인 생각을 다음과 같이 밝혔다.

> 미국은 악의 힘에 대항하는 선의 힘의 세계 지도자이다. 이러한 투쟁은 2차 세계대전 이후에 모든 대륙과 국가에서 일어나는 민주적 자본주의를 지지하는 국가와 마르크스-레닌주의적 사회주의를 지지하는 국가 사이의 경쟁임이 틀림없다. 세계 전역에 걸친 미국의 핵심 이익은 민주적 자본주의를 표방하는 정부 세력을 강화하고, 마르크스-레닌주의를 표방하는 정부 세력을 약화시키는데 달려 있다.[11)]

제2절 레이건의 외교정책 실행과 한국정부

레이건의 전 세계적인 반공산주의에 대한 결의에 찬 태도는 한반도 안보에도 시사하는 바가 컸다. 그는 북한이 어떠한 수단으로 도발해 올 지라도 한국의 안보를 강력히 수호할 것임을 밝혔다. 레이건은 한반도의 현상유지를 지속할 방법을 모색했으며, 북한이 결국에는 긴장완화와 통일을 위한 한국과의 양자회담을 수락할 것이라고 기대하였다.

레이건은 카터 시기 계엄령 선포 반대와 인권침해 때문에 쇠약해진 한-미 동맹관계를 다시 활성화하기를 원했다. 이는 당시 정권의 정통성 확보를 위해 미국과의 관계 개선을 원했던 한국의 전두환의 계획과도 부합되는 것이었다. 레이건은 취임 전부터 계엄령 철회를 요구하는 한국의 야권 지도자인 김대중의 사형집행을 사전에 방지하였다.[12] 또한 취임하자마자 전두환을 워싱턴으로 초대하였는데, 이는 레이건 취임이후 첫 번째 외국정상의 방문이었다.

레이건은 전두환의 방문을 통해 인권문제가 더이상 대한반도 정책의 결정적인 요인이 아님을 세계에 알리고자 하였다. 미국의 한반도 정책에서 카터가 인권문제에 적극적이었다면, 레이건은 냉전을 최우선 순위로 고려하여 최소한 인권문제를 문제 삼아 한국을 공개적으로 비판하지는 않았다. 레이건은 미국의 안보를 유지하면서, 좋은 본보기로서의 역할을 하는 것 이외에 인권증진과 같은 사안은 조용한 외교 방식을 통해 해결될 수 있다고 생각하였다.[13]

레이건은 군사력을 강화시켜 공산주의와 대결하는데 집중하였기 때문에, 한국에서 일어나는 폭정에는 별로 관심이 없었다. 그는 한국의 권위주의 정권의 전통을 물려받은 전두환을 한국의 안보를 책임질 현실적인 지도자로 결론지었던 것 같다. 그래서 레이건을 비롯한 대다수 한국 국민들은 민주주의 정착과 국내적 안정 보다 제한적인 민주주의와 한반도 안보를 지키는 것을 택하였을지도 모른다.

쿠데타로 정권을 잡아 카터 행정부로부터 기피대상이었던 전두환은 레이건의 초청을 대통령으로서의 정통성을 인정받은 것으로 해석하였다. 그는 재임기간 내내 '경찰국가'와 같은 통치로 시민들을 억압하였다. 야권지도자인 김대중은 뉴스위크와의 인터뷰에서 정치사범들에 대한 고문이 증가하였으며, 언론의 자유는 박정희 독재시절 보다 더욱 제한되었다고 말하였다.[14] 전두환은 레이건의 초청에 대한 화답으로 김대중을 살려주었으며, 박정희 암살사건으로 선포되었던 계엄령을 철회하였다. 또 다른 야권 지도자인 김영삼은 "미국이 인권탄압을 지원하는 것처럼 보일 수 있다"며 불만을 토로하기도 하였다.[15]

한국과의 동맹을 더욱 공고히 하기 위하여, 레이건은 한국의 참여가 없이는 북한과 어떤 대화도 하지 않을 것을 공언하였다.[16] 한반도와 동북아의 안보를 유지하기 위해, 그는 한국의 군사력을 강화시킬 필요성을 느꼈다. 레이건은 강력한 미군의 주둔만이 군사적 수단으로 통일하려는 북한을 막을 수 있다고 여겨, 자신의 정책목표의 우선순위를 한국 내부의 민주화보다는 한국의 안보에 두었다. 또한 그는 한국의 재래식 전력강화를 위한 무기체계에 대한 지원과 핵억지 유지를 통해서, 안보를 중시하는 자신의 의지가 실질적으로 전달되도록 하였다.

이와 같은 견지에서 레이건은 1983년 2월 아시아 국가에 대한 미국의 원조를 완전한 수준으로 회복하지 않는다면, 한국에서 미국의 입지가 약화될 것이라고 의회에 경고하며, 무기 및 원자재를 포함한 지원을 위한 입법을 촉구하였다.[17] 레이건은 한국의 군 현대화 계획에 동의하면서, 미국은 한국의 적절한 무기 체계와 억지력 향상을 위해 필요한 방위 산업 기술을 판매할 것이라고 확언하였다.[18] 그는 105㎜포를 155㎜포로 교체하고, 병력의 수를 늘려 주한 미2사단의 전투능력을 한 단계 제고하였다. 더불어 F-16 전투기 판매와 한국과 미국이 매년 실시하는 팀스피릿 군사훈련의 지속적인 실시를 통해 상호방위 능력을 강화시켰다.

1982년에는 한국방위에 대한 미국 군수품과 탄약 수송이 이루어졌다. 레이건은 한국이 요청한 저리의 해외 군수판매(FMS)차관을 수용하여, 1983년에는 1982년보다 26%나 증가한 2억 1천만 달러를 한국에 제공하였다.[19] 이러한 군수판매의 증가는 북한의 도발을 막으려는 한국 정부의 군사력 향상 노력과 함께 이루어졌다.[20] 또한 레이건은 한국에 대한 47억 달러 상당의 무기 구입을 포함하는 5개년 군비증강 계획을 발표하였다.[21] 레이건의 이러한 행동들은 한국방위에 대한 미국의 강한 신념을 보여주는 것으로, 어떠한 제약들도 그의 신념을 꺾지 못했다.

한국에 대한 레이건의 강한 의지는 그의 발언에서도 찾아볼 수 있다. 그는 국제문제에 있어 동북아 및 태평양지역 국가들의 역할이 나날이 중요해지고 있는 '신태평양시대'가 열렸다고 밝혔다.[22]

과거 두 차례의 주한미군 철수를 경험했던 한국 국민들은 초기의 미군철수 결정을 동북아 안보에 악영향을 끼치는 것이며, 북한의 위협을 무시한 잘못되고 경악스러운 것이라고 여겼다. 한국 국민들에게 미국의 안전보장에 대한 재확인은 매우 중요한 문제였다.

레이건이 한국의 안보를 중시하는 배경에는 다양한 사건들이 있었다. 1983년 10월 미얀마 랑군에서 일어난 폭파사건이 그 좋은 예라 할 수 있다. 미얀마 랑군에서 북한 요원들이 한국 대표단에 자행한 폭탄테러로 인해 한국의 일부 각료들이 사망하였다. 레이건은 이를 강력히 비난하면서, 미 육군에 경계태세 강화를 명령하고, 항공모함 칼빈슨호(Carl Vinson)를 한국 주변 해역에 급파하였다.[23] 당시 간신히 폭탄 테러를 모면했던 전두환은 이 사건을 북한의 실제적인 전쟁선포로 간주하였다.[24] 레이건은 한국에 대한 안보보장을 재확인하면서, 한국은 어떠한 군사적 보복 행위도 하지 말 것을 충고하였다.

1983년 11월, 한국을 국빈 방문한 레이건은 그 해 9월 소련 전투기에 의해 격추된 대한항공 승객 사망자들에게 애도를 표하였다. 그는 북한과 소련에 대한 저항을 연관지으며, 한국에 대한 미국의 지원을 강조하였다. 또한 비무장 지대(DMZ)를 방문하여 남북한의 긴장을 직접 목도하고, 북한의 호전적인 행위에 대한 미국의 안보 역할을 재확인하였다. 레이건은 "평화는 단순히 그것을 호소한다고, 외친다고 유지되는 것이 아니라, 오직 적절한 힘이 뒷받침되는 강한 의지를 통해서만 유지될 수 있다"라고 말했다.[25]

레이건은 한국에 대한 확고한 지지와 북한에 대한 반대를 견지하면서, 남북한의 긴장완화를 위한 남북한 대화를 도출하고자 노력하였다. 1983년 레이건은 소련과 중국이 한국을 인정하고 미국은 북한을 하나의 국가로 받아들인다는 '교차인정(cross recognition)'을 남북한에 제안하였다. 또한 그는 남북한의 UN 동시 가입을 제안하기도 하였다.[26] 당시 한국은 소련과 중국의 거부권 행사로 인해 UN에 가입할 수 없었다. 북한은 분리된 개별국가로서의 가입은 한국의 분단을 제도화하는 것이라고 말하면서, 남북한이 하나의 국가로 UN에 가입해야 한다고 주장하였다.

한반도의 긴장 완화를 위한 회담 개최는 그 자체가 어려운 문제였다. 한국은 북한 당국과의 직접회담을 통해 안보와 통일에 관한 문제를 해결하려 한 반면, 북한은 한국 및 미국과의 개별적인 양자회담을 원하였다.[27] 레이건 행정부는 타협점으로 미국, 중국, 그리고 남북한을 포함하는 4자회담을 제안하였다.

북한은 한국을 포함하는 3자회담을 미국과의 직접 회담에 대한 차선책으로 여겼다. 북한은 회담이 일단 시작되면 미국만이 한반도의 안보와 평화를 보장할 수 있다고 주장함으로써 한국을 배제시킬 수 있다고 여겼다. 레이건은 북한의 주요 동맹국들과의 상호교류 없이는 지역 내 안정과 평화를 증진시킬 수 없다고 생각하였다.[28] 레이건은 공산주의가 세계평화를 위협하고 북한이 한반도의 평화에 계속 장애물로 남아있는 한, 한국의 참여 없는 북한과의 회담을 받아들이려 하지 않았으며 북한과의 양자관계 수립을 서두르지 않았다.

제3절 레이건의 대한반도 정책과 의회

레이건은 일반 외교정책과 한반도 정책을 실행하면서 미 의회의 견제를 여러 번 받았다. 레이건은 전략방위구상(Strategic Defense Initiative)과 같은 외교정책에서는 의회의 지지를 받았으나, 외교정책 실행에 있어서는 의회로부터 부분적인 제약을 받았다.[29] 미 의회의 이러한 조치는 레이건으로 하여금 외교정책 과제를 성공적으로 추진하라는 일종의 압박이었다. 실제로 그는 모든 외교정책에 강화된 국방 어젠다를 적용하기가 어렵다는 걸 알았다. 국방예산 증대를 위해 국민들과 의회의 지지를 얻는 것은 쉬운 일이 아니었기 때문이다.

레이건의 한반도 정책목표에 대한 의회의 일반적인 반응은 외교 문제에서 대통령의 권한을 인정하는 것이었다. 실제로 극소수의 의원들이 한국에 부정적인 생각을 가졌을 뿐 다수는 레이건의 정책이 옳다고 믿었다. 의회는 레이건의 대한반도 정책을 승인할 때 비교적 효과적으로 움직였다.

레이건과 그의 핵심 참모들은 한반도 문제가 동북아에서 가장 시급한 안보 사안 중 하나라고 주장하면서, 의회에 자신의 동북아 안보전략을 지지할 것을 요청하였다. 한국에서 레이건의 외교정책 목표는 주한미군 주둔을 통해 봉쇄정책을 재확인하고 한국의 군사력 강화를 지원하는 것이었다. 레이건은 의회가 강력한 군국주의(militarism)와 한국에서의 봉쇄정책 부활이라는 자신의 정책을 수용해 줄 것을 적극적으로 설득하였다. 이러한 상황에서 의원들이 주한미군 감축에 대한 논의를 제기하기는 어려웠다.

당시 의회는 레이건이 외교정책에서 특권을 갖는 것에 동의하였다.[30] 예를 들어, 레이건이 소련의 KAL-007 격추를 비난하였을 때 의회도 함께 그 행위를 규탄하였다. 레이건이 소련의 야만적인 행위에 대해 특별한 조치를 취하지 않기로 결정했을 때에도, 의회는 역시 소련에 대한 제재조치를 유보하였다.

그렇다고 해서 의회가 대통령에게 모든 외교정책 결정에 대한 권한을 양보한 것은 아니었다. 의회는 레이건의 외교정책을 존중하고 지지하면서도 한국 인권문제에 대한 미국인들의 기대를 저버리지 말 것을 촉구했다. 레이건이 전두환 정권에 대한 비판을 꺼려하자, 의회는 레이건이 한국 내 정치개혁, 인권개혁을 공개적으로 요청하도록 압력을 가하였다.[31] 의회는 한국 내 정치적 혼란이 가져올 불안정이 미국의 안보 이익에 해를 끼칠 것이라고 염려하였다. 하원 외교위원회 아시아소위원회의 솔라스[Stephan Solarz(D-NY)] 등 많은 의원들은 전두환에게 한국에서의 정치적 자유를 허용할 것을 요구하였다.[32]

레이건은 한국 내에서 자행되고 있는 인권 침해나 자신이 전두환 정권을 지지함으로써 발생되는 반미정서에 대해서 대수롭게 생각하지 않았다. 한국의 정치제도 개선이 우선시 되어야 한다는 레이건의 언급은 미사여구에 불과했다.[33] 한국의 학생들과 재야 지도자들은 한국에서 더 많은 자유가 허용되도록 미국이 전두환 정권을 압박하는데 실패하였다고 비난하였다. 반미감정이 확산됨에도 불구하고, 레이건은 주한미군 철수, 미국의 대외군사원조 감축, 미국의 안보적 역할 축소 등을 요구하는 한국인은 없다고 주장하였다.

전두환의 독재 정치는 한국 내 반미감정과 정치적 자유에 대한 한국 국민들의 강한 요구를 양산해 냈다.[34] 레이건은 '민간외교(private diplomacy)'를 통해 인권문제를 다뤘다. 그는 부드러운 화법으로 "당신들도 알다시피, 미국은 한국의 정치발전 특히 인권문제에 관해 많은 관심을 가지고 있으며, 이는 미 국민들에게도 매우 중요한 문제이다"라고 선언하기도 하였다.[35] 레이건은 공공연하게 정치적 안정이 한국의 안보를 강화할 것이라 강조하였다.

의회는 대통령을 도외시한 채 국제사회의 변화를 기꺼이 수용하면서, 미국 외교정책의 전반적인 정책 기조를 수정하고자 하였다. 의회는 예산심의권을 통해, 한국에 대한 레이건의 지원을 제한하였다. 한국경기가 호경기를 맞은 반면 미국경기가 서서히 위축되자, 의회는 한국에 주한미군의 주둔비용 부담비율에 대한 증가를 요구하였다. 또한 1985년까지 미국은 한국에 대해 연간 42억 달러의 무역적자를 기록하고 있었기 때문에,[36] 미국 의회는 한국도 자국 국방비용을 더 부담하여야 한다고 생각하였다. 한미 양국의 무역관계가 자유무역을 토대로 한 것은 아니지만, 레이건은 미국이 한국의 대미수출에 대해 제재조치를 가하는 것을 묵인하였다. 미 의회는 한미 연합방위증강프로그램에 대한 지출을 늘리고, 동북아를 작전반경으로 삼고 있는 미 공군의 유지비용을 제공하도록 한국을 압박하였다. 한국은 이미 GNP의 5.5%를 국방비에 지출하고 있었으며, 북한의 도발을 저지하기 위한 주한미군에게 1인당 연간 3만 달러를 지불하고 있었다.[37]

국방예산 삭감에 대한 미국 국민들의 요구가 커짐에 따라, 미 의회는 레이건의 대한반도 정책에 대해서도 적극적인 목소리를 내었다. 그러던 와중에 유럽과 소련에서 공산주의가 붕괴되는 일대 변화가 일어나고, 의회는 한국에 대한 군사원조 축소에 박차를 가하기 시작하였다. 의회는 한국 경제가 큰 발전을 이뤘고, 한국은 미국이 안보를 지원해 주는 한 국방예산 삭감분을 막을 마음도 없으며, 전두환은 안정적으로 정권을 유지하고 있다는 결론을 내렸다. 이에 미국은 균형예산법(The Balanced Act)에 의거 한국에 대한 경제원조를 줄여 나갔다. 1987년 레이건은 몇 년 만에 처음으로 예산삭감을 이유로 한국에 대한 군사원조 예산을 요청하지 않았다. 한국은 1985년에 1억 6천만 달러의 군사원조를 끝으로 미국으로부터 더이상의 군사원조를 받을 수 없었다. 1988년에 미국 의회는 주한미군의 증원을 허용하지 않았다.[38)]

고르바초프의 등장, 동유럽 국가들의 정치변화, 냉전 종식 등에 영향을 받은 레이건은 한반도에 대한 자신의 기존 입장과 외교정책들을 점차 재검토하기 시작하였다. 냉전 종식은 레이건뿐만 아니라 후임자인 부시에게도 큰 영향을 주었다. 초강대국 간에 발생한 뒤늦은 유화저 관계는 부시와 고르바초프 각자의 남북한 접촉으로 나타났으며, 이는 미국의 외교정책이 냉전 후 시대를 맞이하여 수정되고 있음을 의미하는 것이었다.

제4절 레이건, 냉전의 종식, 한반도 안보와 조지 부시

고르바초프가 소련의 지도자로 등장하면서 국제정치는 급격한 변화를 겪게 되었다. 레이건과 고르바초프는 군비통제에 관한 여러 번의 정상회담을 진행하였다. 수십 년간 이어온 미소 경쟁관계는 이때부터 막바지로 치닫게 되었다. 고르바초프의 신사고와 잇따른 동유럽의 변화로 인해, 민주주의의 강한 신봉자이며 보수주의자인 레이건도 냉전 종식을 예견하기 시작하였다.[39] 냉전 종식이 점차 다가오면서 한국도 더이상 정치적 침체에만 빠져 있지는 않았다. 그렇다고 해서 안보문제가 완전히 사라진 것은 아니었다. 북한의 위협은 여전히 지속되고 있었는데, 북한이 소련으로부터 MIG-29 전투기를 도입하였고,[40] 소련은 극동지역에 4개 전투비행대대를 추가하여 총 57개 대대를 배치하고 있었다.

레이건의 안보정책 덕분에 전두환은 1986년 아시안게임, 1988년 서울올림픽게임을 개최할 수 있었다. 이러한 국제적 승인에도 불구하고 1987년 전두환은 대통령 직선제 요구를 수용하지 않았다. 전두환의 계속된 정치적 억압에 한국 국민들은 대규모 시위를 열어 대통령 직선제를 요구하였다. 전두환이 시위를 강경 진압하려 하자, 레이건은 국무부 차관 시거(Gaston J. Sigur)를 통해 자제하라는 서신을 전달하였다. 경찰 고문에 의한 서울대생 박종철의 죽음과 일체의 개헌논의를 금지하는 전두환의 호헌조치로 인해, 시위는 폭력적으로 격화되었다.[41] 1987년 6월 29일 여당 대표인 노태우는 광범위한 민주주의 개혁과 대통령 직선제 수용을 전격 발표하였고,[42] 노태우는 전두환을 이어 한국의 13대 대통령으로 취임하였다.

노태우는 김일성과의 정상 회담을 제안하면서 북한과의 긴장완화 및 협상을 추진하였다.[43] 1988년 7월 7일 그는 정부의 통일 및 외교에 관한 6개 항의 정책 기조를 발표하였다.[44] 여기에는 남북한 동포 간 광범위한 교환 방문 및 해외 동포의 자유로운 남북한 방문, 이산가족 간의 상호 방문과 서신 교환, 단일 공동체로써 남북한 교역 개방, 우방국과 북한 간의 교역 불반대, 남북한 간 경쟁적·대결적 외교 지양, 북한과 미국·일본의 관계 개선 보장 및 한국과 소련·중국의 관계 개선 모색 등이 포함되었다.

노태우의 이 같은 구상은 레이건에게도 수정된 외교정책 특히 대한반도 정책을 실행하는데 시의적절 하였다. 레이건은 노태우의 구상을 지지하기 위해 소련과 중국이 한국과의 접촉을 지속적으로 확대해 나갈 것을 촉구하였다. 이로 인해 미국도 북한과 직접 접촉할 기회를 얻게 되었다. 이후 레이건은 북한과 제한된 접촉을 하기 위해 '신중한 접근(modest initiative)'을 언급하기 시작하였다. 그 결과 10월 31일, 미국은 북한과 민간 학술 및 문화부문, 다른 비정부분야의 교환방문을 발전시켜 나갈 조치들을 발표하였으며,[45] 이후 북한에 대한 인도적 원조와 중립 지역에서의 외교적 의사교환을 승인하였다.[46]

부시(George Bush)는 전임 대통령인 레이건과는 달리 긴장이 많이 완화된 국제 체제 속에서 임기를 시작하였다. 레이건 2기부터 종식의 조짐을 보이기 시작한 냉전은 소련의 붕괴와 동유럽 국가들의 탈공산화, 독일통일을 거치면서 역사의 뒤안길로 사라졌다. 냉전의 종식으로 한반도 및 그 주변 국가들은 약간의 긴장완화 국면을 맞았다. 소련과 한국 간의 비공식 접촉과 문화교류가 증가하였다. 1989년 12월 소련은 한국과의 상호 영사업무의 시작을 발표하면서, 한국에 대한 변화된 태도를 공식적으로 밝혔다.[47] 1990년 6월에는 소련의 고르바초프와 한국의 노태우와의 정상회담이 처음으로 개최되었다. 또한 1990년 9월 5일에는 남북한이 처음으로 총리급 회담을 개최하며, 교역증대 및 여행허용 등 남북한 관계 강화를 위한 단계별 과정을 논의하였다.[48)]

외교정책에 대한 경험이 없었던 레이건과 달리, 부시는 UN대사와 CIA국장을 역임하며 외교경험을 쌓은 경력이 있었다. 레이건이 강경노선의 외교정책을 펼쳤다면, 부시는 신중하고 현명한 외교정책을 구사하였다. 부시는 레이건의 후임자로 새로운 의제설정보다는 계승에 초점을 두고자 하였으나, 국제질서가 급격하게 변화함에 따라 자신의 외교정책에 변화를 주어야 했다. 막대한 군비증강이 지속된 이후 부시는 국가안보를 희생하지 않으면서, 연방예산의 제약 아래 국방비 지출을 줄여야만 했다.

냉전의 유산을 청산하고, 세계 평화를 수립하려는 노력의 일환으로 부시와 고르바초프는 예전에는 상상도 할 수 없던 많은 일들을 실행해 나갔다. 그 대표적인 예가 대규모 무기 감축이다. 부시는 1990년 1월 31일 미소 양국의 중부유럽 내 재래식 전략무기 감축을 제안하였으며, 고르바초프 역시 이 제안을 받아들였다. 부시는 군대철수 계획과 민주주의의 확산이 수년 안에 국가의 국제적 지위를 나타내는 가장 좋은 지표가 될 것이라 생각하였다. 부시는 2차 세계대전 이후 미 외교정책의 근간이었던 봉쇄정책을 변화하는 국제체제에 맞춰 변화시켜야 함을 이해하기 시작했다. 1990년 연두교서에서 그는 "40년 이상 미국과 그 동맹국들은 공산주의를 견제해 왔고, 민주주의가 지속될 것임을 확신해 왔다. 공산주의가 붕괴된 오늘, 이제 우리는 평화를 촉진하기 위해 민주주의의 발전에 앞장 서야 할 것이다"라고 선언하였다.[49)]

제5절 부시와 한국의 안보

미소 경쟁의 국제사회가 냉전의 종식으로 화해와 협력이라는 새로운 전기가 마련되었지만, 한반도에서는 역사의 흐름과 배치되는 냉전 질서가 지속되는 독특한 상황에 처해 있었다. 부시는 세계적 변화에 맞게 유럽정책을 수정하였지만 한반도 정책에 대해서는 유럽에서와 같은 수정보다는 태평양 지역에서 미국이 계속해서 패권국으로 남을 수 있는 여지를 남겨두었다. 부시는 ① 북한의 행동이 예측 가능하게 될 때까지, ② 동북아 평화레짐과 같은 안보적 조치가 만들어질 때까지 미국의 안보적 이익을 위해서는 한국 및 일본 내 미군 주둔이 여전히 필수적인 조치라고 결론지었다.

이러한 인식 하에, 부시는 한반도에 대한 입장의 변화 없이 정책의 연속성을 약속하였다. 그는 1989년 2월 27일 한국을 방문하여 북한 및 소련과 중국을 포함한 북한의 동맹국들과의 관계 개선을 위한 노태우의 외교적 구상을 지지하였다.

> 대통령으로서 나는 한국에 계속 미군을 주둔시키고, 한미 상호방위 조약을 지원하기 위해 최선을 다할 것이다. 주한미군 감축 계획은 없다. 주한미군은 북한의 도발을 억지하기 위한 한국의 요청에 따를 것이며, 동북아시아의 평화와 안정에 기여하기 위해 한국에 주둔 할 것이다. 그리고 한국이 필요로 하는 한, 주한미군 주둔이 동아시아 평화적 이익이 될 것이라고 믿는 한 주한미군은 계속 한국에 남아있을 것이다. 힘을 통한 평화는 양국의 안보 이익에 이바지해 온 정책이다. 그리고 우리는 북한을 포함한 적들과 대화를 모색하는 적극적인

외교활동으로써 우리의 억지정책을 보완해야 한다.[50]

이처럼 부시는 주한미군을 계속 유지하고자 했다. 즉, 부시는 주한미군을 통해 역내 군사적 영향력을 확보하고자 했다. 1989년 10월 노태우가 미국을 방문했을 때, 부시는 "양국 정부와 국민들이 주한미군의 주둔을 평화적 이익으로 믿으며, 북한의 위협이 지속되는 한 미군은 한국에 계속 주둔할 것"이라고 명확히 밝혔다.[51] 미국의 부통령 퀘일(Dan Quayle)은 한국을 방문하여, "부시 대통령은 여전히 주한미군의 감축에 대해 굳게 반대하고 있으며, 카터 행정부가 했던 일방적 철수와 같은 일방적 행위는 일어나지 않을 것"이라고 확언하였다.[52]

한국 안보에 대한 미국의 역할 포기 혹은 철수에 대한 논의가 나올 때 마다 한국은 강력히 반발하였다. 이러한 반발은 주한미군의 한국 주둔을 연장시키는 요인으로 작용했다. 냉전적 사고에 사로잡혀 있던 한국은 대북 억지력을 확보하고, 그에 상응하는 국내 자원을 국방비가 아닌 경제발전 및 인프라구축에 투입하기 위해 주한미군의 필요성을 지속적으로 촉구하였다. 한국은 북한에 상응하는 군사력을 갖출 때까지, 현상유지야말로 한국의 안보를 위한 최상의 정책이라고 주장하였다. 이러한 관점에서 노태우는 "주한미군의 주둔이야말로 전략적 측면에서 미국에 가장 좋은 경제적 투자일 것이다"라고 밝히기도 하였다.[53]

제6절 부시의 대한반도 정책과 의회

부시의 신중한 외교적 접근을 고려했을 때, 한반도 안보정책에 영향을 준 일련의 조치들은 예산에 민감한 미 의회가 취한 조치이다. 레이건이 국방예산 증가와 같은 외교정책으로 미 의회의 초당적 지지를 받았던 반면, 부시는 정치적 교착상태에 빠져 있었다. 이란-콘트라 사건으로 인해 민주당이 상·하원의 과반수를 다시 차지하게 되자, 부시는 자신의 외교정책에 더욱 적대적인 의회에 맞서 싸워야만 했다. 의원들은 레이건 시절 최고조에 달했던 국방비를 삭감하도록 압력을 가했다. 의회는 냉전종식이라는 시대적 요구에 맞게 국방비를 삭감하길 원하였다.54)

그러나 부시는 레이건과 같은 논리로, 소련에 대항하고 전 세계적인 공산주의의 위협으로부터 미국의 동맹국을 보호하기 위해서는 기존보다 증액된 국방비가 필요하다고 주장하였다. 반면, 미국 의회의 생각은 그들과 달랐다. 미 의회는 부시와 행정부 관료들이 높은 수준의 국방비를 유지하는 것을 막기 위하여 자신들이 어떤 행동을 취해야 한다고 생각하였다. 의회는 부시가 일본 및 한국과 같은 동맹국들과의 무역에서 발생하는 적자 문제를 무시하고 있다고 여기고, 이 문제를 본격적으로 다루고자 하였다.

의회는 사회보장제도 및 복지와 같은 국내적 예산요구에 대한 지출을 거부할 수 없었다. 의회는 예산압박을 수단으로 삼아 주한미군의 주둔비용에 대한 평가를 실시하였다. 또한 의회는 곧 전 세계에 걸쳐 있는 해외 기지폐쇄 및 주둔인원 감축을 골자로 하는 비무장화 방안을 강구하기 시작하였다.

의회의 국방비 삭감안은 미군의 해외 주둔에 편승하여 경제적 이익을 얻고 있는 동맹국에 대한 불만을 반영한 것이었다. 미국의 민주당은 냉전 종식이라는 새 시대의 요구에 맞게 동맹국들도 과거에서 벗어나 비용부담을 분담해야 한다고 주장하였다. 1991년 5월 민주당은 국방비 삭감의 일환으로 동맹국에게 상호 방위비용을 더 분담하게 하는 국방비예산 수정안을 제출하였다. 부시가 요청한 한국 내 해외기지건설 예산이 포함된 수정 법안은 하원에서 가까스로 과반을 넘길 수 있었다.[55] 이는 미국 의회가 한국을 포함한 동맹국들이 주둔 비용을 더 많이 부담하기를 희망하고 있다는 것을 의미하는 것이기도 했다.[56]

또한 의회는 방위비 분담과 더불어 주한미군 철수 또는 '단계적 감축'을 고려하였다. 민주당 상원의원들은 가까운 미래에 뜨거운 감자가 될 수년에 걸친 주한미군의 단계적 철수에 관한 일련의 법안들을 제출하였다. 1989년 4월, 민주당 상원의원 범퍼스(Dale Bumpers)와 존스턴(Bennett Johnston)은 4만 3천의 미군 병력 중에 3,000명을 본국으로 송환하는 상원 군비 법안에 관한 수정안을 제출하였다.[57] 한 의원은 "한국 경제가 우리보다 더 빨리 성장하고 있는 이때, 왜 우리는 신의 이름으로 4만 3천명의 병력을 유지하기 위해 26억 달러를 지출하고 있는가?"라고 반문하였다.[58]

범퍼-존스턴(Bumpers-Johnston) 수정안이 의결되지는 않았지만, 이로 인해 부시는 주한미군 전력의 옵션에 대한 전면적인 검토를 시작하였다. 의회는 부시행정부에 향후 5년간 주한미군의 점진적이며 부분적인 감축의 가능성을 내포하는 주한미군 인원배치에 관한 보고서를 준비하도록 요구하였다.[59] 의회가 주한미군 철수를 다시 고려하게 된 것은 첫째, 중국이나 소련 어느 쪽도 한국에 대한 북한의 공격을 지지하지 않을 것이며, 한국이 자주 국방력을 갖추었다고 생각했다, 둘째, 한국이 적은 국방비 부담으로 대미 무역에서 흑자를 얻고 있다고 판단했기 때문이었다.

한편, 국방비 삭감 반대론자들은 북한의 위협은 실제적이며, 주한미군 감축이 한국에서 미국이 주는 안보 공약에 대한 철수로 해석될 수 있다고 주장하였다. 이에 의회는 한국과 북한이 군사적 균형을 이룰 때까지 주한미군의 주둔은 필수적이며, 미국은 한국의 안보와 미국의 국가 이익을 보호하는데 필요한 전력 구조를 재평가해야 한다고 결론지었다.

미 의회는 부시에게 1990년 4월 1일 전까지 주한미군과 한국에 관한 보고서를 의회에 제출하도록 권고하였다. 더불어 보고서에 동아시아 지역 내 미군 주둔 지속에 관한 전략 계획을 포함할 것을 요청하였다. 그들은 1992년 말까지 주한미군을 36,500명까지 감축해 나가길 원하였다.[60] 의회는 현재 미국에 대한 위협이 약화되면서 태평양 지역에 지출되던 국방비를 삭감하여 민간부분으로 전환하기를 원하였다.

의회는 핵, 생화학 무기의 획득 및 배치, 장거리 미사일과 그 밖의 발사체계, 무기와 기술의 불안정한 이동, 미국의 동아시아 역내 안보역할 유지를 위한 필요조건, 일본 및 한국 내 미국 주둔군과 지역 주민들 간의 마찰을 줄이기 위한 병력과 시설의 재배치 가능성 등을 분석한 보고서를 필요로 하였다.[61]

1990년 2월, 국방장관 체니(Richard Cheney)는 한국과 주한미군 감축과 관련한 사항들을 협의하고, 의회에 제출할 보고서를 준비할 목적으로 한국을 방문하였다. 과거 한국 정부 관리들은 주한미군 감축문제를 강하게 반대하며 금기시했지만, 미국 의회는 보다 현실적인 시각으로 이 문제를 다루고자 하였다. 체니는 한미 국방장관 회담에서 약 5천명의 비전투 대원의 철수 계획에 대해 합의하였으며, 주한미군 감축은 점진적으로 그리고 단계적으로 실행될 것이라고 강조하였다.[62] 한국 정부가 주한미군의 급격한 감축에 대해 우려를 표하자, 부시는 노태우에게 군사적 역할의 급격한 변화로 한국이 놀라게 될 일은 없을 것이라고 약속하였다. 체니 역시 "우리는 급격하게 움직이지 않을 것이다"라고 미국의 입장을 밝히기도 하였다.[63]

하지만 부시 및 체니와 같은 행정부 정책결정자들이 주한미군 철수에 관해 한국으로부터 합의를 얻는데 일관적인 모습을 보인 것은 아니었다. 부시는 1989년 2월 한국 방문 당시 한국의 안보를 위해 미군을 계속 주둔시킬 것이라고 재차 강조하였다.[64] 이와 대조적으로 미 의회는 그해 5월부터 주한미군 감축 요청을 논의하기 시작하였다. 이때에도 체니는 한국 국민들이 원하는 한 주한미군은 남아있을 것이라고 공식적으로 확인시켜 주었다. 하지만 결국 양국 국방장관들은 향후 미국의 역할 감소를 이유로 한국은 자국의 방위를 위해 더욱더 많은 역할을 부담한다는 것에 합의하였다.[65]

사실 예산상의 제약으로 국방비와 해외원조를 삭감해야 했지만, 부시는 동맹국들에게 미국의 안보적 기여가 더이상 없을 것이라는 인상을 남기고 싶지 않았기 때문에 급작스런 예산삭감을 하고 싶지 않았다. 부시는 1991년도 예산안에서 군대 재편과 방위비 지출 제한의 일환으로, 한국 내 공군기지 3곳의 폐쇄를 요청하였다. 또한 그는 주한·주일 미군의 10%를 철수할 것이라고 의회에 알렸다.[66)]

1990년 4월, 부시는 '아시아 전략구상(A Strategy Framework for Asia: Looking to the 21st Century)'이라는 미국의 새로운 군사전략을 발표하였다.{또는 동아시아 전략 구상(East Asia Security Initiatives, EASI)이라고도 함.}[67)] EASI는 미국의 이익을 지키고, 억제 정책을 지속하기 위해 조정·고안되었는데, 크게 3단계로 구성되어있다. 1단계(1-3년)에서는 공군 2,000명과 지상군 5,000명을 포함하는 약 7,000명의 인원 감축과 더불어 행정 간접비용의 축소, 한국 육군으로 임무를 위임한 부대의 철수 등을 통해 주한미군의 효율성을 제고하고자 하였다. 2단계(3-5년)에서는 북한의 위협을 재검토하고, 주한미군 제2사단을 재편하는 것이었다. 3단계(5-10년)는 더 많은 미군을 감축하고 한국군 주도의 방위체제를 갖추게 하여 주한미군비용에 대한 한국의 분담비율을 더 확대하는 것이었다.[68)] 또한 EASI에는 ① 그간 DMZ에 대해 책임권한이 없었던 한국군 장성을 UN 군사정전위원회의 주요 구성원으로 참여시키고, ② 한미연합사의 지상군 사령관을 한국군 육군 장성으로 임명하는 내용 등을 포함시켰다.[69)]

이러한 보고서를 발표함에도 불구하고, 의회는 대통령에게 주한미군 철수에 대해 계속 압력을 가하였다. 예를 들어, 민주당의 므라젝(Robert Mrazek)은 1995년까지 주한미군을 3만 명 수준으로 줄일 것을 요구하였다.[70)] 미 하원은 외국에 대한 특정 프로젝트 비용으로 요청한 2억 1천 4백만 달러 중 1억 7천 1백만 달러만을 승인하였으며, 그 중 한국 관련 프로젝트 비용으로 2천 1백 8십만 달러를 요청하였으나 2백 5십만 달러만을 승인하였다.[71] 하원 예산위원회의 패테타(Leon E. Panetta) 위원장은 "우리는 전 세계에 더이상 돈을 댈 수 없다"라고 밝혔다[72]

한국 입장에서 보면, 주한미군의 점진적 감축은 최소한 한반도의 긴장이 완화될 조짐을 보일 때까지 한국 스스로 군사력을 증강시키는 것은 물론, 그 밖의 다른 대비책을 마련해야 함을 의미했다. 당연히 노태우는 주한미군의 철수가 북한이 역내 평화에 대한 미국의 기여를 오판하도록 하여 결국 북한의 공격을 초래할 것이라고 경고하였다. 한국은 주한미군을 미국의 한국에 대한 안보 기여의 상징으로 보았기에 주한미군 철수를 반대하였다. 한국은 미국 의회가 남북한 군사력에 대해서 순진한 숫자놀음을 하고 있다고 여겼다. 노태우와 한국 국민들은 미국이 한국의 안보를 지원하지 않는다면, 북한의 공격을 억지하지 못할 것이라며 깊은 우려를 표하였다.

요약하자면, 한국은 북한의 위협을 억지할 자주방위 능력이 부족하다고 생각했다. 그러나 한국정부가 미 지상군의 주둔과 핵우산 제공을 계속 요구한다는 것은 비현실적이었다. 북한의 병력이 수적으로 약간 우세하였지만 당시 한국의 군사력은 북한과 전략적 균형을 이루고 있었기 때문이다.[73] 부시는 미국이 태평양에서 패권을 유지하려면 동북아시아에서의 핵무기와 군대주둔을 유지시켜야 한다고 여겼기 때문에 미군철수를 꺼렸다. 이러한 전략적 판단에도 불구하고, 부시는 국방비를 삭감하고 국제문제에 대한 개입을 줄이라는 의외의 지속적인 요구로부터 자유롭지 못하였다.

극동지역에서의 미군 감축은 유럽에 비해 훨씬 뒤처져 있었다.

부시는 봉쇄정책이라는 전반적인 미국 외교정책의 목표가 국제 환경 변화에 맞춰 변화해야 한다는 점을 깨닫기 시작하였다.[74] 의회가 주한미군 감축을 위해 곧 행동을 취할 것처럼 보였지만, 부시는 부분적인 감축을 실시하고자 하였다. 그는 주한미군의 갑작스런 철수와 같은 변화로 한국을 놀라게 할 일은 결코 없을 것임을 계속해서 강조하였다. 그는 이 약속을 통해 카터가 시도했던 주한미군의 전면적인 철수와 같은 일이 되풀이 될 것이라는 한국 국민들의 우려를 잠재우고자 하였다.

부시는 1992년 연두교서에서 1992년부터 1997년까지 500억 달러의 국방비를 추가적으로 줄일 것임을 발표하였다.[75] 부시는 구체적인 군대 규모에 대해서는 밝히지 않고, 미국의 안보적 기여만을 재확인하는 선에서 계획을 발표하였다. 그러나 한국 정부는 현행 군대수준을 유지할 것을 강조하였다. 해외 주둔 미군 규모에 대한 의회의 지속적인 재검토 요구로 인해, 부시는 한국의 희망사항을 지켜줄 수 없었다. 한국은 주한미군이 철수하는 대가로 주한미군에 대한 더 많은 재정을 부담하는 한편, 24대로 구성된 F16 1개 중대와 이전까지 미군이 맡았던 대 북한 정보수집임무에 투입된 정찰기를 보유하게 되었다.[76]

제7절 부시와 북한의 핵개발

앞서 살펴보았듯이, 부시는 한반도 주변 안보체제를 국제체제의 전환에 걸맞게 조정·수정하여야 했다. 남북한도 마찬가지였는데, 먼저 소련과 중국이라는 이데올로기적·군사적 동맹을 잃은 북한은 경제난을 해결하기 위해 외교적 해법을 모색하였다. 반면 한국은 소련 및 중국과의 외교관계를 성공적으로 추진하였다. 1991년 5월 28일 북한은 그동안 주장해 왔던 남북한의 개별적인 UN가입 반대라는 기존 입장을 뒤집으며, 자신들도 UN가입을 모색하고 있음을 밝혔다.[77] 이는 소련이 한국의 UN가입을 더이상 반대하지 않는다고 공식적으로 밝혔기 때문이었다. 북한은 처음에 남북한의 개별 가입이 분단의 고착화를 초래할 것이라고 생각해 한국을 하나의 정부로 인정하지 않았다. 자신들의 중요한 파트너인 중국과 소련이 한국의 UN가입에 더이상 거부권을 행사하지 않을 것이라고 판단한 북한은 외교적 고립이 가중될 것을 우려하여 UN가입을 모색하게 된 것이다. 소련과 한국의 외교적·경제적 관계수립과 원유에 대한 지불수단으로 국제적인 통용화폐 사용이 의무화됨에 따라, 북한은 국제정치적 고립뿐만 아니라 경제적 어려움에도 처하게 되었다. 이는 다시 북한의 심각한 안보문제로 대두되었다.

국제적으로 긴장완화라는 호의적인 환경에도 불구하고 한반도에서 부시는 레이건 시절보다 훨씬 더 복잡한 안보상황에 직면하게 되었다. 서방의 여러 정보기관들은 북한이 한 두 개의 원자폭탄을 생산할 수 있는 양의 플루토늄을 추출하는 등 핵무기 개발 프로그램을 진행하고 있음을 감지하였다. 이에 1980년대 말 국제

정치는 북한 핵무기 프로그램에 관심이 집중되었다. 당시 북한은 핵무기를 개발할 능력도, 의도도 없다고 주장하였다.[78] 사실 북한의 핵개발 프로그램은 1960년대 소련이 북한에 연구용 원자로를 제공하면서부터 시작되었다고 볼 수 있다. 이 사실은 1977년 국제원자력기구(IAEA)의 사찰에서 밝혀진 내용이지만, 북한이 핵무기를 만들기에 적합한 플루토늄 생산이 가능한 30MW의 가스 흑연 원자로를 건설하게 되면서 다시금 주목받게 되었다.[79]

1970년에 체결된 핵확산금지조약(NPT)은 핵보유국과 비핵국가들 간의 협상에 의한 결과물이었다. 비핵국가들은 핵무기 보유를 포기하는 대신에 평화적 핵에너지를 위한 핵 원조를 핵보유국들로부터 제공받을 것을 약속받았다.[80] UN 산하기관인 IAEA는 NPT조약 검증기구로서, NPT체결국들의 합법적 의무 이행여부를 감시하였다.

부시는 핵확산이 국제 안정을 위태롭게 할 뿐 아니라 현재의 안보와 평화체제를 파괴 할 것이라는 신념하에, 어떤 국가도 핵무기를 보유하거나 개발하지 못하도록 하는 핵정책을 추구하였다.[81] 부시의 이러한 핵 비확산 정책은 북한의 핵무기 개발 계획에도 적용되었다. 부시는 북한의 핵개발이 한반도의 현 안보체제를 악화시킬 뿐만 아니라 동북아의 지역적·국제적 불안을 증폭시킨다고 보았다. 그렇기에 부시에게 북한의 IAEA 사찰 거부는 남북한 관계 발전뿐만 아니라, 북미 간 회담을 지연시키는 방해물이었고, 부시는 북한의 핵개발이 중단되어야 한다고 주장하였다.

핵문제 해결을 위해 부시는 다음과 같은 일련의 조치를 취하였다. 첫째, 부시는 북한에 IAEA 안전보장조치협정의 서명과 이행을 위한 압력을 가하기 위해서 범세계적인 협력을 추진해 나아갔다. 그는 북한의 핵개발을 막지 못한다면, 한국과 일본이 핵보유를 검토할 것이고, 이는 다시 핵 비확산 레짐체제의 전 세계적 구축을 위한 노력에 악영향을 미칠 수 있다고 국제사회를 설득하였다.[82)]

둘째, 부시는 더욱 견고하고 안정적인 동북아 안보 환경을 구축하고자 하였다. 1991년 부시는 한국 내 전술 핵무기의 철수 계획을 밝혔다.[83)] 부시는 이미 주한미군의 철수를 발표하였으며, 공중발사용 핵무기를 제외한 모든 군함 및 공격용 잠수함의 전술 핵무기 철수 계획에 대한 지지를 표명했다.[84)] 이 계획은 유럽지역에서의 철수, 미국의 전술미사일 및 핵 탑재 크루즈미사일의 폐기, 궤도용 MX탄도미사일의 중단이 포함됐다. 또한 한국에 배치된 미군의 지상용 전술 핵무기에 대한 일방적인 철수도 포함시켜, 미국은 한국에 배치되었던 사거리 500km이하의 전술핵무기를 철수할 계획이었다.[85)]

변화하는 세계 현실에 맞게 미국의 방위전략을 재구상해야 한다는 부시의 제안은 신중하면서도 유연성을 갖춘 것이었다. 부시는 변화된 국제 안보질서를 고려할 때, 핵무기가 한반도 안보유지에 기여하는 바가 거의 없다고 믿었다. 한국 내부에서 과거 한국과 적대국이었던 소련 및 중국에 대한 호의적 인식은 커지는 반면, 최대 동맹국인 미국에 대한 감정은 약화되어 갔다. 부시는 잠수함과 공중전력을 통해 핵억지를 달성할 수 있을 것이라는 생각에 한국에 배치한 핵탄두를 철수시킨 후에도, 한국 외부에 배치된 장거리 핵미사일과 괌기지의 B52 전략핵폭격기를 통해 한국을 충분히 방어할 수 있다고 생각하였다. 부시는 한국에 대한 억지와 방어가 한국 내 배치된 핵무기에 의한 것이 아닌 방위체계의 재편성을 통해 핵무기를 제거함으로써 가능하다고 보았다. 부시는 새로운 핵구상을 통해 IAEA의 핵안전보장조치협정에 북한의 서명을 요구하였지만, 북한의 행동에 아무런 영향도 주지 못하였다.

부시의 핵구상이 북한의 핵안전보장조치협정 서명을 위한 것이었음에도 불구하고, 북한은 미국에게 북한을 향해 어떠한 핵무기도 사용하지 않겠다고 보장해 줄 것을 요구하였다. 북한 입장에서는 미국이 전술 핵무기를 철수하더라도 잠수함이나 지하 미사일기지에 전략 무기들을 배치할 가능성이 있었기 때문이다. 북한은 미국의 모든 핵무기가 한국에서 철수되지 않는다면 핵사찰을 허용하지 않을 것이라고 하였다. 1991년 11월 25일, 북한은 한국에서 미국의 핵무기 철수가 시작되면, 북한의 핵시설에 대한 IAEA의 사찰을 허용하는 협정에 서명하겠다고 선언하였다.[86] 1991년 7월, 미국은 북한 핵 프로그램에 대한 통제를 이루기 위한 협상의 일환으로써, 핵무기 배치를 조정하지 않을 것이라 천명하였다.[87] 국무장관 베이커(James A. Baker)는 한국에서의 미국 핵무기 상황과 핵프로그램의 평화적 본질과 관련된 보장을 제공하기 위해서 북한이 취해야 하는 행동을 서로 연계시키지 않을 것이라고 말하였다.[88]

전 세계적으로 추진된 부시의 핵구상은 주한미군 철수에 어떠한 영향도 주지 않았다. 여전히 북한은 핵시설에 대한 국제적 사찰을 허용하는 협정에 서명하기 전에 주한미군의 핵무기들이 먼저 제거되어야 한다고 주장하였다. 부시는 노태우와 협의하여 북한의 IAEA의 안전보장조치협정에 대한 서명과 이행에 대해 전 세계적인 압박을 가하고자 하였다. 특히 그는 북한의 핵개발을 저지하지 못하면, 한국과 일본이 핵무기 개발을 고려할 것이고 그렇게 되면 전세계적 핵확산을 막기 위한 그 동안의 노력이 물거품이 될 것이라 말하며, 국제사회를 설득하고자 하였다.

부시는 한국이 생각했던 것보다 훨씬 빨리 핵무기 철수 결정을 내렸다. 미국도 철수 조치가 내려지기 전에 북한이 먼저 핵무기 개발 프로그램을 포기하길 원했다. 북한의 핵문제 해결과 관련하여 한국은 미국의 핵우산이 방어적 목적만을 가진다고 보았기에, 북한이 IAEA의 사찰의무를 수용하고 핵무기 개발 프로그램을 포기하도록 노력하였다. 또한 한국은 미국 핵우산의 보호 속에서 한반도 비핵화 추진을 주장하였다. 그러나 북한은 한국이 미국의 핵보호를 받고 있는 상황에서 자신만 핵무기 프로그램을 포기하도록 종용받는 것은 자신들의 국가 안보 측면에서 볼 때, 불공평하고 수용 불가능한 것으로 여겼다.[89]

한국은 북한을 동요시키기 위해 4가지의 노력을 기울였다. 첫째, 1991년 11월에 한국은 비핵화 선언을 하였다.[90] 노태우는 앞으로 한국은 핵무기를 제조·저장·보유하지 않을 것이며, 생화학무기의 완전한 폐기에도 참여할 것이라고 밝혔다. 이것은 앞으로 한국이 오직 평화적 목적으로만 핵에너지를 사용하겠다는 것을 천명한 것이었다. 또한 이는 한국 내 미국의 핵무기가 완전히 철수되었거나 철수과정에 있는 것으로 해석될 수도 있었다.

둘째, 노태우는 한반도 비핵화와 평화구축을 위한 선언에서 한국은 NPT조약 및 IAEA에서 규정한 안전보장조치협정을 이행하기 위해, 모든 핵관련 시설과 물질에 대해서 국제적 사찰을 받을 것이라고 천명하였다.[91] 여기서 중요한 것은 한반도 군비통제와 비핵지대 구축은 서로 다른 별개의 사안이라는 점이다. 전자인 군비통제는 남북한이 당사자인 문제이지만, 후자인 비핵지대 구축은 남북한, 미국, 중국, 일본, 소련을 포함하는 동아시아 주변 6개국과 연관된 것이었다. 비핵지대 구축은 한국에 대한 미국의 핵우산 정책 포기를 의미하는 것이기에, 부시가 한국에 대한 핵억지 정책을 지속하는 한 미국은 비핵지대 구축에 반대할 것이 분명하였다.[92]

셋째, 5차례에 걸친 고위급 회담 이후 1991년 12월 31일, 남북한은 '한반도의 비핵화에 관한 공동 선언'을 발표하였고, 이는 1992년 2월 말 총리 서명으로 정식 발효되었다. 남북한은 공동선언을 통해 핵에너지의 평화적 이용과 더불어 무기화할 수 있는 핵연료 재농축 및 핵물질 재처리 금지를 약속하였다.[93] 노태우는 "어떤 형태의 핵무기도 한국에 존재하지 않는다"라고 밝히며, 미국의 모든 핵무기가 한국에서 철수되었음을 발표하였다. 이에 북한은 핵무기 개발이나 핵시설에 관한 국제사찰을 거부할 수 있는 명분을 잃게 되었다.[94] 비록 미국의 핵정책인 NCND(Neither Confirm Nor Deny Policy)가 유지되고 있었지만, 1991년 12월 18일 한국은 미국의 모든 핵무기들이 철수되었다고 발표하였다.[95] 부시도 이러한 주장에 반론을 제기하지 않았다.

넷째, 1991년 12월 남북한은 '화해와 불가침 및 교류·협력에 관한 합의서'에 서명하였다.[96] 이러한 신뢰구축 조치들을 통해서 한국은 북한의 핵문제가 해결되기를 희망하였다. 남북한 총리들은 상대방의 정치·사회 체제를 서로 인정하고, 또한 기존의 휴전협정을 한국전쟁을 공식적으로 종결하는 평화협정으로 전환하도록 요청하는데 서로 합의하였다. 비록 북한이 1993년 팀스피리트 훈련을 핑계로 남북한 고위급 회담에서 일방적으로 철수하였지만, '화해와 불가침 및 교류·협력에 관한 합의서'는 공식 협상에서 주요한 의정서로 자리매김하게 되었다.

남북기본합의서와 비핵화공동선언 이후, 군비통제와 같은 주요 문제들은 어떠한 해법도 찾기 어려웠다. 핵무기의 감축과 제거가 전 세계적으로 진행되고 있을 때, 북한은 NPT 체결국으로서 부여된 의무사항을 저버리는 핵무기 개발을 위한 노력을 기울이고 있었다. 또한 미국의 정보기관도 북한이 핵폭탄 개발에 거의 근접해 있다고 믿었다.[97] 북한 핵개발 문제를 해결하기 위해, 노태우는 남북한 핵시설에 대한 상호사찰을 요구하였다.[98] 동시사찰은 북한의 사찰단이 한국의 미군 기지를 방문하여 미국의 핵관련 장비들이 철수되었음을 확인하고, 한국 사찰단도 핵무기 개발에 관련된 것으로 추정되는 북한의 시설을 방문하는 것을 골자로 하였다.

미국은 북한 핵문제 해결에 대한 의지를 보여주기 위해 북한과의 회담을 개최하였다. 미국은 회담을 통해서 북한이 미국과의 관계 정상화를 원한다면 한국과의 대화를 시작하여야 하며, 핵시설에 대한 상호사찰을 명시 한 1991년 남북한합의서를 따라야 함을 전달하였다.[99] 1992년 2월, 부시는 북한이 사찰을 위해 핵시설을 6월까지는 개방해야 한다고 요구함으로써 북한에 최종기한을 제시하였다.[100] 그러나 북한은 IAEA의 사찰 수용 요구를 거부하였으며, 이는 북미회담뿐 아니라 남북한 관계 진전에도 방해가 되었다.

부시는 한국에서의 미국의 안보 역할을 강조하면서, 다른 한편으로는 핵무기 시설에 대한 국제사찰을 수용하지 않는 북한을 비난하였다. 그는 만약 북한이 핵개발을 완전히 포기하지 않는다면 북한과의 관계 개선은 없을 것이라고 단언하였다. 부시는 "우리는 예전에 해왔던 것처럼 북한을 다루고 있는 중이다. 우리는 김일성과 타협하기 위해서 우리의 건실한 우방국을 내버려두는 조치는 취하지 않을 것이다. 그리고 만약 그가 그것을 원하지 않는다면, 훨씬 더 좋은 일일 것이다. 그것은 우리보다는 지옥에 더 적합한 것이다"라고 말하였다.[101] 부시는 한미 간의 동맹관계가 북한과의 관계 개선의 장을 여는 것보다 훨씬 더 중요함을 선언하였다. 설령 북한이 IAEA 핵안전보장조치협정에 대한 서명과 이행을 지연시킨다 할지라도, 부시는 한미 동맹에 대한 확고한 입장이 미뤄지거나 재고되지 않을 것이라는 입장을 고수하였다.

제8절 결론

레이건과 부시의 한반도정책 실행을 평가하기 위해서, 먼저 두 대통령의 공통점을 살펴볼 필요가 있다. 레이건과 부시는 세계 지도자로서의 역할을 수행하고자 하였으며, 불개입정책이 미국 외교정책을 위한 정책 목표나 전략이 아니라고 주장하였다. 북한의 핵위협과 관련하여, 두 대통령은 북미 간의 어떠한 관계 개선이 있기 전에 남북한 간의 회담이 먼저 이뤄져야 함을 요구하였다.

한편, 레이건과 부시의 대한반도 정책은 뚜렷한 차이점이 있었다. 레이건이 한반도 문제를 강력하고 열정적으로 다루었던 반면, 부시는 대통령의 권한을 행사하는데 있어서 한계를 보였다. 다시 말해, 레이건은 사건의 큰 줄거리를 파악하는데 관심을 두었던 반면, 부시는 상세한 부분에 관심을 두었다. 두 대통령의 현저한 차이점은 그들이 처했던 역사적 상황에서 더욱 두드러진다. 한 연구에 따르면, 두 대통령은 "그들이 가진 철학의 변화로 근본적인 차이를 보였다기보다는 국제적인 환경변화에 따른 결과였다"라고 한다.[102)]

레이건은 매우 적극적인 외교정책을 펼쳤다. 그는 미국의 힘과 위신 회복이라는 시대적 요구에 부응하는데 최선을 다했으며, 북한에 대한 봉쇄정책을 이행하면서 세계 지도자로서의 역할을 성공적으로 증명해 보였다. 그는 막대한 예산 적자를 감수하면서까지 한국의 방위력 증강을 위해 노력하였다. 한반도 안보에 대한 레이건의 인식은 카터와는 정반대였다. 레이건은 북한이 여전히 호전적인 군사주의체제를 유지하고 있기 때문에, 한국은 미국의 지원을 받아 미래에 있을 충돌에 대비한 자신의 군사력을 강화해야 한다고 생각했다. 레이건은 한국에서 미국이 갖는 안보이익을 인식하고 주한미군 주둔을 유지할 때만이 한국의 평화와 안보를 지킬 수 있다고 생각하였다. 그는 한국을 견실한 동맹국이자, 공산주의에 저항하는 용맹스런 영웅의 상징으로 여겼다.[103)]

레이건의 보수주의적 성향이 공산주의에 대한 그의 입장을 미화시키고 미국의 도덕성과 힘을 고양시키는 역할을 했다면, 1987년 북한에 보인 레이건의 입장변화는 한반도 문제 해결에 대한 그의 실용적인 성향을 보여주는 '신중한 접근(modest initiative)'을 이끌었다.[104)] 레이건의 정책이 독단적인 색채를 보이기도 하였으나, 그는 융통성이나 일관성이 결여될 수 있는 정책의 변화를 합리적

으로 이끌어 낼 수 있는 능력을 갖춘 인물이었다.[105]

레이건과 부시는 외교정책에 대한 의회의 지지 정도에 있어서도 차이를 보였다. 레이건은 의회와 협력하여 방위비 지출 및 대한원조 요청을 승인하였다. 레이건은 임기 초 강한 반공산주의를 표방하는 외교정책을 보였지만, 양극체제가 붕괴되기 시작하자 유연한 자세를 보이기 시작하였다. 레이건의 대한반도 정책은 고르바초프가 등장하기 전까지 의회로부터 대부분 합의를 이끌어 낼 수 있었다.

한편, 부시에 대한 의회의 반응은 복합적으로 나타났다. 부시가 '사막의 방패작전,' '사막의 폭풍작전'으로 불리는 이라크전쟁을 수행할 때는 의회로부터 외교정책에 대한 초당적인 지지를 이끌어 낼 수 있었다. 그러나 의회는 부시와는 다른 냉전 후의 외교정책을 구상하였다. 부시가 제시한 '신세계질서(New World Order)' 개념을 뒷받침하는 한반도와 관련된 실질적인 정책을 내놓지 못하자, 의회는 국방비 삭감과 더불어 한국 안보에 대한 미국의 기여를 축소할 것을 요구하였다.

부시의 외교정책은 임기응변에 따른 '인내(patience)'와 '신중함(cautiousness)'으로 대변된다. 부시의 이런 중도적 입장은 문제를 의제화시키고 그의 명성을 휘날리게 할 일련의 사건들을 기다리던 부시의 오랜 외교적 경험에서 형성된 것이었다.[106] 부시는 다양한 방안들을 원하였기에, 즉각적인 행동이 요구되는 어려운 결정을 미루는 경향이 있었다.[107] 그는 북한이 핵무기 프로그램에 대한 투명성을 보장하지 않는 한 북한과 위험을 감수하는 어떠한 합의도 도출할 수 없다는 입장이었다. 이러한 태도는 이후 북한

핵문제 해결을 위한 걸림돌로 계속 작용하였다. 부시는 모든 단거리 핵미사일을 파괴하는 핵구상을 통해 남북한 간의 긴장완화가 형성될 것을 기대하였으나, 실패하고 말았다.

레이건과 부시의 대한반도 정책은 다양한 측면에서 복합적인 평가를 내릴 수 있다. 균형이라는 긍정적 측면에서 볼 때, 그들은 임기 내내 한국과 밀접한 동맹관계를 유지하였다. 레이건은 한국이 완전히 참여하지 않는 북한과의 대화는 없다고 주장하며, 북미 간 양자 대화를 시도하지도 않았다. 노태우가 중국과 소련과의 관계 개선에 대한 의지를 피력하자 비로소 레이건은 북한에 대한 태도를 바꾸었다. 같은 맥락에서 부시 역시 한국과 밀접한 관계를 유지하고자 하였다. 부시는 노태우와의 정책 협력을 통해, 노태우가 추진한 비핵화체제 수립과 북한과의 정치·경제적 협력 등이 가능하도록 하였다. 또한 부시는 구소련 및 중국을 포함한 북한의 동맹국들과의 관계 개선을 꾀했던 노태우의 외교정책 구상들을 공식적으로 지지하는 입장을 표명하였다.

한편 레이건에 대한 부정적인 측면은 다음과 같다. 레이건은 한국의 독재 지도자를 용인함으로써 전두환 정권을 미국의 통제에서 벗어나게 했다는 비난을 한국 국민들로부터 받았다. 레이건이 전두환을 동맹의 파트너로 삼으면서, 한국 국민들은 계엄령과 많은 인권탄압을 견뎌내야 했다. 전두환은 군대를 기반으로 많은 국민들의 자유를 박탈하였을 뿐만 아니라, 정치적 억압에 대한 어떠한 저항도 용인하지 않았다. 부시 또한 걸프전의 성공에도 불구하고, 북한의 핵개발 프로그램을 중지시키기 위한 북한과의 합의에 실패했다는 비판을 받았다. 부시는 북한과의 합의나 협상을 시도하지 않았기 때문에 북한 핵개발의 투명성을 보장하거나 남북한 간의 대화체계를 구축하지 못하였다. 다시 말해, 부시는 북한 핵문제에 지나치게 신중하면서도 소홀하게 대처하였다.

냉전체제가 붕괴됨에 따라 동북아 국가들의 경제 및 외교 관계에서도 혁명적인 조치들이 잇달아 나타났다. 레이건과 부시 모두 소련의 갑작스런 붕괴나 동유럽 국가들의 탈공산화를 예측하지 못하였다. 또한 누구도 미국이 십 수 년 안에 베트남과의 관계를 정상화하리라고 예상하지 못하였다. 그들은 급격한 전 세계적 변화 속에서, 북한이 변화 이외에는 다른 선택을 할 수 없을 것이라는 안이한 생각을 하였다. 그러나 레이건과 부시의 기대와는 달리 북한은 비타협적인 태도를 유지했고, 그들은 국제사회의 변화가 필연적으로 국가 내부의 정치나 남북한 관계를 변화시키지 않는다는 점을 배웠다. 북한 핵개발 문제를 해결하기 위한 부시의 노력이 실패로 끝나자 바통은 후임자인 클린턴에게로 넘어갔다. 이후에도 몇 년 동안 한미관계는 이 문제들을 해결하는데 매우 많은 어려움을 겪었다.

1) Michael A. Genovese, *The Presidency in an Age of Limits,* Westport, Conn.: Greenwood Press, 1993, p. 113.
2) Harold M. Barger, *The Impossible Presidency: Illusions and Realities of Executive Power*, Glenview, Ill: Scott, Foreman and Co., 1984, p. 2.
3) Christohpher Layne, "Requiem for the Reagan Doctrine," in *Assessing the Reagan Years*, David Boaz. ed., New York: Cato Institute, 1988, p. 97.
4) Carl M. Brauer, *Presidency Transitions: Eisenhower Through Reagan*, New York: Oxford University Press, 1986, p. 220.
5) "Inagural Address: Evocative Version of Campaign Message," *Washington Post*, Jan 21, 1981.
6) Osgood는 레이건이 세계 정치에서 미국의 지위를 되찾고 자유세계를 이끌려는 목적으로 동맹 및 양자관계의 회복, 민주주의 촉진, 더욱 제한적인 방식에 의한 대소련 봉쇄를 실행하고자 한다고 말하였다. Robert E. Osgood, "The Revitalization of Containment," *Foreign Affairs 60*, 1982, pp. 474-475.
7) Ibid., p. 482.
8) Kellerman and Barilleaux, *The Presidents as World Leader*, p. 180.
9) I. M. Destler, "The Evolution of Reagan Foreign Policy," in *Reagan Presidency : An Early Assessment*, ed. Fred I. Greenstein (Baltimore: Johns Hopkins University Press, 1983, chapter 5.
10) Martin Anderson, *Revolution: The Reagan Legacy*, Stanford, Calif.:Hoover Institution Press, 1990, xxxiii.
11) Seyon Brown, *The Faces of Power: United States Foreign Policy from Truman to Clinton.* 2nd ed., New York: Columbia University Press, 1994, p. 402.
12) 김대중을 구하기 위한 미국의 압박은 카터때 부터 있었다. 백악관의 비밀해제 문건에서 카터가 김대중에 대한 사형집행 혹은 사형판결을 할 경우 한국은 심각한 문제를 가져올 것이라고 경고하였다. Jimmy Carter, Draft and Original of a letter to Chun Doo Hwan, White House Letter (4), August 27, 1980, in *Declassified Documents Catalog*, 1998, Woodbridge, Conn: Research Publications, (fiche no. 1119); Edmund S. Muskie, "Letter to Carter from Edmund S. Muskie," Department of State

Memo (4), November 25, 1980, *Declassified Documents Catalog*, 1998, (fiche no. 3229).

13) Bae Ho Han, "The Korean-American Alliance," *Asian Perspective*, 1983, pp. 207-209.

14) Jacquiline Reditt, "South Korea," *Christian Science Monitor*, April 23, 1983, p. 12.에서 인용함.

15) Jacquiline Reditt, "Why Some South Koreans Resent American Backing," *Christian Science Monitor*, May 20, 1983, p. 3.에서 인용함.

16) Ronald Reagan, *Public Papers of the Presidents: Ronald Reagan 1983*, Washington, D.C.: GPO, 1984.

17) U.S. Department of State, *American Foreign Policy Current Documents 1982*, Washington, D.C.: GPO, 1985, pp. 1101-1102.

18) Ibid. 레이건의 첫 번째 재임 시기 중 1985년까지 주한미군이 2000명에서 2500명까지 증강 배치되었다.

19) Ibid.

20) Ibid.

21) James E. Dougherty and Robert L. Pfaltzgraff, Jr, *American Foreign Policy: FDR to Reagan*, New York: Harper&Row, 1986, p. 374.

22) Chalotte Saikowski, "Reagan Tries to Lesson Tension in East Asia," *Christian Science Monitor*, November 14, 1983, p. 1.

23) Ibid.

24) Geoffre Murry, "Reagan Visit to Seoul Will Help Cool South Korean Revenge," *Christian Science Monitor*, October 17, 1983, p. 9.

25) *Weekly Compilation of Presidential Documents*, November 21, 1983, pp. 1573-1576, pp. 1582-1585, pp. 1541-1543.

26) *Korea Newsreview*, Feb 1, 1983.

27) U.S. Department of State, *Bulletin*, March 1984, pp. 4-7.; U.S. Department of State, *American Foreign Policy Current Documents 1984*, Washington, D.C.: GPO, 1986.

28) *Korea Newsreview*, Feb 7, 1981.

29) 1982년 통과된 볼랜드 법안(Boland Amendment)은 인도적 목적을 제외하고는 니카라과의 콘트라에 대한 연방기금의 지원을 금지하고 있다. 이에 레이건은 콘트라에 대해 자금을 지원할 다른 방법을 모색하였으며, 이것이 이란-콘트라 스캔들을 낳고 말았다. 레이건은 NSC에

레바논에 억류된 미국 포로들의 석방을 조건으로 이란에 무기를 판매할 권한을 부여하였다. 볼랜드 법안에 대한 더 자세한 사항은 다음 자료를 참고바람. "Congress Set to Place Early Limits on Covert Aid to the Contras," *Congressional Quarterly Almanc 1985*, p. 76. 또한 미 의회는 '그램-루드만-홀링스법안'을 통해 1990년 10월까지 예산의 균형을 가져오기 위해 법을 통과시켰다. Public Law 99-17, Title Ⅱ, Dec 12, 1985, 99 Stat. 1038.

30) 레이건의 외교정책에 관한 자세한 사항은 Kellerman and Barilleaux, *President as World Leader*, 9장을 볼 것.

31) 당시 한국에서 인권개선과 민주주의의 발전은 우선적이면서도 만만치 않은 문제였다. 지난 20년 간의 급속한 경제성장 만큼 한국사회에 필요한 사항들을 당당히 요구할 줄 아는 교육 받은 중산층의 수도 급격히 증가하였다.

32) Reagan, *Public Papers 1983,* pp. 1596-1599.

33) *Historic Documents of 1983*, pp. 908-912.

34) 1980년대 중반까지 한국에서는 반미감정이 팽배해 있었다. 학생들이 미국 성조기를 불사르고, 야당지도자들은 독재자인 전두환을 지원하지 말 것을 미국에 경고하였다.

35) Reagan, *Public Papers 1983,* pp. 1596-1599.

36) *Los Angeles Times,* April 27, 1985.

37) *Korea Newsreview*, May 14, 1988.

38) *Congressional Quarterly Almanac 1988*, p. 661.

39) 레이건과 고르바초프는 1985년 제네바 정상회담에서 군축 및 군비통제에 대해 진지하게 논의하였으며, 그 결과 1987년 중거리와 단거리 핵미사일을 폐기하는 중거리핵전력조약(INF)을 체결하였다.

40) *Defense Issues* 3, No. 48, pp. 1-4.

41) Don Oberdorfer, "Carefully Timed U.S. Advice Played Role in South Korean Events." *Washington Post*, July 5, 1987.

42) Ibid.

43) *Historic Documents of 1987*, pp. 583-694.

44) Ibid.

45) U.S. Department of State, *East Asia and the Pacific*, Regional Brief, June 1989, pp. 1-4.

46) *New York Times*, November 1, 1988.

47) 당시 대통령인 보리스 옐친은 1992년 11월 19일 한국 국회 연설에서 앞으로 러시아는 군사적 목적의 핵잠수함을 생산하지 않을 것을 천명하였다. 또한 러시아는 극동지역에서 전략핵무기를 철수하였으며, 북한에 대한 군사원조도 중단할 계획임을 밝혔다.

48) Ibid.

49) *Keesing's Record of World Events 1990*, p. 37177.

50) *Weekly Compilation of Presidential Documents*, March 6, 1989, pp. 255-257.

51) *Fact on File 1989*, p. 793.

52) Daniel Sneider, "Roh Tae Woo Will Try to Counter Impressionof Anti-Americanism on U.S. Visit Next Week," *Christian Science Monitor*, October 12, 1989, p. 1.

53) *Fact on File 1989*, p. 630.

54) 레이건 1기 행정부의 국방비는 1980년 1340억 달러에서 1985년 2520억 달러로 두 배 가량 증가했으며, 1989년에는 3040억 달러에 이르렀다.

55) *Congressional Quarterly Almanac 1990,* p. 828.

56) 노태우는 방위비 부담을 연간 3천 4백만 달러에서 6천 만 달러로 상향 조정하는데 동의하였다. *Fact on File 1989*, p. 630.

57) Peter Grier, "U.S. is Seeking Ways to Shift Defense Load," *Christian Science Monitor*, October 12, 1989, p. 1.

58) *Congressional Quarterly's Editorial Research Reports*, April 20, 1990, p. 227.

59) *Congressional Quarterly Almanac 1989,* p. 459.

60) U.S. House Committee on Foreign Relations, "Legislation on Foreign Relations Through 1993," vol.I-B, 103rd Cong., 2nd Sess., 1994, Joint Committee Print, p. 542.

61) U.S. Department of State, *American Foreign Policy Documents 1988*, Washington, D.C.: GPO, 1989, pp. 560-561.

62) *Fact on File 1990*, p. 137.

63) Ibid.

64) *Fact on File 1989*, p. 630.

65) 당시 이종구 국방장관은 한국이 방위비 부담을 늘릴 수 있다는 점을 미국에 알렸지만, 부시와 의회의 주한미군 감축 결정을 되돌리지는 못했다. U.S. Department of State, *American Foreign Relations Through 1993*, Washington, D.C.: GPO, 1994, pp. 719-720; U.S. Department of

Defense, *A Strategic Framework for the Asian Pacific Rim : Looking Toward the 21st Century*, Washington, D.C.: GPO, 1990.

66) *Los Angeles Times,* April 3, 1990.

67) U.S. Department of State, *American Foreign Policy Current Documents 1990*, Washington, D.C.: GPO, 1991, pp. 717-718.

68) Banning N. Garrett, "Ending the U.S.-Soviet Cold War in East Asia: Prospect for Changing Military Strategies," *Washington Quarterly 14*, 1991, pp. 163-177.

69) 1993년 4월 21일 미 태평양사령관인 Charles R. Larson이 The Senate Armed Services Committee에서 언급한 내용임.

70) *Congressional Quarterly Almanac 1991,* pp. 396-397.

71) Ibid., p. 640.

72) *Congressional Quarterly Almanac 1992,* p. 488.

73) Tae-Hwan Kwak, "Military Capabilities of South and North Korea: A Comparative Study", *Asian Perspective 14*, no.1, 1990, pp. 113-143.

74) 동유럽에서는 바르샤바조약이 붕괴되고 있었으며, 유럽에 대한 소련의 위협이 사실상 사라졌다.

75) *Keeing's Record of World Events 1992*, pp. 38711-38713.

76) Sam Jameson, "U.S. Plan to Cut Troops Worries Allies in Asia", *Los Angeles Times*, Jan, 31, 1990.

77) *Fact on File 1991*, p. 448.

78) Tae-Hwan Kwak and Sung-Ho Joo, "The Denuclearization of the Korean Peninsula: Problems and Prospects," *Arms Control 14,* 1993, pp. 65-92.

79) Joseph S. Nye, "North Korea Nukes : Program Under Way?" *Christian Science Monitor*, November 25, 1991, p. 19.

80) *The Defense Monitor 21*, no. 3, 1992, p. 2

81) Lewis A. Dunn, "Four Decades of Nuclear Nonproliferation : Lessons for the 1990s," in *The Global Agenda : Issues and Perspectives*, ed. Charles W. Kegley and Eugene R. Wittkopf, 3rd ed, New York : Random House, 1984, p. 72.

82) *Arms Control Today*, Oct 1991, pp. 3-6.

83) Ibid.

84) Ibid.

85) Ibid.

86) Frank J. Murray, "Nuclear Talks with North Korea Likely Soon", *Washington Times,* Jan 7, 1992.

87) Don Oberdorfer, "U.S. Refuses to Shift Nuclear Arms in South Korea," *Washington Post*, July 3, 1991.

88) Ibid.

89) Selig S. Harrison, "The Korean Peninsula Should Be Made a Nuclear Free Zone," *Christian Science Monitor*, July 3, 1991, p. 19.

90) *Korean News review*, November 16, 1991, p. 4.

91) Ibid.

92) Ibid

93) *Christian Science Monitor*, December 13, 1991.

94) Ibid.

95) *Christian Science Monitor*, December 19, 1991.

96) *Fact on File 1991*, pp. 674-677, p. 974.

97) 그러나 남북기본합의서에 서명한 것은 남북간 대화의 창구를 열었다는 점에서 상징하는 바가 무척 컸다.

98) Tae-Hwan Kwak, "The Reduction of U.S. Forces in Korea in the Inter-Korean Peace Process," *The Korean Journal of Defense Analysis,* 1990, pp. 171-194.

99) *Christian Science Monitor*, July 27, 1992.

100) *Washington Times*, Feb 25, 1992.

101) *Weekly Compilation of Presidential Documents* 28, no. 2, 1992, pp. 35-39.

102) Daniel P. Franklin and Robert Shepard, "Is Prudence a Policy? George Bush and the World," in Barilleaux and Stuckey, *Leadership and the Bush Presidency*, p. 167.

103) George P. Shultz, *Turmoil and Triumph: My Years of Secretary of State*, New York: Charles Scribner's, 1993, pp. 975-982.

104) Gilliam Peele, "The Agenda of the New Right," in *The Reagan Presidency: An Incomplete Revolution?*, ed. Dilys M. Hill, Raymond A. Moore, and Phil Williams, New York: St. Martin's Press, 1990.

105) Dilys M. Hill and Phil Williams, "The Reagan Presidency: Style and Substance," in *The Reagan Presidency: An Incomplete Revolution?,* ed. Dily M. Hill, Raymond A. Moore, Phil Williams, New York: St. Martin's Press, 1990, p. 9.

106) Charles W. Kegley, "The Bush Administration and the Future of the Reagan Administration's Foreign Policy Approach," *USA Today*, Jan 14, 1987, p. 726.

107) Ibid.

제5장

클린턴과 한반도 안보

클린턴은 냉전이 끝나고 소련의 위험이 사라진 시대에 대통령이 되었다. 미국은 초강대국으로서 국제문제를 해결할 자원과 이를 사용할 의지를 갖춘 것처럼 보였다. 하지만 경제문제 해결에 실패한 부시가 재선에 실패한 것에서 잘 나타나듯이, 미국 국민들은 국제문제보다는 국내 경제 활성화에 더욱 관심을 기울였다. 즉, 대부분의 국민들은 대통령이 국내문제 해결에 더 많은 노력을 기울이길 원하였다. 클린턴은 선거운동 내내 국제문제에 대한 적극적인 개입에 관심을 두기 보다는 국내문제 해결에 더 초점을 두었다. 그는 냉전 종식으로 인해 발생된 재정 및 인력자원을 위축된 미국경제 재건에 동원할 수 있다고 생각했으며, 스스로를 국내용 대통령이라고 간주하였다.1)

새로이 취임한 대통령은 자신의 임기를 시작하면서 항상 다양한 문제들에 관심을 두게 된다. 앞서 논의했듯이 2차 세계대전 이후 미국 대통령들은 국제문제에 계속해서 개입해오며, 세계 지도자로서 국제문제의 평화적 해결을 모색하는데 많은 노력을 기울였다. 한미관계 역시 이러한 노력의 산물이며 이는 미국이 한국 방어와 한반도에서 또 다른 전쟁이 발생하는 것을 억지하는 책임을 맡은 그 순간부터 예견된 일이었다.

비록 냉전이 종식되었지만 한반도의 갈등과 긴장은 여전히 지속되고 있었으며, 오히려 북한의 핵무기 문제는 클린턴이 취임하면서부터 더욱 심각해졌다. 북한은 외부와 격리된 폐쇄적인 사회로, 전진 배치한 대량의 재래식 군사력과 미사일 그리고 생화학무기를 보유한 국가였다. 무엇보다도 중요한 점은 클린턴이 수년 간 핵무기 개발에 힘써오며 다루기 까다로운 국가가 된 북한 정권을 상대해야 했다는 것이다. 이는 외교정책적 측면에서 볼 때, 레이건과 부시가 클린턴에게 남긴 가장 위험한 유산이라고 할 수 있다.

클린턴이 한반도 문제 해결에 있어 전임자들과 다른 점은 바로 북미 간 고위급 회담을 처음으로 시작하였다는 점이다. 북한의 핵개발은 미국 외교정책에 있어 가장 시급한 현안이었기 때문에, 클린턴은 한미동맹의 유지와 더불어 북한의 핵무기 보유를 저지해야 했다. 이러한 맥락에서 볼 때, 클린턴이 북한과 합의에 이르기 위해서는 한국의 지지를 이끌어 내면서 북한을 협상의 대상으로 인정해야 했음을 알 수 있다. 이 같은 일은 국내문제 해결에 집중하고자 한 대통령에게는 분명히 쉽지 않은 일이었다.

제1절 클린턴의 대한반도 정책

새롭게 취임한 클린턴은 새로운 국내외적 환경 속에서 집무를 시작했지만, 한국에 대한 북한의 도발을 억지한다는 미국의 대한반도 정책은 변함이 없었다. 이전 대통령들이 1954년 체결된 한미상호방위조약과 주한미군 배치 등을 통해 한국에 안전보장을 제공하고, 북한에 대한 봉쇄를 유지했을 때 한반도의 평화와 안정이 지속되었듯이 클린턴 역시 한반도 평화 정책을 구상해야 했다. 소련은 붕괴되었지만 한반도에서 공산주의의 위협은 지속되었다. 때문에 국내문제에 더 집중하길 원했던 클린턴도 공산주의 봉쇄라는 미국의 기본적인 외교정책 목표에서 자유로울 수는 없었다.

앞서 살펴보았듯이 한반도에 대한 미국의 접근법은 한국에 대한 미국 대통령의 시각, 대통령의 대한반도 정책 목표, 미국의 국가안보 차원에서의 한국의 전략적 가치에 대한 대통령의 평가에 의해 결정되었다. 부시가 계획했던 두 번째 주한미군 철군계획은 북한의 핵무기 개발 프로그램으로 인해 취소되었다. 클린턴은 한국의 평화와 안보를 지키기 위한 수단으로 상호방위조약을 계승하였는데, 이는 동북아지역 내 미국의 핵심이익인 일본에 대한 방어와 동북아지역에 대한 미군의 전진배치의 일환이라고 볼 수도 있다. 이와 더불어 클린턴은 한국이나 북한이 우연한 사고, 실수 혹은 오판으로 협정을 위반하게 될 경우, 중대한 결과를 초래할 수 있다고 여겼기 때문에 1953년 체결된 휴전협정의 중요성을 강조하였다.

한반도 문제 해결에 있어 봉쇄정책은 여전히 중요한 정책이었지만, 클린턴은 전임자들과는 다른 전략을 통해 이를 실행하고자 하였다. 첫째, 클린턴은 한반도의 비핵화를 지지하였다. 그는 남북한이 냉전시대의 불편했던 관계를 청산하고 실패한 합의사항들의 합의를 도출하기 위해 영향력을 행사하고자 했다. 남북한의 새로운 관계구축 기반이 될 수 있는 '남북 사이의 화해와 불가침 및 교류·협력에 관한 합의서'는 북한이 계속해서 핵보유국이 되길 원하면서 무용지물이 되었다. 클린턴 취임 이후 남북한 사이의 양자회담은 개최되지 않았다. 이에 클린턴은 한반도 비핵화를 실행하기 위한 조치를 취하고자 하였다.

둘째, 클린턴은 비확산에 대한 관심을 지속적으로 표명하였다.[2] 클린턴은 해저, 지하, 대기 중을 불문한 어떠한 형태·규모·장소에서의 모든 핵실험을 금지하는 포괄적 핵실험금지조약(CTBT)을 포함하여 국제적 핵 비확산 문제에서 소기의 성과를 거두었다.[3] 클린턴은 미·러간 무기감축협정과 더불어,[4] IAEA와 NPT조약을 통해 핵무기 확산을 막고자 하였다. 또한 NPT조약의 무기한 연장을 성공적으로 이끌어 냄으로써 구소련의 핵무기 해체작업이 원활히 진행되도록 하였다.

전 세계적 핵확산금지 레짐인 NPT 체결국들은 군사적 목적이 아닌 평화적 목적으로 핵시설을 이용해야 하며, 핵무기의 제조 혹은 도입이 금지되어 있다. IAEA의 핵물질보장조치가 국제적인 핵확산을 막기 위해 만들어진 것이지만, 북한과 같이 국내에서 비밀리에 개발하는 핵프로그램은 탐지하기 어려웠다.[5] 더불어 NPT조약은 체약국들이 NPT 탈퇴를 결심만 하면 합법적으로 탈퇴할 수 있다는 치명적 결점을 갖고 있다.

외교정책을 수행하는데 있어 클린턴의 말과 행동은 일관되지 못하고 모호한 경우가 많았다. 국내문제에 더 많은 시간을 할애하고 싶은 클린턴의 개인적 희망과는 달리 그는 보스니아, 이라크, 북한 등과 같은 외교적 문제들에 관여해야 했다. 특히 북한에 대해서는 클린턴의 비확산 논리가 적용되었다.

클린턴의 관점에서 볼 때, 북한의 핵개발은 기존의 한반도 안보체계를 약화시킬 뿐만 아니라 동북아 안보질서를 위험에 빠뜨리는 것이었다.[6] 북한의 핵개발 야망이 사라질 조짐이 보이지 않자, 클린턴은 한국과 일본이 자국의 국가안보를 위해 핵개발을 시도할 가능성을 우려하였다. 이는 비확산이라는 클린턴의 전체적 외교정책 목표에 반하는 것이었으며, 더불어 전 세계적 비확산 레짐의 구축이라는 클린턴의 구상에 역행하는 것이었다. 클린턴은 “안보와 세계 안정을 위해서 핵무기와 탄도미사일의 확산을 막는 것보다 더 중요한 것은 없다. 미국은 민주주의 우방국인 한국을 보호하기 위해 확고부동한 자세로 임할 것이다”라고[7] 말하면서 북한의 핵개발 프로그램을 통제하고 재래식 무기의 위협을 억지 할 수 있는 정책에 관심을 두고자 하였다.

클린턴이 북한 핵문제 해결을 위해 생각한 첫 번째 전략은 북한의 핵위협을 무시하는 전략이었다. 하지만 이 전략은 비확산에 대한 그의 노력을 무산시키고 동북아에 막대한 위험을 초래할 수 있었기 때문에 배제되었다. 왈츠(Kenneth Waltz)는 미래의 핵무기 확산은 필연적일 뿐만 아니라 세계 평화를 위해 바람직한 일이라고 하였다. 더불어 핵무기가 가지는 불확실성과 공포로 인해 국가들이 핵무기를 사용할 수 없을 것이라고 주장하였다.[8] 클린턴은 왈

츠의 이러한 논리에 동의하지 않고, 전 세계적으로 비확산 레짐을 구축하고자 하였다.

두 번째 전략은 북한이 미국의 조건을 수용하도록 압력을 가하는 것이었다. 경제제재 혹은 군사적 압박은 약간의 위험을 동반하기도 하지만, 나름의 장점도 갖고 있었다. 클린턴은 명확한 정책목표를 가지고 해결책을 찾을 때까지 목표달성에 매진하는 단호한 지도자로 전 세계에 자기 자신을 내보일 수 있었다. 만일 그가 성공적으로 그러한 조치들을 이뤄낼 수 있다면, 클린턴은 국내정치와 더불어 국제정치에서도 성공한 지도자가 될 수 있었을 것이다. 그러나 이러한 조치들은 다른 조치들이 모두 적용되고 난 뒤에 취해져야 할 최후의 수단이라는 것이다.

세 번째 전략은 외교적 협상을 모색하는 것이었다. 이러한 방법은 갈등을 조장하지 않는다는 장점을 지닌다. 그러나 다른 수단에 비해 더 많은 인내와 시간이 요구되는 단점이 있다. 제한된 군사적 압박이 대규모 전쟁의 위험성을 동반하는 반면, 외교적 협상은 그 유연성으로 외교정책에 대통령의 권한을 약화시킬 수 있기 때문이다. 그럼에도 불구하고 외교 문제에 큰 관심이 없던 클린턴에게 이 전략은 가장 적정한 방법으로 여겨졌다. 그는 경제제재나 군사공격과 같은 형태의 제재수단들은 전쟁 가능성의 위험을 높여준다고 여겼기 때문에 협상과 합의를 바람직한 것으로 생각하였다. 다시 말해, 합의를 통해 북한이 저항적인 고립주의에서 벗어나 자유세계에 대해 더 큰 개방성을 갖는다면, 이는 미국에게 장기적인 이익이 될 수 있었다. 이러한 이유로 클린턴은 이 전략을 통해 지속적으로 북한 핵개발 프로그램 문제를 해결하고자 노력하였다.

제2절 클린턴과 북한

IAEA는 1992년 초부터 여섯 차례에 걸쳐 북한 핵시설에 대한 사찰을 실시하였다. IAEA는 1992년 2월 25일 플루토늄을 보관하고 있는 곳으로 여겨지는 두 곳의 핵폐기물 저장고에 대해 특별사찰을 요구하였다. 이에 북한은 그 곳은 군사적 시설로 사찰의 대상이 될 수 없다고 주장하였다. 이 논쟁으로 미국과 북한간의 대화는 1992년 가을까지 별다른 진전을 보이지 못하였다.

1993년 2월 북한은 IAEA에 의한 특별사찰(보장조치) 요구를 거부하고, 뒤이어 3월 12일 NPT 탈퇴결정을 발표하였다. 이에 한국은 대북한 경제제재조치를 발표하며 재빨리 대응하였다. 북한은 한미합동군사훈련인 팀스피리트 훈련의 재개 결정을 비난하였다. 1993년 5월 11일 UN 안전보장이사회는 북한의 NPT 탈퇴 선언에 대한 재고 및 IAEA의 안전조치협정 준수를 촉구하는 결의안 825를 채택하였고, 1993년 6월 12일부터 효력을 발생시켰다. IAEA는 3월 27일까지 사찰을 허용해야 한다고 북한에게 최종시한을 통보했다. 북한은 제재조치 위협에 대해 이에 상응하는 강력한 수단으로 보복할 것이라고 천명하였다.[9)]

이 시기 클린턴은 북한과의 고위급회담을 개최하기 위해 다양한 제스처를 보내고 있었다. 북한의 NPT 탈퇴 결정을 계기로 클린턴은 이 문제에 직접 개입하기 시작하였다. 북한의 플루토늄 저장시설에 대한 IAEA의 사찰이 실패한 이후 나온 북한의 NPT 탈퇴 선언은 북한 핵프로그램에 대한 국제적인 경종을 울리기에 충분하였다. UN(IAEA)이 정한 최종시한이 지났으나 북한은 여전히

NPT 탈퇴를 결정한 3월 12일의 입장을 고수하며, 문제해결을 위해 미국과의 직접 대화만을 요구하였다.

클린턴은 북한이 올바른 결정을 할 경우, 북한에 경제지원과 북미 관계정상화에 힘쓰겠다는 비공식적인 제안을 하였다. 이에 북한은 1993년 6월 11일, NPT 탈퇴에 대한 일시 보류를 발표하였다. 1993년 6월과 7월, 두 차례의 협상에서 미국은 흑연감속 원자로를 경수로(LWRs)로 대체하는 것을 협의하고,[10] 1993년 7월 19일 북한은 IAEA와의 사찰문제 논의와 한국과의 고위급회담의 조속한 재개에 동의하였다.[11]

1993년 9월 북한은 IAEA와 협상을 재개하였으나, 10월 21일에는 IAEA의 핵시설 사찰에 관한 더이상 어떠한 협상도 없을 것이라고 밝혔다. 그러면서 북한은 미국과의 관계정상화를 위한 비공식 접촉을 유지하기를 원하였다. IAEA는 북한의 사찰 거부문제를 UN 총회에 회부하였고, 총회는 IAEA 사찰에 대한 북한의 즉각적인 협력을 촉구하는 결의안을 통과시켰다. 1993년 12월 6일 클린턴은 북한 핵개발 시설에 대한 IAEA의 무조건적인 사찰 요구는 부적절하다고 밝혔다. UN에서 있던 북미 실무자 간 협상은 영변 지역의 가장 중요한 시설 두 곳을 제외한 다섯 개 지역에 사찰단의 방문을 허용하는 것을 골자로 하였다.[12] 이는 북한 입장에서 봤을 때 큰 양보를 의미했다. 북한은 매년 실시되는 한미 군사훈련인 팀스피리트를 먼저 취소할 것을 요구하며, 국제사찰을 거부해왔다. 반면 미국은 북한이 무조건적인 사찰을 허용하고 핵확산 문제에 대한 한국과의 대화를 재개한 이후에만 팀스피리트 훈련을 취소할 수 있다고 주장하였다. 또한 미국은 북한이 요구 조건들을 수용할 경우 북미 간 고위급회담이 개최될 것이라고 밝혔다.

북한의 핵무기 개발을 포기시키기 위한 클린턴의 유화적 제스처는 실패한 것 같았다. 북한에 대한 제재가 효과를 보기 위해서는 UN 안전보장이사회에서 거부권을 가진 중국의 참여가 필요했지만, 중국은 제재에 참여하지 않았다. 클린턴은 북한이 NPT조약을 준수하도록 중국이 설득해 줄 것을 기대하며, 중국에게 최혜국 지위를 다시 부여해 주었다. 클린턴은 심각한 위기국면이 발생하는 것을 원하지 않았고 자신의 신뢰를 손상시키는 정책을 철회하고 싶지 않았다. 클린턴이 북한의 핵무기 개발을 허용하지 않을 것이라 약속하면서 제시한 '단계적 제재안'은 한국이 허용할 수 있는 전략이었다. 계속되는 북한과의 협상은 북한에게 유리한 시간을 벌어줄 뿐이었으며, 오히려 클린턴의 우유부단함, 끊임없는 변동, 확고한 원칙의 부재, 국내 여론을 의식한 정책추진이라는 사실만을 드러내 줄 뿐이었다.

클린턴은 세계 지도자로서 동북아 지역의 안보유지와 핵 비확산 체제를 강화시켜야 하는 어려운 임무를 수행해야 했다. 북한에 대한 제재조치는 그가 사용할 수 있는 외교적 조치 중의 하나였다. 클린턴은 미국의 장기적인 비확산 정책 수행 방법에 대해 국민들에게 신뢰를 심어 주었어야 했다. 하지만 그는 어떤 이해관계가 존재하고 미국과 한국이 왜 그들의 책임을 회피하는지를 국민들에게 명확하게 전달하지 못하였다. 북한은 영변 핵시설에 있는 핵 연료봉으로부터 폭탄 제조용 플루토늄을 비밀리에 추출하였다. 또한 북한은 국제사찰단을 추방할 것이라고 계속해서 위협하며, 어떠한 제재행위도 전쟁행위로 간주한다고 밝혔다. 그러한 북한의 행동에 대해 클린턴은 단호한 태도를 보일 필요가 있었다. 북한은 원유를 제외하고는 수입품에 대한 의존이 거의 없는 배타적인 국가였기에, 제재 가능성에 불안할 필요가 없었다.

클린턴은 이러한 교착상태를 벗어나기 위해 필요한 일이라면 무슨 일이라도 할 수 있다는 의지와 확신에 찬 모습을 보여줘야 했다. 그러나 점진적인 제재정책은 효과가 거의 없었다. 만일 제재조치가 북한 핵개발의 초기였던 1980년대 말에 사용되었더라면 효과가 있었을 지도 모른다. 처음부터 클린턴은 긴장완화에 초점을 둔 제재조치를 위기의 정도와 비례하여 사용하길 원치 않았기 때문에 언어적 수사에 지나지 않았다. 또한 클린턴은 급박한 기간 내에 위기를 해결할 수 있는 실질적인 어떠한 해결책도 제시하지 못하였다. 클린턴은 과학 및 문화적 교류지원 중단을 포함하는 제재안을 제안하였지만, 강력한 제재조치는 배제하였다. 그가 북핵 문제를 해결 하는데 있어 가장 큰 어려움을 겪은 것은 바로 협상의 핵심요소를 설정하는데 실패한 것이었다.

북한이 IAEA에서 완전히 탈퇴할 것이라고 위협하자 이 난국을 타개하기 위해 1994년 6월 13일 전 미 대통령 카터가 북한을 방문하였다. 클린턴은 카터의 방문으로 인해 북핵 위협에 대한 자신의 정책목표를 재평가해 볼 수 있었다. 6월 15일, 북한의 IAEA 탈퇴 의사 표명에 클린턴은 북한이 IAEA의 무조건적인 사찰을 수용할 것을 강제하는 2단계 경제제재 조치를 발표하였다.[13] 비록 클린턴이 북한의 핵활동에 대한 모든 사항을 파악하길 원하였을지라도, 카터의 방북은 미국이 기본적으로 북한의 핵무기 개발을 제한하는데 관심이 있다는 것을 보여준 것이었다. 갈루치(Robert

Gallucci) 미 국무부 차관보는 "북한이 상황을 더 악화시키는 것을 막는 것이 제재의 목적이다"라고 밝혔다.[14)]

6월 22일, 클린턴은 카터 방문의 결과로 북미 양자 간 고위급회담 재개와 북한의 모든 핵활동에 대한 무기한 동결이라는 합의내용을 발표하였다. 또한 미국은 자신들이 제출한 유엔 안보리에서 논의 중인 대북한 국제제재 집행안을 연기하는데 동의하였다.[15)]

북한문제 해결에 있어 클린턴 정책의 문제점은 경제지원, 경제제재, 군사위협 사이에서 갈팡질팡하는 정책혼란에 있었다. 클린턴의 낙관주의적 태도는 북미관계를 북한과의 고위급회담 이전의 상황으로 돌려놓았다. 그의 유동적 태도는 외교 문제에서 클린턴의 우유부단한 성격을 보여줬으며, 미국의 힘에 대한 신뢰 저하와 클린턴 정책의 쇠락이라는 위험스러운 국면을 가져왔다고 평을 받기도 하였다. 그러던 중 남북한 첫 정상회담을 2주 앞둔 1994년 7월 8일, 북한의 김일성이 갑작스럽게 사망하였다. 클린턴은 김일성의 죽음에 깊은 애도를 표하였다.[16)] 김일성의 죽음으로 인해 북한 핵무기 개발 문제 해결을 위한 북미 간 대화는 연기되었지만, 북한은 핵문제와 관련한 미국과의 대화를 향후 지속해 나갈 것을 약속하였다.[17)] 클린턴은 계속해서 북한 핵문제 해결에 대한 잠정조치를 취하는 것을 자신의 정책목표로 삼았다. 그는 별다른 정보 없이 북한의 새로운 정권을 자극하는 적대적인 표현들이 오히려 역효과를 낳을 것이라고 생각했다. 북한의 정권교체는 클린턴으로 하여금 미국과 한국이 북한의 핵개발을 용인할 수 없음을 다시금 알릴 기회였다. 클린턴은 어떠한 수단을 써서라도 북한의 핵개발을 중지시킬 것이라고 천명하였다.

1994년 10월, 우여곡절 끝에 미국과 북한은 북한의 핵무기 개발 프로그램 동결을 위한 폭넓은 합의를 하였다. 물론 합의가 조약이나 협정의 형식으로 규정된 것은 아니었지만, 클린턴은 이를 실행할 구체적인 계획이 있었기 때문에 국제적인 규약으로 볼 수 있었다. 마침내 북한은 핵사찰을 허용하고 NPT에 잔류할 것임을 약속했다. 합의의 요점은 1) 미국은 북한에 2기의 100MW 경수형 원자로 건설하는 것을 감독할 것, 2) 약 40억 달러로 추정되는 경수형 원자로의 건설비용은 한국, 일본 및 미국이 분담할 것, 3) 북한은 5MW와 50MW 원자로의 모든 가동을 동결하며, 2003년까지 이들 원자로를 해체할 것, 4) 미국은 경수로가 건설되는 동안 대체에너지로 북한에 중유를 제공할 것, 5) 북한은 가동되었던 원자로의 모든 핵시설들에 대한 IAEA의 전면적인 사찰을 허용할 것, 6) 북한은 한국과의 고위급 회담을 재개할 것 등이었다.[18)]

합의된 사항들을 살펴보면, 클린턴은 북한이 이미 한 개 이상의 핵폭탄을 보유하였는지 여부를 확인하기보다, 앞으로의 추가적인 핵무기 생산을 방지하는데 더 우선순위를 두었다는 것을 알 수 있다. 외부와 고립되어 있는 북한을 설득하는 일은 결코 쉬운 일이 아니었다. 클린턴 역시 선제공격이나 제재가 어려운 상황에서 북한의 핵무기 개발을 중단시킬 마땅한 추진수단이 없었다. 이러한 점에서 북한과의 위와 같은 합의는 미 의회, 한국, 일본에게 놀라운 결과로 보였다.

만일 북한이 경제원조 약속의 대가로 핵프로그램을 포기해야 했다면, 북한은 이 제안을 결코 받아들이지 않았을지도 모른다. 그러나 클린턴은 한국과 동북아 안보를 위협하는 북한을 무시할 수 없었다. 북한 정권은 경제상황을 개선하기 위해서는 개방을 선택해야 하지만, 개방으로 인해 한국과의 현격한 경제격차를 북한 주민들이 알게 되었을 때 정권 자체를 위협하는 내부적 혼란이 커질 수 있다는 딜레마를 겪었다. 경제도 취약하고, 동맹도 없는 북한에게 핵무기 및 탄도미사일 기술 개발은 생존을 위해서 절대적으로 필요한 협상카드였다. 북한은 생존을 위해서 경제원조가 절대적으로 필요하다고 결론내리고, 미국과의 경제관계를 확대하길 희망하였다. 클린턴의 입장에서 이 합의는 북한의 핵 야욕을 중지시키고 북한의 경제상황을 개선시킬 수 있는 것이었다. 1995년 1월 20일, 실제로 클린턴은 44년간 지속되어 온 대북한 금수조치를 완화하고, 북한과의 유선 핫라인 설치를 발표하였다.

제3절 클린턴과 한국

앞서 살펴보았듯이, 클린턴은 개입과 유화의 방식으로 북한 문제를 처리하고자 하였다. 그는 자본주의적 민주주의(free market democracy)의 공동체 확대와 전 세계적 개입정책을 강조하였다. 냉전의 여파로 인해 미국의 세계적 이익을 위협하는 문제들이 증가함에 따라 미국의 개입 필요성도 점점 커져갔기 때문이다. 따라서 클린턴에게 지역 불안정, 핵 비확산, 종교분쟁, 국경분쟁, 경제분쟁 등의 문제들은 개입이라는 방식을 통해 우선적으로 해결해야 할 문제들이었다.

클린턴은 지역 안정이라는 이익과 북한정권의 붕괴 방지라는 차원에서 연착륙의 방식을 지지하였다. 그는 강경한 방법보다는 위태로운 북한경제를 개선하는 회유의 방법이 더 적합하다고 여겨, 이러한 관점에서 대북정책을 실행해 나갔다. 또한 그는 초강대국으로서 미국이 우호적인 방식으로 아·태지역의 공통적인 이해기반을 다지고자 한다는 점을 대외적으로 보이고 싶었다. 그러나 그의 대북정책 구상은 한국 정부를 우선적으로 설득해야 가능한 일이었다.

전반적인 대북한 전략에 대해 한국의 김영삼과 클린턴은 북한의 대외개방 촉구 등 많은 부분에서 견해를 같이 하였다. 클린턴은 부시의 유산인 북한 핵문제를 해결하기 위해 초기에는 적극성보다는 회피경향을 보였다. 그는 외교 문제가 교착상태에 빠졌을 경우에만 직접 개입하는 외교정책 행태를 보여 왔다. 그렇기에 북한 핵문제 해결을 위한 뚜렷한 목표나 전략이 없었다.

북한 핵프로그램을 막기 위한 클린턴의 유화적 표현은 북한이 쉽게 핵폭탄을 가질 수는 없을 것이라는 것이었다. 그는 한국 의회연설에서 "한국 안보에 대한 우리의 기여는 줄어들지 않을 것이다. 한반도는 여전히 미국의 핵심이익이다. 우리의 군대는 한국 국민들이 원하고 필요로 하는 한 한국에 계속 주둔할 것이다"라고 밝혔다.[19] 또한 그가 제시한 미국의 대한반도 정책의 4가지 우선사항은 ① 미군의 계속적인 주둔, ② 대량 살상무기의 확산 방지, ③ 새로운 대화체제 마련, ④ 민주주의와 개방사회 지원이었다.[20]

클린턴은 지상군과 함께 추가적인 미사일 및 해저 핵 억지력 배치 등을 통해, 향후 발생할 수 있는 북한의 공격을 억지할 수 있다는 것을 알고 있었다. 하지만 이는 이전 대통령들이 해왔던 것과

별반 다를 게 없었다. 억지만으로는 북한의 핵폭탄 개발을 중지시킬 수 없었다. 2차 세계대전 이후 미국 대통령들은 비슷한 외교정책 목표를 가지고 있었다. 한국 정부의 입장에서 보면 대북한 봉쇄를 위한 주한미군의 주둔이 한국의 국익에 도움이 되는 것은 사실이지만, 이것은 또한 미국이 태평양 지역에서 패권을 유지하는데 필요한 것이었다. 부시가 북한의 핵개발을 이유로 주한미군 철수를 철회한 이후로 미국은 한국에게 더 많은 방위책임을 요구하였으며, 한국정부는 주한미군 주둔에 따르는 더 많은 방위비를 분담하게 되었다. 미국은 그에 상응하는 조치로 1994년 12월 1일 한국군에 평시작전통제권을 환수하였다.[21)]

확실히 미국과 한국 대통령 간의 입장에서 차이가 나타났다. 미국 대통령은 한국을 여러 중요한 안보관심사 중의 하나로 생각한 반면, 한국 대통령은 자국의 안보를 생존을 위한 핵심적인 문제로 생각하였다. 세계 지도자로서 클린턴은 핵프로그램을 중단하도록 북한을 설득하는 한편, 한국과는 밀접한 동맹관계를 계속 유지하기를 원하였다. 그래서 미국의 대통령에게 북한과의 접촉은 한국 대통령을 설득하는 작업인 동시에, 북한의 요구사항을 받아들여야 한다는 것을 의미했다. 미국의 대통령은 한미 간, 그리고 북미 간의 정책적 견해 차이를 줄이기 위해 노력해야 했다. 이에 클린턴은 한국을 넘어 한반도를 위한 정책을 수립하였다.

초기에 클린턴은 한국에 대한 북한의 핵공격을 억지하는데 초점을 둔 정책을 공개적으로 지지하였다. 그러나 북한의 '벼랑끝 전략(brinkmanship)'으로 인해 그의 정책 목표가 달성되기는 어려웠다. 이에 대응해 클린턴은 한국과 긴밀한 정책 공조를 모색하는 것 외에는 특별히 사용할 수 있는 전략이 없었다. 북한이 IAEA의 사찰을 거부하여 위기가 고조되었을 때, 한국은 북한에 대해 제재 조치를 가함으로써 미국을 지원하였다. 그러나 클린턴은 이러한 조치들이 한국에서의 전쟁 가능성을 높여 준다고 여겨 외교적 해법을 통해 북핵문제를 해결하고자 하였다. 외교적 방법은 인내심을 요하는 단점이 있긴 하지만, 한반도의 긴장을 완화하고 군사적 조치보다 더 안전하며 적은 비용이 든다는 장점이 있었다.

한국은 북한 문제를 다루는데 있어 미국보다도 더 주도적인 역할을 해야 한다고 생각하였다.[22] 클린턴은 북한문제에 대한 한국의 영향력 부족과 북한의 '벼랑끝 전략'으로 인해 북한 문제에 직접 개입할 수밖에 없었다. 클린턴은 미국이 한국보다 강력한 영향력과 지위를 가졌다는 신념을 갖고 북한 문제에 대한 개입정책을 실시하였으며, 이러한 신념은 한국의 안보에도 막대한 영향력을 미쳤다. 또한 클린턴이 북한에 대해 개입 정책을 전개함에 따라 한국은 남북 간 대화에서 강경한 태도를 취하기가 어려워졌다.

클린턴은 북한과의 합의를 통해 한국을 보호하고, 동북아에서의 핵 군비경쟁을 막겠다는 전략적 판단을 하였다. 또한 클린턴은 한국과 북한이 경제 분야를 포함한 다양한 분야에서 교류를 할 수 있는 기회의 장을 제공하였다고 생각하였다. 클린턴은 북한에 대한 외교적 개입이 북한 핵폭탄 및 핵폭탄 제조시설의 해체를 가져올 올바른 전략이었다고 판단하였다.[23] 클린턴은 미국과 한국이 북한 핵무기 프로그램에 대해 수차례에 걸친 정책적 협력을 하였다고 밝혔다.[24] 북한과의 합의가 한반도 긴장을 잠재적으로 완화시킬 토대를 제공하였다고 볼 수도 있다. 또한 합의의 제약사항과

각각의 조항이 성실히 이행된다면, 그것은 향후 관계진전을 위한 발판의 역할을 할 것이다.[25] 그러나 한국 국민들은 미국과 북한의 제네바합의 성과에 대한 별다른 감흥을 느끼지 못하였다. 한국 국민들은 클린턴이 대부분의 경제적 부담을 한국에 떠넘기면서, 북한의 국제법 위반을 보상하려 한다고 생각하였다. 김영삼은 한국이 핵협상에서 소외되었다고 불만을 표출하면서도 제네바합의를 받아들이는 모순된 반응을 보였다.[26]

한국은 NPT조약 이행을 모면하기 위해 외교적 노력을 기울이는 북한을 더욱더 의심하게 되었다. 핵문제와 관련한 북한의 과거 행태는 북한에 대한 한국의 불신을 더욱 조장하였다. 1992년 남북한은 한반도에서 핵무기의 제조·보유를 금지하는데 합의하였고 서로의 핵시설을 사찰할 수 있는 권리를 부여하였다. 그러나 북한이 IAEA 사찰을 거부함에 따라 남북한의 대화는 단절되었다.

이러한 상황에서 1996년 4월, 북한 군부대가 DMZ 내에서 군사훈련을 전개하는 장면이 목격되었다. 이에 대해 북한은 한국이 먼저 DMZ 내 무기를 배치함으로써 1953년 정전협정을 위반했고 자신들도 더이상 DMZ를 유지하고 감독할 의무를 다할 필요가 없다고 발표하였다. 이 발표에 따르면 북한의 군사훈련에는 명확한 이유가 있었다. 북한은 미국을 압박하여 평화회담을 개최하기를 원하였다. 북한은 한국을 제외하고, 기존의 정전협정을 미국과의 양자 간 평화협정으로 대체할 것을 미국에 요구하였다. 또한 북한은 이란과 같은 국가에 미사일 기술을 팔지 않는 대가로 상당한 규모의 대가를 원하였으며, 이는 향후 미국과의 미사일회담에서 협상력을 높이기 위한 수단이었다. 북한은 정권을 유지하는데 많은 돈이 필요하였다. 클린턴은 북한과의 관계정상화에 대한 논의에서 한국을 배제시키지 않으려는 입장을 고수하였다. 이 사건을 통해 미국의 핵심이익을 보호하기 위해서는 동북아 및 태평양 지역에 강력한 미군의 주둔이 필요하다는 것이 증명되었다.

클린턴은 한국을 방문하면서, 남북한의 영구평화를 위한 4자회담에 중국의 참여를 요청하였다. 그는 한국에 대한 미국의 안보기여는 계속될 것임을 재차 강조하면서, 북한과의 양자 평화회담은 하지 않을 것이라고 밝혔다. 한반도 영구평화 협상을 위한 클린턴의 4개국 참여 요청은 북한의 불확실한 의도가 계속되는 상황에서 현명한 대응이었다고 할 수 있다.

제4절 클린턴의 대한반도 정책과 의회

클린턴은 자신의 정책을 미국 국민들과 의회에 적극적으로 설명해야 했다. 일반적으로 의회와 대통령은 외교정책에 관하여 서로 다른 관점을 가지고 있다. 클린턴은 국내문제 처리에 더욱 집중하였기에, 의회는 클린턴의 외교정책을 국무부 장관, 안보보좌관, CIA국장과 같은 핵심정책결정자들로부터 전달받아야 했다. 북한 핵문제가 더욱 심각해지자 의회는 이 문제에 대한 행정부의 설명을 더욱더 요구하게 되었다.

국제문제에 대한 해결책을 단번에 수립할 수는 없지만, 클린턴은 종종 즉흥적인 해법을 최선의 전략으로 선택하였다. 탈냉전 시대의 국제정세는 미국의 국가안보에 대한 위협을 더욱 모호하게 만들었기 때문에, 클린턴은 자신의 '신세계질서전략' 만큼이나 불명확한 정책을 지속하여야 했다. 하지만 의회는 미국의 주변이익으로 간주되는 지역에 대한 클린턴이 관여하지 않을 방법을 모색하고자 하였다.

클린턴은 미국의 국가 안보이익을 명확하게 정의하지는 못하였다. 그의 우유부단한 외교정책은 미국 의회, 국민들, 동맹국들에게 경각심을 불러일으켰다. 클린턴은 국내정책에 집중하느라 국가안보에 대해 소홀하였다. 의회 내에서도 냉전시대와 같은 전폭적인 지지와 이상적인 동맹관계는 거의 사라졌으며, 미국의 외교정책을 규정했던 '냉전' 만큼의 중요한 원칙도 새롭게 나타나지 않았다.[27)]

클린턴은 북한의 핵개발 중지를 위한 의회의 초당적인 지지를 모색함과 동시에, 북한의 핵폭탄 보유의 가능성이 더욱 높아지고 있는 한반도 상황의 심각성을 의회와 국민들에게 확신시켜야 했다. 울시(James Woolsey) CIA 국장은 1993년 2월 24일 미 상원 국무위원회에 출석하여 북한이 핵무기 조립능력을 갖추고 있다고 밝히며, "북한이 핵무기와 관련된 일부 활동을 은폐하고 있다는 모든 증거를 가지고 있다"라고 말하였다.[28)]

클린턴은 핵무기 보유에 대한 북한의 야욕을 어떠한 수단을 써서라도 막아야 한다고 선언하였다. 그러나 클린턴은 북한 핵문제에 대한 뚜렷한 해법을 갖고 있지 않았으며, 의회 역시 별다른 해결책을 제시하지 못하였다.

한미 간, 북미 간, 남북한 간이라는 3가지 관계적 요소들을 고려하자 보다 더 나은 해결책이 나오기 시작했다. 북미 간 양자회담이 핵심적 관계였기 때문에, 클린턴은 북미회담을 통해 북핵문제 및 한반도 안보유지 문제를 해결하기로 결정하였다. 북한이 NPT 탈퇴를 선언함에 따라, 심각해져 가는 북핵문제에 개입해야 한다는 의회의 요구가 최고조에 달하였다.

앞장에서도 논의했듯이, 미 의회는 국제체제의 변화에 따라 국방비 삭감과 더불어 동맹국들이 자신의 방위비 부담을 더 늘릴 것을 요구하였다. 한국 역시 주한미군 유지를 위한 더 많은 부담을 안게 되었다. 미 의회는 북핵 문제를 국제적 관심을 받을 만큼 심각한 것으로 여겼지만, 한국정부에게 주한미군 유지비용을 더욱 부담할 것을 요구하였다. 카식(John R. Kasich) 의원은 1994년 말까지 급료 이외에 발생하는 주한미군의 거의 모든 비용을 한국정부가 부담하는 협정을 한국정부와 협상하도록 클린턴에게 촉구하였다.[29] 미국은 이 협정을 통해 2년간 10억 달러의 비용절감이 가능해졌다.[30]

의원들은 삭감된 국방비를 국내문제를 해결하는데 사용하길 원하였다. 클린턴 역시 소련의 위협이 사라졌기에 국방비 삭감에 동의하였다. 실제로 1993년 4월에 클린턴은 1994년 회계연도에서 평균수준의 인원감축안을 발표하기도 하였다.[31] 의회는 삭감을 원하면서도, 대통령에게 세계 지도자로서의 역할을 지속할 것을 요구하였다. 이러한 의회의 모순적 태도로 인해 의회는 클린턴에게 적절한 대안을 제시해 주지 못하였다.

클린턴은 재원 확보 없이는 자신의 정책을 추진할 힘을 키울 수 없다는 사실을 인식하기 시작하였다. 게다가 보스니아, 소말리아, 아이티에서 분쟁이 지속되면서 북한문제 만큼이나 관심이 요구되었다. 그는 세계의 다양한 문제들을 처리하기 위해서 일정 수준의 방위력이 필요하다는 것을 깨달았다. 1994년 1월 25일, 그는 “미국 안보의 궁극적인 원천은 구소련의 민주주의와 같은 새로운 민주주의를 장려하는 능력에 있다”고 말하며, 더이상의 국방비 삭감은 없다고 밝혔다.[32)]

클린턴은 세계의 패권국으로서 방위력 유지의 필요성을 인식하였지만, 북한을 포함한 세계에 대한 그의 접근법을 완전히 개선하지는 않았다. 그는 여전히 문제가 발생하면 즉흥적으로 대처할 뿐만 아니라 정책의 청사진보다는 임시적인 해결책을 택하였다. 외교정책 목표를 달성하기 위해 의회에 대한 클린턴의 노력은 실질적이기보다는 수사적 경향이 강하였다. 예를 들어, 1994년 2월 22일 연두교서에서 클린턴은 세계 지도자로서의 역할에 대해 지나가는 말로 언급하였을 뿐이었다. 냉전 때보다 클린턴 시기에 국제적 위험성은 더 높은 듯 보였다. 북핵문제 해결을 위해서는 자기 주장을 단호히 관철하는 의지를 가진 대통령의 모습이 요구되었지만, 클린턴은 단지 국방비 삭감 반대를 주장하고 민주주의를 전세계적으로 전파하자는 모호한 요청만을 할 뿐이었다.

클린턴은 우유부단하고 일관성 없는 행동으로 인해, 북한 핵문제 해결을 위한 자신의 목적과 전략을 명확하게 전달하지 못했고 미국이 대화에 참여해야 하는 이유를 국민들에게 설명하지 못하였다. 1993년 11월 7일 TV 인터뷰에서 클린턴은 “북한이 핵폭탄을 개발하도록 허용할 수는 없다....한국에 대한 어떠한 공격도 미국에 대한 군사적 공격이다”라고 말하였다.[33)] 정부 당국자들은 클린턴의 발언에 실수가 있었으며, 클린턴이 말하고자 한 것은 북한이 핵보유국이 되는 것을 허용해서는 안 된다는 의미였다고 정정하였다.[34] 그 의미의 차이는 핵보유국으로서의 북한이 핵무기와 정교한 발사시스템까지 보유하고 있다는 것이었다.

클린턴의 논리는 미 의회와 국민들의 희망과는 분명히 큰 차이가 있었다. 그러나 북한이 사찰을 거부하고, 한국에 대한 전쟁을 위협하며 한반도의 긴장이 고조되자 미국과 북한 간의 비공식적 외교에 거의 관심을 주지 않던 의회는 북한 문제 해결을 위한 클린턴의 구상에 대해 긍정적인 반응을 보였다.

1994년 6월 5일, 클린턴은 "우리는 많은 기회들을 제공했지만 그들(북한)은 모두 거절했다. 앞으로 제재를 통한 해결책을 강구하겠다"[35]라고 말하며, 북한에 대한 경제제재 조치의 필요성을 피력하였다. 의회는 북한과 같은 불량국가들에 대해 더욱 강경한 자세를 취하길 원하였다.[36] 예를 들어, 매케인(John McCain) 상원의원은 북한의 핵시설물에 대한 선제 공습을 제안하였다. 클린턴의 대북정책이 유화정책에 불과하다며 이를 반복적으로 조롱했던 매케인은 "우리는 클린턴 행정부가 외교의 중대한 실패를 깨닫고, 실패해도 계속 취했던 이유 없는 유화적 원칙을 중지하기를 기다리고 또 기다린다"라고 말하였다.[37] 또한 그는 동북아지역 내에 미국의 막대한 군사적 증강이 이뤄지면 북한이 핵계획을 멈출 것이라고 주장하였다.

공화당 카세바움(Nancy Landon Kassebaum) 상원의원은 "보스니아가 비극적 상황이기는 하지만 세계안보에 영향을 미치지는 않는다"[38]라고 말하며, 한반도의 상황을 보스니아 내전보다 더 심각한 것으로 묘사하였다. 카세바움의 묘사는 대다수 의원들로부터 주목을 받았다. 북한의 위협에 대해서는 대체적으로 의원들이 동의를 했지만, 이 위협을 막을 방법에 대해서는 의견의 일치를 보지 못하였다. 미 하원 방위세출분과위원회 의장인 머사(John. P. Murtha)는 매케인의 비난을 되풀이하면서, "한 가지 확실한 것은 경제적인 제재조치만으로는 북한의 핵무기 제조를 막지 못할 것이다"라고 말하였다.[39] 한편, 다른 의원들은 북한을 제대로 파악할 수 없는 예측불허의 상황에서, 방위력 증강은 전면전을 야기할 수 있다고 우려하였다. 엑손(Jim Exon) 상원의원은 매케인의 해결책은 북한에 잘못된 메시지로 전달될 수 있다고 지적하였다.[40]

마침내 미 하원은 북한이 핵시설에 대한 국제사찰을 받아들이지 않을 경우에 북한에 대한 국제적 제재조치를 취하는 것을 골자로 하는 개정안을 승인하였다. 1994년 7월 15일, 의회는 머코우스키(Frank H. Murkowski)가 제안한 북한이 핵무기를 보유하지 않고, 무기급 플루토늄을 수출하지 않는다는 것을 증명할 때까지 클린턴의 대북 원조를 중지한다는 수정안을 채택하였다.

클린턴의 정책이 충분히 강력하지 않다고 비난했던 매케인은 북한 핵무기 프로그램 해법에 대한 결의안을 실질적으로 수정하였다. 매케인과 같은 매파들은 북한의 핵프로그램이 중단될 때까지, 클린턴이 북한을 경제적으로 고립시키기 위한 국제적 합의를 모색하기를 원하였다. 또한 그들은 클린턴이 북한과의 협상수단으로써 군사훈련을 일시 중지할 것이라는 보고에 대해, 한미 간 합동군사훈련을 지속할 것을 주장하였다.[41]

1994년 6월 16일, 상원은 잠재적인 북한의 공격을 저지시키고 한국에 주둔하고 있는 미국 군대의 안전을 강화하기 위해 클린턴에게 "모든 필요한 신중한 조치를 취하도록" 하는 구속력 없는 결의안을 압도적으로 채택하였다. 상원은 결의안에서 상대적으로 무미건조한 어투를 통해 한반도 위기 개입에 대한 껄끄러움과 그로 인한 책임감을 분명히 보여주었다. 상원이 매케인의 결의안을 검토하는 바로 그 때, 클린턴은 북한이 보여준 화해의 제스처가 어떠한 의미인지 파악하고자 하였다. 북한에 대해 지나치게 강경한 전략을 취하고 싶지 않았던 클린턴은 한국에 전술 핵무기를 강화함으로써 핵협정 의무를 이행할 때까지 북한에 압력을 가하자는 랍(Charles S. Robb)의 제안을 거절하였다. 클린턴의 우유부단한 태도는 다시 한번 북한에 대한 유화적 조치로 나타났다.

클린턴은 카터의 1인 외교를 통해 김일성으로부터 국제사찰 허용 및 한국과의 대화 재개라는 약속을 받아냈고, 긴장완화라는 성과를 거두었다. 클린턴은 북미 양국이 좋은 신뢰관계를 통해 북핵위기를 해결하는 한 국제사찰단의 추방은 없을 것이라는 카터를 통해 전달되어 온 북한 지도자의 제안에 대해 신중하게 반응하였다. 그는 언론인터뷰에서 북한이 대화가 진행되는 동안 핵프로그램 동결을 진정성 있게 준비한다면, "우리도 고위급 회담을 재개할 것"이라고 밝혔다.[42] 카터를 통해 북한과의 대화가 재개되었으며, 클린턴은 북한의 약속에 대한 반대급부로 포괄적 제안이라는 의사를 표하였다. 1994년 7월 김일성의 죽음에도 불구하고 북미간 외교회담은 한층 더 진전을 보였으며, 마침내 1994년 10월 21일 제네바에서 기본합의서를 조인하게 되었다.

클린턴은 제네바 기본합의서 아래에 있는 미국과 북한의 의무는 미국의 영향력이 유지되는 과정 속에서 전개될 것이라고 말하였다. 그러나 대부분의 공화당 의원들은 마지못해 그 합의서를 수용하였다. 클린턴 행정부의 최고위 외교정책 결정자인 국방장관 페리(William Perry)와 국무부 장관 크리스토퍼(Warren Christopher)는 외교관계위원회 청문회에서 제네바 기본합의서를 옹호하였다. 페리는 이 협상을 통해 북한이 기존의 사용 후 핵연료를 핵무기 제조에 사용하는 것을 막을 수 있을 것이라고 믿었다. 그는 "북한은 몇 개월 안에 5개의 핵폭탄을 제조할 수 있는 플루토늄을 보유할 수 있을 것이다"라고 말하였다.[43] 북한과의 이 같은 협상이 마음에 들지 않았던 의원들은 이 협상을 중지하거나 수정시키기 위해 산발적인 노력을 전개하였다. 1995년 1월, 상원의 에너지 및 천연자원위원회, 외교관계위원회, 정보위원회의 위원장들은 이 합의서를 상원의 비준이 필요한 정식 조약으로 바꿀 것을 요구하였다.[44] 클린턴은 조약보다 구속력이 덜한 합의서의 형식이 북한의 이행여부를 감시하는데 더욱 유연할 것이란 점을 들어 상원의 요구를 거부하였다.[45] 클린턴은 의회가 북한에 대한 행정부의 향후 조치에 개입할 권리도 능력도 없다고 생각하였다.

의회는 클린턴의 대북정책에 대해 계속 발목을 잡았다. 1995년 6월, 미 하원은 북미 간 협상을 이행하기 위해 책정된 예산항목 내의 기금을 재설정하는 경우 의회에 통보할 것을 요하는 외국원조허가법률에 대한 수정안을 부결시켰다. 클린턴은 이러한 의회의 제한에 반대하였다. 1995년 9월 18일, 미 하원은 북한과의 협상에서 더욱 엄격한 조건을 요구하는 결의안을 통과시켰다. 민주당 고위지도자인 해밀턴(Lee Hamilton)은 이 결의안이 "이미 북미 간 합의된 틀을 일방적으로 재수정하도록 하여, 대통령의 직무 수행을

더욱 어렵게 만드는 것"이라고 비판하였다.[46)]

이 같은 의회의 비협조적 태도로 클린턴의 대북 원조 제공에 대한 어려움은 계속되었고, 1994년도에 146억 달러에 달하던 원조예산은 1995년도에는 138억 달러로 감축되었다.[47)] 하원예산위원회 위원장인 공화당 샬랜한(Sonny Challanhan)은 북한과의 핵문제 합의를 위해 클린턴이 요청한 2,200만 달러 중에서 300만 달러만 제공하겠다고 밝히면서, 클린턴에게 경고의 메시지를 보냈다.

1995년 3월 12일, 미 상원은 머코우스키(Murkowski)에 의해 제안된 북미 간 제네바 합의서의 이행을 위한 새로운 기금 사용을 금지하는 것을 골자로 하는 개정안을 채택하였다. 공화당에서는 제네바 합의서가 북한의 핵무기 개발을 중지시키는데 실패할 것이라고 주장하였다. 공화당 상원 의원인 헬름스(Jesse Helms) 역시 의회의 승인 없이는 어떠한 자금도 제네바 합의서의 이행을 위해 사용될 수 없도록 하였다.[48)] 1995년 9월 12일, 외교활동 관련 예산분과위원회의 위원장인 맥코넬(Mitch McConnell)은 북한이 한국과의 정치적 대화와 무역관계를 수립할 때까지 북한에 대한 에너지 지원을 금지할 것을 제안하였다. 1995년 9월 21일 미국 상원은 클린턴에게 보다 많은 유연성을 부여하기 위해, 대북한 원조에 대한 제한을 완화시키는 방향으로 맥코넬이 제안한 법안을 개정하여 통과시켰다.

클린턴은 그러한 제약에 대해 거부권을 행사할 것임을 의회에 알렸으며,[49)] 공화당의원들을 설득하여 북한에 대한 에너지 지원을 위한 기금 확대와 전반적인 예산증가 등에서 양보를 얻기 위해 크리스토퍼 국무부장관 등을 통해 의회에 로비활동을 벌였다. 샬랜한이 1,300만 달러까지 인상하는 제안을 하였지만, 여전히 클린턴의 요구에는 크게 못 미치는 금액이었다. 클린턴은 보통 수준의 기금 감축도 제네바합의에 대한 미국의 이행여부에 의문을 불러일으킬 것을 우려하였기에, 한반도에너지개발기구(KEDO: Korean Peninsula Energy Development Organization)와 관련한 예산 삭감에 대해서는 거부권을 행사할 것이라고 의회에 경고하였다. 결국 클린턴이 요청한 KEDO 기금 2,500만 달러가 모두 승인되었다.

한 의원은 "내가 그 협정을 형편없는 것이라 생각하더라도 우리는 그것에 구속된다. 왜냐하면 그것이 유화적 국면을 가져오기 때문이다"라고 말하였다. 돌(Bob Dole) 상원의원 역시 클린턴에게 제네바합의를 폐기하라고 요청하지는 않았지만, 북한과의 양자접촉은 보류할 것을 촉구하였다. 그가 대통령이더라도 북핵문제에 대해 별다른 해법을 제시하지는 못하였을 것이다.

대부분의 의원들은 기본합의서에 만족하지 않았으나 어떤 대안도 제시하지 못하고 그 합의에 수용하였다.[50]

제5절 탈 냉전시대 안보를 위한 신전략

1) 미국의 신국방계획(Bottom-Up Review, BUR)

한반도에 대해 국제적 힘을 투사하려 했던 클린턴의 정책은 강한 군대를 강조했던 부시 정책의 연장선이었다고 볼 수 있다. 이는 세계평화 유지를 위한 또 다른 계획인 미국의 신국방계획(Bottom-up Review, BUR)에서도 잘 나타나 있다.[51] 1993년 9월 1

일에 발행된 미국의 신국방계획(BUR)에는 세계가 매우 위험한 상황이기에 미국은 한반도와 중동이라는 주요한 두 개의 지역에서 거의 동시적으로 전투를 수행하여, 승리할 수 있어야 한다고 상정하였다.[52] 또한 BUR에서는 약 15% 정도의 군대를 감축할 것을 제안하면서도, 군대가 지역분쟁에 신속히 개입할 수 있도록 고도의 훈련과 장비를 갖출 것을 요구하였다. 1994년 이전 공화당 주도의 미 의회는 국방부가 임무를 수행하기에 부적합하다고 비판하면서 군비지출을 늘리고자 하였다. 탈냉전 시대에 종족분쟁과 민족분쟁이 늘어남에 따라 강한 군대의 필요성이 증가되었기 때문이다. 클린턴은 불시에 나타날 수 있는 위협을 예방하거나 억지할 수 있으며, 예방과 억지가 실패할 경우에도 승리할 수 있는 전략을 원했다.

2) 국가안보전략(National Security Strategy, NSS)

1994년 7월, 클린턴은 골드워터-니콜슨 법(Goldwater-Nichols Act)이 요구하는 국가안보전략(NSS)을 공표하였다. 국가안보전략에서는 탈 냉전시대 미국 외교정책의 3가지 목표로 국가의 번영을 촉진시키고, 해외에 자유시장민주주의 국가를 장려하며, 대량살상무기, 국지도발, 주요 국가들의 안정을 위협하는 것과 같은 핵심적인 위험 요인들에 대처할 수 있는 군사력을 유지하는 것을 들었다.[53] NSS의 논리는 BUR과 유사하다.

3) 동아시아전략보고서(East Asian Strategy Report, EASR)

1995년 2월에 발표된 동아시아전략보고서(EASR)에서는 아시아

지역 내 십만 명 정도의 군대를 유지할 필요가 있으며, 군대 감축을 영구히 중지하는 것을 재차 확인하였다.[54] 또한 1994년 북미 기본합의서에 대한 철저한 이행을 주장하면서, 한국에 대한 강력한 방위태세를 유지할 것임을 밝혔다. 이러한 논리의 이면에는 북미 기본합의서가 한국에 대한 북한의 전쟁도발 능력을 상쇄시키지 못했음을 내포하고 있는 것이기도 하다. 북한의 위협이 사라진 이후에도 미국은 주요 해안선의 방어와 다자적 동맹효과 그리고 한반도 안전 재보장을 위해, 한국과의 강력한 방위동맹관계를 유지할 것을 포함하고 있다.[55]

4) 4개년 국방검토보고서(Quadrennial Defense Review, QDR)

1996년 9월, 4년 주기의 국방검토보고서(Quadrennial Defense Review, QDR)의 작성을 명령한 1996년 국방수권법(National Defense Authorization Act)은 클린턴의 국방전략에 대한 의회의 불만이 반영된 산물이라고 할 수 있다. 이 보고서에 따르면, 새로 선출된 행정부는 1997년을 시작으로 하여 QDR을 이행해야 한다. 의회는 이 보고서를 통해 부시의 기반전력 정책과 클린턴의 초기 BUR정책의 위험을 극복하고, 미국의 군사력을 재평가하고자 하였다. 그렇기에 QDR은 탈냉전시기 미국의 국방전략 수립을 위한 두 번째 노력이라고 할 수 있다. QDR은 BUR과 마찬가지로 중동과 한반도에서의 전쟁 수행이라는 두 개의 전쟁정책을 포함하고 있다. QDR에서는 미국이 예측가능한 모든 위협에 대응하기 위해 두 지역에서 전쟁 수행준비를 지속할 것을 상정하였다.[56] 그러나 QDR은 변화된 국제체제를 도외시하고 있다는 거센 비판을 받아야 했다.[57]

제6절 결론

클린턴은 구소련으로부터의 어떠한 안보위협도 받지 않았던 최초의 전후 대통령이었다. 미국 국민들은 위협이 사라졌기 때문에 이제는 미국이 해외문제에 개입하지 않아야 한다고 생각했으며, 클린턴이 미국의 경제를 중심으로 하는 국내문제에 더욱 집중하기를 기대하였다. 냉전은 종식되었으나 남북한 간의 긴장과 갈등은 사라지지 않은 채 지속되고 있으며, 북한 핵무기 문제의 상황은 더욱 악화되었다. 북한은 IAEA의 사찰요구를 지키지 않을 것임을 한국에 계속해서 알리고자 하였다. 한편, 미국의 안보우산이 유지되기를 원하였던 한국은 지속적인 클린턴의 지원을 고대하였다.

의회는 클린턴에게 북한 핵무기 프로그램 문제를 신중한 접근방식으로 해결하기를 기대하는 것 이외에 다른 정책적 제안을 하지 못하였다. 동북아의 안보균형을 악화시키지 않는 현실적인 방법으로 한반도 긴장문제에 대한 해법을 결정하는 것은 클린턴의 몫이었다. 더욱이 클린턴은 의회의 국방비 축소 압력을 계속해서 받고 있는 상황이었다.

클린턴의 대북한 정책 목표는 봉쇄정책이었다. 클린턴이 비록 국내문제에 국가적 역량을 집중하고자 해도, 북한의 핵보유 야욕으로 인해 동북아 지역의 문제에 관심을 가질 수밖에 없었으며, 주한미군 감축 역시 실행하기 어려운 일임이 재확인되었다. 봉쇄의 특징을 띠는 대한반도 정책은 개입, 강압외교, 예방외교와 같은 전략들로 나타났으며, 그 중 예방외교는 클린턴의 가장 중요한 안보

전략의 하나였다. 그는 북한의 핵무기 개발 계획을 중단시키기 위한 결정을 할 것이라는 수사적 표현은 하였지만, 그의 실제적 노력은 모호하고 일관적이지 않은 모습이었다. 클린턴은 외교정책의 거대한 밑그림을 그리는데 실패하였다. 이로 인해 클린턴은 북한의 핵 야욕을 저지하는 방법에 있어서 한국정부로부터 정책 공조를 이끌어 내지 못하였으며, 북한의 핵 개발을 제네바합의의 틀 안에서 일시적으로 보류시키는 데에 그쳤다.

북한의 핵문제 해결을 위한 클린턴의 움직임은 한미관계, 북미관계라는 양자적·평행적 과정으로 살펴보아야 한다. 이러한 이중성은 자주 나타나는데, 그것은 북한의 핵문제 해결을 위한 노력이 당사자들 간의 3자회담을 통해 전달되었기 때문이다. 클린턴은 초기에는 북한의 핵문제에 대해 강경한 입장을 취하면서, IAEA의 사찰을 강력히 요구하였다. 또한 클린턴은 군사적 조치와 함께 UN을 통한 제재를 시도하였다.

클린턴과 한국 정부는 북한의 핵무기 계획을 중단시킨다는 공통의 목표를 갖고 있었다. 클린턴에게 한국과 밀접한 동맹관계를 유지하면서 북한이 핵개발을 중지하도록 설득하는 것은 쉬운 일이 아니었다. 한국 정부의 입장에서 북한과의 협상에 관한 주요 행위자는 미국이 아닌 한국이어야 했지만, 실제적으로 한국은 북한에 대한 영향력이 부족하였다. 더욱이 북한이 무모한 외교를 펼침에 따라 클린턴은 스스로 북한 문제에 개입해야 하는 상황에 처해졌다. 클린턴은 개입만이 북한의 핵무기 문제를 풀 수 있는 유일한 해법이라고 주장하면서 자신의 정책을 따르도록 한국을 설득하였고 결국에는 설득에 성공하였다. 그럼에도 불구하고, 북미 간에 체결된 제네바 합의서는 장래에 북한이 합의서의 의무를 완전히 이행하도록 하는데 실패함으로써 여전히 불완전한 것이었다.

클린턴이 국내 정책에 몰두함에 따라, 국무부 장관과 국방부 장관과 같은 핵심 정책결정자들이 의회에 한반도 정책을 알리는 부담을 떠안게 되었다. 미국 안보에 대한 위협의 수준이 어느 정도인지 알 수 없었기에, 산만하고 즉흥적인 외교정책이 등장하게 되었다. 클린턴이 한반도 정책에 대해서 우유부단한 모습을 보이자, 많은 미국 의원들이 이에 대해 불안해했다. 하지만 그들도 다른 대안을 제시하지 못하였기에 클린턴이 한반도 문제에서 일관성을 잃지 않고 개입을 통해 처리할 수 있도록 내버려 두었다. 일부 의원들이 예방적 공습 혹은 제재와 같은 좀 더 강경한 조치를 취할 것을 클린턴에게 촉구하였지만, 클린턴은 이를 너무 위험하다 여겨 거부하였다. 클린턴의 북한에 대한 유화적 태도는 북한의 NPT 탈퇴 위협에 대해서 일부 효과가 발생하여 북미 제네바 합의가 도출되기도 했다. 1994년 10월, 상원은 제네바 기본합의서의 모든 조항을 만족스럽게 생각한 것은 아니었지만 이를 인준하였다. 제네바 합의에 대한 불만족으로 인해 의회는 클린턴의 북한에 대한 원조 요청과 기금 확대 승인에 대한 요구를 제한하였다.

1) Brown, *Faces of Power*, p. 584; Sidney M. Milkis and Michael Nelson, *The American Presidency: Origins and Development 1776-1993,* Washington D.C.: Congressional Quarterly Press, 1994, pp. 392-397.

2) '비확산 레짐'이라는 용어는 조약들 간 네트워크, 투명성 장치, 이와 관련된 외교적 계획들을 의미한다. Leonard S. Spector & Virginia Foran, eds. *Preventing Weapons Proliferation: Should the Regime Be Combined?*, Report of the 33rd Strategy for Peace, U.S. Foreign Policy Conference, Oct. 22-24, 1992, The Stanley Foundation, p. 3.

3) *Facts on File 1996*, pp. 715-716.

4) Lewis A. Dunn, "Four Decades of Nuclear Nonproliferation: Lessons for the 1990s," in *The Global Agenda: Issues and Perspectives*, ed. Charles W. Kegley and Eugene R. Wittkopf, 3rd ed., New York: Random House, 1984, p. 72.

5) Hans Blix, "Verification of Nuclear Nonproliferation: The Lessons of Iraq," *The Washington Quarterly 15*, 1992, p. 58.

6) U.S. State Department, *Dispatch*, "Fact Sheet: Nonproliferation and Export Control Policy," Oct. 4, 1993, pp. 676-677.; *The Brookings Review*, 13, Fall 1995, pp. 8-13.

7) U.S. Department of State, *Dispatch 5*. No. 44, 1994, p. 721.

8) Scott D. Sagan & Kenneth Waltz, *The Spread of Nuclear Weapons: A Debate*, New York: W. W. Norton, 1995, p. 15.

9) Leon L. Sigal. *Disarming Strangers: Nuclear Diplomacy with North Korea,* Princeton, NJ: Princeton University Press, 1998.

10) U.S. Department of State, *Dispatch* 4, No. 30, July 26, 1993, p. 535; *Keesing's Record of World Events 40,* 1993, p. 39509.

11) *Keesing's Record of World Events 39*, 1993, p. 39557.

12) *Facts on File World News Digest 1993*, p. 932.

13) Lucia Mouat, "U.S. to Propose Phased Sanctions on North Korea," *Christian Science Monitor*, June 13, 1994.

14) Peter Grier, "U.S. Hangs Tough with North Korea After Carter Trip," *Christian Science Monitor*, June 20, 1994.

15) *Facts on File 1994*, p. 437.

16) *Weekly Compilation of Presidential Documents 30*, 1994, p. 1453.

17) Cameron W. Barr, "North Korea Assures U.S. on Talks, but Summit With South is Off," *Christian Science Monitor*, July 12, 1994.

18) *Weekly Compilation of Presidential Documents 30*, 1994, p. 2067.

19) *Weekly Compilation of Presidential Documents 29*, 1993, pp. 1310-1314.

20) U.S. Department of State *Dispatch* 4, 1993, pp. 509-513.

21) 1994년 12월 1일, 당시 이양호 합참의장은 평시작전권을 환수하였다. 1950년 한국전쟁으로 미군에게 작전권을 이양한지 44년 만에 일어난 역사적 사건이었다.

22) 한국 정부가 공식적으로는 제네바합의를 북한의 핵개발을 막는 효과적인 수단으로 인정하였지만, 일부 정책결정자들은 이 합의로 인해 한미관계가 위기에 처해 있다고 우려하였다. U.S. Senate Hearing of the Senate Foreign Relations Committee, Jan 24, 1995.

23) Ibid.

24) Mark Minton, *Testimony at hearing of the Senate Foreign Relations Committee Subcommittee on East Asian and Pacific Affairs*, Sep 12, 1996.

25) Richard V. Allen, *Testimony at hearing of the Senate Foreign Relations Committee,* Jan 25, 1995.

26) Scott Snyder, "After the Geneva Agreed Framework: Developing a Road Map for Normalizing Relations with North Korea," *Global Beat*, Working Papers, U.S. Institute of Peace.

27) *Congressional Quarterly Almanac 1994*, p. 424.

28) *Congressional Quarterly Almanac 1993*, p. 526.

29) *Congressional Quarterly Almanac 1992*, p. 488.

30) Ibid.

31) *Keesing's Record of World Events 1993*, p. 39405.

32) *Keesing's Record of World Events 1994*, pp. 39807-39809.

33) *Keesing's Record of World Events 1993*, p. 39736.

34) "U.S. Aide Upbeat on North Korea Talks", *Washington Post*, Jan 6, 1994.

35) *Weekly Compilation of Presidential Documents 30*, no. 23, 1994, p. 1218.

36) 1994년 중간선거에서 공화당이 상원과 하원의 과반수를 차지했다.

37) *Weekly Compilation,* 1994, p. 1218.

38) Ibid.

39) Ibid.

40) *Congressional Quarterly Weekly Report*, June 18, 1994, p. 1639.

41) Ibid., p. 455.

42) *Congressional Quarterly Weekly Report*, June 18, 1994, p. 1639.

43) *Congressional Quarterly Weekly Report*, Jan 28, 1995, p. 294.

44) *U.S. Senate Committee on Foreign Relations, Hearings and Testimony*, Jan 25.

45) *Congressional Quarterly Almanac 1995*, pp. 10-24.

46) Ibid.

47) Ibid., pp. 11-42.

48) Ibid., pp. 11-94.

49) Ibid., pp. 11-45.

50) *Congressional Quarterly Weekly Report*, Jan 28, 1995, p. 294.

51) David Isenberg, "The Quadrennial Defense Review," Sep 17, 1998, http://www.cato.org/pubs/pas/pa-317.pdf

52) Carl J. Conetta, "Mismatch: The Bottom Up Review and America's Security Requirement in the New Era."

53) *The Defense Monitor 24*, No. 3, pp. 1-11.

54) U.S. Department of Defense, *United States Security Strategy for East Asia-Pacific Region*, Washington D.C. : The State Department, Feb. 1995, p. 25.

55) 좀 더 자세한 논의와 비판은 David Isenberg, "The Quadrennial Defense Review"를 참조바람.

56) Ibid., p. 6.

57) Ibid., p. 10.

제6장

부시의 대한반도 정책

제1절 부시의 외교정책 목표

2001년 1월 출범한 부시(George Walker Bush)의 대외정책 기조는 미국 중심의 국제주의(American Internationalism)였다. 즉 미국의 힘에 기초한 '현실주의적 국제주의'가 부시 대외정책의 바탕이 됐다. 이러한 부시의 대외정책 기조는 앞선 클린턴의 대외정책에 대한 비판에서 시작됐다. 부시는 클린턴의 대외정책이 우유부단하고 소모적인 결과만 초래하여 미국의 국익을 훼손했다고 진단했다. 부시는 미국의 국익과 관련된 문제에 대해서는 우선 대화와 타협을 시도하지만 그것이 만족스럽지 못할 경우는 적극적인 개입과 강력한 물리력으로 미국의 이익을 관철시키겠다는 입장을 갖고 있었다.

당시 미국의 이익과 관련된 당면과제로 부시는 대량살상무기(WMD: Weapons of Mass Destruction)의 위협을 꼽았다. 그리고 대량살상무기의 위협에 대처하기 위한 자구책으로 미사일방어망체제(MD: Missile Defense)의 적극적인 추진을 공언했다.[1] 탈냉전 이후 미국은 핵과 미사일로 무장한 불량 국가들이 미국을 위협하는 상황을 미국 국익에 대한 심대한 도전으로 받아들이고 있었다. MD체제는 이러한 불량국가들의 위협과 공격을 첨단 요격시스템에 의해 방어하는 부시의 전략이었다.

이러한 대외정책의 기조 하에 부시가 보여준 외교정책의 특징은 크게 두 가지로 설명할 수 있다. 첫째 '일방주의(unilateralism)' 외교정책이다. 교토기후협약 무효화와 탄도요격미사일(ABM: Anti-Ballistic Missile)조약 무효화 선언, 인종차별에 대한 UN회의 기권 행사, 그리고 아프가니스탄과 이라크에 대한 군사행동에서 보여준 부시의 외교정책은 대표적인 일방주의 사례들이다.

부시는 타국과의 협력이나 국제규범 준수 등을 중시하는 '다자주의(multilateralism)'가 미국 외교정책의 자율성을 제한한다는 인식을 가지고 있었다. 이러한 그의 생각은 미국이 타국과의 협력 없이 일방적으로 자국의 국익을 추구할 수 있을 만큼 충분하고 압도적인 국력을 가지고 있다는 판단에 근거한 것이었다. 그리고 2001년 발생한 9.11 테러는 부시의 일방주의 외교정책과 이를 뒷받침하는 미국의 군사적 패권을 더욱 공고히 하는 계기가 되었다.[2]

둘째, '예방정책(Preemptive policy)'이다. 부시는 21세기의 새로운 안보위협인 불량국가들의 대량살상무기 획득, 사용, 확산 행위를 방지하고 미국의 이익을 보호하기 위해서는 전통적 봉쇄정책에서 탈피해 적극적 예방정책으로써 선제공격을 포함하는 모든 수단을 강구하겠다는 뜻을 밝혔다.[3] 2002년 3월 공개된 '핵태세보고서(NPR: Nuclear Posture Review)'는 북한을 포함한 리비아, 시리아, 중국, 러시아, 이란, 이라크에 대한 핵 선제공격 가능성과 전쟁에 사용하기 위한 소형 핵무기인 전술핵무기의 도입계획을 명시함으로써 부시의 예방정책을 현실화했다. 이러한 부시의 선제공격론은 9.11이후 체계화되어 2002년 9월 20일 '국가안보전략보고서(NSS: The National Security Strategy)'를 통해 공식화됐다.

부시가 외교정책에서 보여준 '일방주의'와 '예방정책'으로써의 선제공격 정책은 미국의 안보전략 목표를 달성하기 위한 수단들이다. 미국의 안보전략 목표는 미국이 주도하는 세계 지배체제, 즉 미국의 패권체제를 공고히 하고 유지하는 것이다. 따라서 부시는 미국 주도의 단극체제에 도전하는 세력을 적극적으로 저지하기 위해 '일방주의'와 '예방정책'이라는 수단을 채택한 것으로 볼 수 있다.

또한 일방주의와 예방정책 이외에 부시가 미국의 패권 유지를 위해 채택한 전략은 석유자원의 확보와 통제다. 군사경제적 패권의 근간이 되는 석유자원을 확보하고 지배하려는 부시의 전략은 향후 미국 패권에 도전할 가능성이 가장 큰 중국을 견제하는 수단이기도 했다. 즉, 중동과 중앙아시아에 매장된 석유에 대한 지배권을 공고히 함으로써 중국의 부상을 견제하고, 만약의 경우 중국을 봉쇄하려는 것이다.[4] 이는 부시의 이라크 침공을 설명할 수 있는 하나의 원인이기도 하다.

결과적으로 부시가 보여준 대외정책의 기조는 전 세계적으로 미국의 패권을 공고히하고 유지하기 위해 잠재적 도전국과 북한을 비롯한 불량국가를 봉쇄하는 것이다. 이를 위해 일방주의와 예방정책으로서 선제공격을 외교정책 수단으로 택했으며, 석유자원 확보와 MD체제 구축을 추진했다.

대통령 선거기간 동안 부시는 클린턴의 대북정책이 지나치게 '유화정책'이라고 비판해 왔고, 집권 이후에도 대북정책에 대한 전반적인 재검토를 언급하며 온건·유화정책보다는 강력한 힘을 바탕으로 한 강경한 대북정책을 강조했다. 특히 부시의 강경노선은 9.11이후 테러리즘과 그와 관련된 대량살상무기 및 미사일 문제를 미국 국익을 위한 최우선 해결과제로 내세우며 강화됐다.

부시는 이러한 대외정책의 기조 하에 대한반도 정책을 추진하였다. 특히 클린턴의 유산인 북핵문제 해결이 무엇보다도 절실했다. 그러나 부시는 클린턴과는 다른 대북 인식을 갖고 있었는데, 그 내용은 아래의 네 가지로 요약할 수 있다.

첫째, 북미 간 제네바합의가 북한의 핵위협을 근본적으로 해결하지 못함으로써 북미 제네바합의 이후 한반도와 동북아 정세는 오히려 악화되었다. 따라서 부시는 향후의 대북 접촉에서 원칙에 입각하여, 북한의 핵과 미사일 문제에 대한 근본적인 해결책을 모색하였다.

둘째, 북한과 같은 불량국가를 상대하면서 유화와 물질적인 보상을 사용하는 것은 잘못된 접근이며, 이는 북한으로 하여금 미국과의 협상에서 '벼랑끝 전략'만이 성공한다는 그릇된 믿음을 줄 수 있었다. 따라서 부시는 향후 북한의 핵과 미사일 회담에서 철저한 상호주의를 요구하였다.

셋째, 부시는 김대중의 햇볕정책은 북한에 대한 무조건적인 양보이며 그에 상응하는 북한의 양보가 부족하다고 보았다. 따라서 부시는 북한과 관련한 여러 문제들(핵, 미사일, 재래식위협)의 해결에 주도적인 역할을 하고자 하였다.

넷째, 북한의 핵, 미사일, 재래식 위협에 대하여 과거 미국 행정부는 북미 핵회담, 북미 미사일회담, 4자회담, 대북한 경제지원 관련 회담 등을 종합적인 대북 접근의 원칙 없이 진행함으로써 한반도 긴장완화에 성과를 거두지 못하는 결과를 초래했다. 따라서 부시는 향후 북한과의 대화에 있어 철저한 검증과 투명성 확보를 그 전제로 요구하였다.[5)]

이러한 대북한 인식을 바탕으로 부시의 대북정책을 입안했던 담당자들을 성향에 따라 분류하면 현실주의와 신보수주의로 나눌 수 있다. 현실주의자로는 부시 행정부 1기(2001~2004년)의 국무장관이었던 파월(Colin Luther Powell)이 대표적 인물이며, 이들은 북한의 대량살상무기 개발이 북한체제의 안보 우려에서 비롯됐다고 보고 북한문제에 대한 외교적 해결을 주장해왔다. 하지만 이들이 주장하는 외교적 접근은 힘의 우위를 바탕으로 한다는 점에서 클린턴 행정부의 정책과 다르다. 현실주의자들의 견해를 대변하는 대표적인 문건은 국무부 부장관 아미티지(Richard L. Armitage)에 의해 1999년 3월 의회에 제출됐다.[6)]

이 보고서의 내용을 요약하면 다음과 같다. ① 북한의 핵, 미사일, 생화학 및 재래식 무기 등이 상당한 위험 요소를 내포하고 있기 때문에 미국은 근시일 내에 북한의 위협을 종식시켜야 한다. ② 한미일 3개국에 대한 북한의 위협을 해소하기 위해 억지력 강화와 외교적 협상을 병행한 포괄적이고 통합적인 접근법이 필요하다. 즉, 협상이 성공할 경우 이에 상응하는 경제원조, 안보 보장, 국교정상화 등 일련의 관계개선 조치를 취할 수 있지만, 실패하면 억지와 봉쇄를 강화하거나 선제공격을 할 수도 있다. ③ 한반도의 안보를 위해서는 북·미 양자가 아니라, 한국, 북한, 미국, 일본, 중국, 러시아가 참여하는 다자회담, 즉 6자회담이 필요하다고 제안하고 있다.[7)]

반면 신보수주의자들은 대북한 강경책을 주장한다. 이들은 북한을 미국과 현 국제질서를 파괴하려는 불량국가로 규정한다. 이들은 클린턴의 제네바합의가 북핵문제를 일시 보류했을 뿐이며, 오히려 붕괴 직전의 김정일 정권을 회생시켰다고 비난한다. 신보수주의자들은 북한의 대량살상무기 개발은 북한체제의 안보 우려에서 비롯된 것이 아니라 체제 자체의 속성이라고 본다. 따라서 근본적인 해결책은 김정일 체제의 교체이다. 체제교체를 위해서는 '공세적 봉쇄정책(Aggressive Containment)'을 통해 김정일 정권을 붕괴시켜야 한다고 주장한다.[8)]

대북정책을 둘러싼 부시 행정부 내의 현실주의와 신보수주의자들의 시각 차이에서 기인한 북한문제의 해법은 외교적 협상의 병행여부를 제외하면 결과적으로 강압전략으로 귀결된다. 이에 따라 부시는 북한의 핵무기와 미사일 사안을 다루면서 투명성(transparency), 검증(verification), 호혜주의(reciprocity)라는 세 가지 정책을 내세웠다.

첫째, 투명성은 북한이 모든 핵활동에 대해 국제적으로 납득할 만한 충분한 사찰을 허용해야 하고 사찰 과정에 있어서 확실히 협조해야 함을 의미한다.

둘째, 부시는 북한의 핵프로그램이 종결되었다는 것을 보장하는 검증 절차를 확실히 거쳤을 경우에만 북한과 미사일 문제를 거래할 것임을 강조했다.

셋째, 부시는 미사일 개발 프로그램뿐만 아니라 북한의 핵을 다룰 때 엄격한 호혜주의 원칙을 내세웠다. 부시는 이러한 세 가지 정책을 북한이 수용하여 핵프로그램을 '완전하고 검증가능하며 돌이킬 수 없는(CVID: Complete, Verifiable, Irreversible Dismantlement) 방식'으로 폐기할 것을 북한에 요구했다. CVID 원칙에는 제네바 기본합의의 대상이었던 플루토늄 프로그램뿐만 아니라 2002년 10월 새롭게 제기된 고농축우라늄(HEU: Highly Enriched Uranium) 프로그램도 포함된다.

또한 부시는 핵프로그램 포기방식에 있어 북한이 '선 폐기 후 보상' 방식인 리비아식 모델을 따라야 한다는 입장이었다.

제2절 부시의 대한반도 정책

2001년 3월 취임 후 처음 가진 한미 정상회담에서 부시는 북한과 김정일에 대해 회의감을 표했고, 5월에는 북한을 테러지원국으로 재지정했다. 이는 2000년 10월 북한 조명록 차수의 미국 방문 때 클린턴 행정부와 맺은 합의를 전면 부정하는 조치였다. 이어 6월 초 부시는 대북정책 재검토 결과를 발표하며 앞으로 개최될 대북 협상 의제로 제네바합의 이행 개선, 미사일 개발 및 수출 금지, 재래식 군사력의 위협 완화 등을 상정했다.

또한 이에 대해 북한이 긍정적인 반응을 보여준다면 그에 상응하는 대북지원, 제재완화, 북·미관계 개선 등의 조치를 취하겠다는 뜻을 밝히며 공세적이고 강압적인 대북정책 의지를 밝혔다. 9.11 테러를 계기로 테러와의 전쟁을 선포한 부시의 일방주의와 군사패권주의는 더욱 강화되었고, 다음 해인 2002년 1월 29일 대통령의 의회 연두교서에서 부시는 북한, 이라크, 이란을 악의 축(axis of evil)으로 규정했다. 부시는 이들 국가들이 대량살상무기의 획득을 시도하고 있고 이는 미국의 안보에 심각한 위협이라고 천명했다. 그리고 그해 3월 공개된 NPR에서 핵무기 공격 대상에 북한을 포함하여 북한에 대한 압박 수위를 더욱 높였다.

2002년 10월 부시는 대량살상무기와 재래식 군대 감축에 따른 일련의 보상을 제안하기 위해 당시 국무부 동아시아 태평양 담당 차관보였던 켈리(James Kelly)를 대북특사 자격으로 북한에 보냈다. 2002년 북한을 방문한 제임스 켈리는 "미국은 북한이 농축우라늄 개발계획을 정략적으로 추진하고 있다는 정보를 갖고 있으며, 이는 한반도 비핵화를 규정한 기본합의를 비롯해 몇 가지 국제협정에 대한 심각한 위반이고, 중대한 문제를 야기하는 것이 되기 때문에 북한은 HEU계획을 중지하고, 북미 기본합의 대로 플루토늄 재처리를 동결하고 미국이 필요하다고 보는 사찰과 검증조치를 받아들일 것"을 요구하였다.[9)]

이에 대하여 북한의 강석주 내각 부총리는 "우리는 HEU계획을 추진할 권리가 있고, 그 보다 더 강력한 무기도 만들 것이다"라고 말하며, "부시 정권이 이처럼 우리들에 대해 적대시 정책을 취하는 이상 우리가 HEU계획을 추진한다 해서 무엇이 나쁜가. 그것은 미국의 적대시 정책에 대한 억지력 이외에 아무것도 아니다"고 말하였다.[10] 이후의 진행과정은 공동합의의 도출과 이에 대한 각 국의 이행 여부를 놓고 줄다리기가 계속되는 양상을 보였다.

2002년 11월 부시는 제네바 합의사항인 대북 중유제공과 경수로 건설 중단을 결정했고, 북한은 핵시설 재가동을 선언하고 IAEA 인력을 추방하는 것으로 맞섰다. 2003년 1월 북한은 NPT를 탈퇴했고 같은 해 4월 중국의 중재로 베이징에서 북·미·중 3자 회담이 성사되어, 이 회담을 통해 다자구도의 해법인 6자회담이 시작됐다.

2003년 8월 베이징에서 첫 회담이 시작된 이후 2004년 2월 2차와 6월 3차 회담이 순차적으로 개최되었으나 아무런 성과 없이 끝났다. 미국은 북한에게 CVID 원칙에 의한 핵폐기를 요구했고, 북한은 리비아식 선 핵 포기는 논의의 가치가 없으며 미국의 대북 적대시 정책철회가 무엇보다 선행돼야 한다고 주장했다. 여기에 2005년 2월 북한의 핵무기 보유선언은 상황을 더욱 어렵게 만들며 6자회담은 장기간 표류하게 됐다.

교착상황은 2005년 6월 당시 한국의 정동영 통일부 장관의 방북을 기점으로 완화되었다. 당시 한국정부는 200만 kw의 전기를 직접 북한에 제공하겠다는 제안을 했고, 이에 대한 대가로 북한은 다시 6자 회담장으로 복귀했다. 그 해 7월부터 열린 4차 6자회담의 결과물로 '9.19 공동성명'이 채택되었다. 그러나 공동성명 직후 미국은 방코델타아시아(BDA)은행 내의 북한 자금을 동결하였고, 이로 인해 6자회담은 다시 교착상태에 빠졌다.

북한은 2006년 7월 장거리 미사일 발사시험에 이어 10월 9일 1

차 핵실험을 강행했다. 미국은 UN 안전보장이사회 제재결의 1695호, 1714호 채택으로 북한을 압박했다. UN 안전보장이사회 10월 14일 대북 제재결의안 1718호에는 군사적 수단이 배제된 강력한 외교적·경제적 제재가 포함되었다. 미국은 1718호와는 별도로 북한의 핵 이전을 원천 봉쇄하기 위한 PSI(proliferation security initiative)를 확대하였다. 미국이 상정하는 북한 핵실험에 대한 최악의 시나리오는 북한의 핵탄두 미사일 공격보다는 북한의 핵이 알카에다 같은 테러조직에 이전되어 미국 본토를 소형 핵무기로 공격하는 것이다.

갈등의 골이 깊어진 북·미관계는 국제사회의 제재 움직임을 제어하려는 북한의 의도와 중간 선거를 앞둔 부시의 정치적 부담감이 맞물려 2006년 11월 5차 6자회담을 성사시켰다.[11] 특히 이 시기를 기점으로 미국의 대북정책은 강경책에서 유화책으로 선회하였다. 2006년 12월 5차 2단계 6자회담에서 진전을 보지 못한 미국과 북한은 2007년 1월 베를린에서 양자회동을 가졌고, 이 회동에서 양국은 BDA 문제에 대한 타협점을 찾았다.

이어 2007년 2월에 열린 5차 3단계 6자회담에서는 2.13합의문이 발표되었다. 이러한 미국의 대북정책은 민주당이 상·하원을 모두 장악하게 되면서 나타났다. 공화당의 참패는 이라크 사태와 같은 대외문제들이 그동안 이라크와 북핵문제를 주도해 온 네오콘의 실패로 인식되었기 때문이다. 2년 밖에 남지 않은 임기동안 부시가 가시적 성과를 거둘 수 있는 대외정책이 북핵문제 밖에 없다는 판단을 한 것이다.

한편 북한의 전략적 변화도 2.13합의를 도출하는데 중요한 요인으로 작용하였다. 만성적 경제난과 식량난에 미국의 금융제재로 인해 가중된 외화난, 그리고 UN 제재 및 국제여론의 악화는 당시 김정일 정권으로 하여금 6자회담에 다시 임하게 하였다. 김정일이 2.13합의에 합의한 배경에는 북한 핵실험 이후 증가된 국제사회의 비난을 모면하고, 중국과 한국이 대북 경제 지원을 재개하도록 하며, 미국이 주도하는 대북 제재에 대한 국제사회의 동참의지를 꺾을 수 있다는 다목적 계산이 깔려 있다고 할 수 있다.

2.13합의 이후 BDA 동결자금 처리방법이 걸림돌이 되어 북한의 핵폐기 절차가 지연되기도 했으나 2007년 7월 영변 핵시설의 가동이 중단됐다. 10월에는 북한의 영변 핵시설 불능화와 모든 핵프로그램 신고가 완료되면 6자회담 참가국들은 그 대가로 북한에 중유 100만 톤 상당의 경제·에너지·인도적 지원을 해야 하며, 미국의 북한 테러지원국 지정 해제, 적성국교역법 적용을 중지하겠다는 내용의 10.3합의가 이루어졌다. 이에 북한은 2008년 6월 26일 핵 신고서를 6자회담 의장국인 중국에 제출하고, 다음 날인 27일 영변 원자로 냉각탑을 폭파했다. 미국은 2008년 10월 테러지원국 지정에서 북한을 해제하여 10.3합의가 순조롭게 진행되고 있었다.

이 과정에서 부시는 예전과 달리 북한에 양보하는 모습을 보였다. '시료채취 명문화'라는 요구가 받아들여지지 않은 상태에서 북한을 테러지원국 명단에서 제외시켰고, '행동 대 행동' 원칙을 강조하며 약속한 중유 20만 톤을 모두 북한에 제공했다. 이는 자신들의 임기 중 북한의 비핵화 2단계를 마무리 하겠다는 부시의 의지가 반영된 결정이었다.[12)]

그러나 이후 북한의 핵신고서가 부정확하고 완전하지 못하다는 미국의 주장을 북한이 받아들이지 않으면서 북·미 간 검증문제에 대한 합의가 실패하였고 6자회담은 답보상태에 빠졌다. 이때 미국에서는 부시에서 오바마로 정권교체가 이루어졌다.

제3절 부시의 정책수행과 한반도

부시 시기 한미동맹은 이전과 비교할 때 마찰과 균열이 증대된 시기였다. 김대중은 북한을 압박하는 부시에게 큰 불만을 가졌고, 2001년 9.11테러 이후 네오콘의 입지가 강화됨으로써 한미 간 정책공조는 더욱 어려워졌다. 대북포용을 주장한 김대중과 햇볕정책을 승계한 노무현은 미국의 대북 강경정책이 남북정상회담 이후 유지되어 오던 남북한 간의 관계진전의 모멘텀을 약화시켰고, 결국 한미동맹 균열을 가져왔다고 인식하였다.

특히 9.11테러 이후 세계적 차원에서 일어난 미국의 군사전략 변화는 한미동맹을 변화시켰다. 그 일환으로 2002년 '미래 한미동맹 정책구상협의'(FOTA)가 설치되어 한미동맹의 재조정 협의가 시작되었다. 이러던 중 이라크전 수행에 따른 병력 부족을 해결하고자 미국은 한국군의 이라크 파병을 요청하기도 하였다.

파병 요청 수용과 같은 협력에도 불구하고 부시와 노무현 사이의 한미동맹은 갈등의 연속이었다. 대북 포용정책을 지속적으로 추진하려는 노무현의 대북정책에 대해 부시 행정부의 네오콘들은 잘못된 행동에 대해 보상하는 것은 잘못된 것이고 응징해야 마땅하다며 불편한 입장을 보였다. 실제로 노무현은 한미공조보다는 민족공조에 더 많은 노력을 기울였으며, 노무현의 정책기조였던 동북아 균형자론은 미국으로 하여금 동맹공조를 반하게 하는 것으로 여기게 하였다.[13)]

제4절 부시의 대한반도 정책과 의회

북한에 대한 미국 의회의 관심은 국제적인 다른 안보현안에 비해 상대적으로 적었다. 이는 미국 의회가 발의한 법안의 수로도 살펴볼 수 있는데, 이란과 관련한 사안이 180여건, 아프가니스탄과 관련해서는 120건인데 반해 북한과 관련한 법안은 15건에 불과하다. 미국 의회의 관심이 적은 것은 북한의 핵이 잠재적 위협이자 안보문제이기는 하지만 테러, 중동, 이란 핵과 같은 중대한 위협과는 차이가 있다고 생각한데서 비롯된 것이다.

부시의 대북정책에 대해 의회의 반응은 긍정적이었다. 공화당 의원들은 부시의 외교정책 노선을 충실히 따랐으며 대북정책에서도 마찬가지였다. 이러한 경향은 2007년 민주당이 다수당을 차지한 후에도 계속되었다. 단지 의회는 수사적인 대북 비난 및 행정부의 문제해결을 촉구하는 것을 주로 하였다. 예를 들어, 국방예산에 관한 하원 법안(HR 1585)은 북한의 핵과 미사일 발사를 언급하면서 의회는 미국의 미사일방어체제 개발을 지지한다고 밝혔다.

또한 의회는 북한문제에 적극적으로 개입할 것을 행정부에 촉구하였다. 의원들은 부시가 북한문제에 개입하지 않은 것은 실수라고 지적하면서 북한과의 핵협상에 적극적으로 참여할 것을 강조하였다. 그러나 수사적인 촉구와는 달리 의회가 북핵문제를 해결할 수 있는 방안을 갖고 있는 것은 아니었다. 또한 의회는 한국 김대중의 햇볕정책과 노무현의 평화번영 정책에 대해 회의적인 시각을 갖고 있었는데, 이는 북한에 대한 미 의회의 뿌리 깊은 불신 때문이었다. 예를 들어, 의회는 노무현이 소위 '동북아 균형자'로서의 역할을 주장하였을 때 미국의 우방국으로서 적절치 않은 정책이라는 입장을 표명하였다.[14] 2005년 10.3합의에 대해서도 의회는 북한과의 이전의 합의들이 모두 북한에 의해 일방적으로 파기되는 것을 경험하였기 때문에 중유제공에 비관적이었다. 한편 민주당의 랜토스(Tom Lantos)는 부시가 너무 6자회담에만 의지하는 것은 잘못된 것이고, 북핵문제 해결을 위해서는 북미 양자대화를 개최해야 한다고 주장하였다.[15]

제5절 결론

부시의 안보전략 목표는 미국이 주도하는 세계 지배체제, 즉 미국의 패권체제를 공고히 하고 유지하는 것이다. 부시는 미국의 힘에 바탕을 둔 '일방주의'와 '예방정책(선제공격정책)'을 내세웠다. 부시가 출범한 2001년은 1990년대 성장한 미국의 IT산업이 정점에 도달해 있었고, 세계화로 인해 미국의 금융 산업이 호황기를 구가하던 시기였다. 이러한 경제적 자신감에 세계 최고를 자랑하는 미국의 군사력이 더해지면서 부시의 일방주의를 뒷받침할 수 있는 실질적인 파워가 형성되어 있었다고 볼 수 있다.

부시의 MD(Missile Defense)는 미국의 기술력과 자본력에 의존하는 현실주의적 방안이었다. 부시는 MD를 구축해 미국에 대한 핵공격의 위협에서 벗어나려 했다. 뿐만 아니라 MD는 기존의 핵 보유 국가들의 핵무기를 무력화함으로써 핵 패권국가로서 미국의 지위를 더욱 공고히 하여 군사력에 의한 세계지배를 강화할 수 있는 전략이었다.

부시는 WMD의 위협을 미국의 당면과제로 보았기 때문에 이란, 이라크와 함께 북한의 핵문제를 대외정책 우선순위에서 최우선 과제로 선정하였다. 다만 북핵문제가 9.11 테러이후 아프가니스탄과 이라크 사태보다 시급성이 떨어져 6자회담에서 지루한 양상을 나타내기도 했다.

당시 북한은 김정일 정권의 안정기로 나름의 개혁을 통해 발전을 도모하고 있었기 때문에 국내의 정치적 필요에 의한 예측불허의 단기적 도발행위는 거의 없었다.

부시의 대북 압박정책은 당시 한국의 김대중이 추진한 '햇볕정책' 및 이를 승계한 노무현의 '포용정책'과 상충되었다. 이에 부시는 한국정부의 대북정책이 북한에 대한 무조건적인 양보인 것과 달리 북한으로부터 그에 상응하는 양보를 이끌어내지 못했다고 비판하며, 한국정부의 대북정책과 무관하게 자신의 대북정책을 추진했다.

부시는 클린턴에 대한 비판을 바탕으로 다음과 같은 대북정책 목표를 제시하였다. ① 향후의 대북 접촉은 원칙에 입각하여 행하며, 북한의 핵과 미사일 문제에 대한 근본적인 해결책을 모색한다. ② 향후 북한과의 핵과 미사일 회담에서는 철저한 상호주의를 요구한다. ③ 북한과 관련한 여러 문제들(핵, 미사일, 재래식 위협)의 해결에 있어 미국이 주도적인 역할을 수행한다. ④ 향후 북한과의 대화에 있어 철저한 검증과 투명성 확보를 그 전제로 요구한다.[16)]

부시의 대북정책 실행방법은 강압정책과 함께 외교적 협상을 병행했다. 외교적 협상에 있어서는 다자협상과 양자협상, 즉 6자회담과 북·미 직접대화를 병행하였다. 만일 이 대안이 성공하지 않을 경우 최후의 수단으로 군사력 사용을 배제하지 않았다.

부시는 북한의 핵폐기 방식으로 '선 폐기 후 보상' 원칙을 내세웠다. '선 폐기 후 보상' 원칙은 북한과의 협상 과정에서 늘 갈등을 빚는 부분이지만 때론 양보를 통해 협상을 진행시키는 원칙이기도 하다. 부시는 대북정책의 최우선 과제로 핵문제를 해결하길 원했고, 부시가 제시한 CVID 원칙은 오바마에게 그대로 승계되었다.

1) 박성관, "조지W. 부시 행정부의 대북정책 결정요인에 관한 분석," 『국제정치연구』, 제 11집, 1호, 2008, pp. 111-112.

2) 김재천·조용규, "부시 행정부의 세계전략(Grand Strategy)과 미국의 이라크와 북한에 대한 외교정책," 『국제정치논총』, 제 46집, 3호, 2006, pp. 177-178.

3) Ibid., p. 172.

4) Ibid., p. 178.

5) Ilsu Kim, "A Comparative Analysis of President Clinton and Bush`s handling of the North Korean Nuclear Weapons Program: Power and Strategy", *Pacific Focus*, vol. 19, 2004, pp. 85-90, 김일수, 2011, *op.cit.*, p. 58.

6) Richard L. Armitage, "A Comprehensive Approach to North Korea," *Strategic Forum*, No. 159, 1999, pp. 1-8.

7) 부시 행정부에서 국방장관을 지낸 럼스펠드(Donald Rumsfeld)가 1998년 7월 발표한 보고서는 미국을 겨냥한 대량살상무기의 위협으로부터 미국이 노출되어 있으며 북한과 같은 불량국가가 미국에 탄도미사일을 발사할 수 있는 능력을 보유하는데 걸리는 시간은 15년 정도로 예상된다고 언급했다. 또한 북한의 탄도미사일 능력의 확산으로 인해 북한이 미국의 이익에 주요한 위해 요인이 될 수 있다고 경고했다. 김일수, 2004, *op.cit.*, p. 297.

8) 임혁백, *op.cit.*, pp. 17-18.

9) 후나바시 요이치, 『김정일 최후의 도박』, 중앙일보시사미디어, 2007, p. 150.

10) Ibid.

11) 김진환, "북한의 안보 전략 변화: '핵무기-안보 교환 전략'의 등장, 진화, 전환?," 『동북아연구』, 제 28집, 1호, 2013, p. 104.

12) Ibid., p. 105.

13) 박선원, "전략적 동맹 재조정을 위한 갈등과 협력," 역사비평편집위원회 편, 『갈등하는 동맹: 한미관계 60년』, 역사비평사, 2010, pp. 192-236.

14) Jason W. Foster, *Congressional Attitudes on the Future of the U.S.-South Korea Relationship: A Report of the International Security Program*

Center for Strategic and International Studies, CSIS, Washington. D.C., May 2007, pp. 1-27.

15) *The Washington Post*, 2006년 11월 16일.

16) Ilsu Kim, *op.cit.*

제7장

오바마의 대한반도 정책

제1절 오바마의 외교정책 목표

오바마(Barack Hussein Obama)는 대통령 선거 중 발표한 '미국 리더십의 회복'을 외교정책의 기본 목표로 설정하고 부시와는 다른 정책 수단을 제시하였다. 즉 일방주의 외교정책을 보여준 부시와 달리 우방국들과 협력을 중시하는 다자외교를 통해 국제사회의 지지를 회복하겠다는 것이다. 그리고 부시가 소홀하게 여겼던 환경 및 에너지 문제의 해결, 국제 빈곤퇴치를 위한 노력 등에서 미국의 주도적 역할을 강조했다. 2009년 1월 출범한 오바마는 '미국적 리더십의 회복'을 위해 '다자주의', '균형력', '스마트 파워'라는 대외정책의 어젠다를 설정했다.[1)]

먼저, 오바마의 '다자주의'는 부시의 일방주의 외교에서 탈피해 국제협력의 중시를 의미한다. 부시의 일방주의가 갖고 있던 고비용과 군사력 과신, 해외 리더십의 약화 등의 문제를 극복한 동맹,

파트너십, 그리고 국제기구들과 함께 협력하여 보편안보를 증진시키고 보편위협에 대응하겠다는 것이 다자주의의 핵심이다.2)

둘째, '균형력'은 '자유주의적 국제주의'와 현실적이고 실용적인 '현실주의' 사이의 균형을 의미한다. 지금의 국제정치는 개인과 기업, 국제기구, 비정부 단체 등의 비국가 행위자와 국가가 복합적으로 상호작용하는 공간으로 외교와 무역을 통해 제로섬이 아닌 포지티브섬 게임이 가능하다고 본다. 따라서 지구적 테러네트워크는 물론 세계금융시장과 같은 세계화의 영향에 효과적으로 대응하는 동시에 다양한 비국가 행위자와 국가들을 균형 있게 취급해야 하는 것이 필요하다고 주장한다.

셋째, '스마트 파워'는 '하드 파워(hard power)'와 '소프트 파워(soft power)'를 함께 구사하는 전략이다. 즉, 강력한 군사력 유지와 함께 동맹국들과의 파트너십 그리고 국제제도의 설립 등을 동시에 적용하겠다는 것이다. 이는 앞선 부시의 힘을 앞세운 일방주의 대외정책이 미국의 고립과 국제사회에서 미국 리더십의 훼손을 자초했다는 판단에 따른 것으로 궁극적으로 실추된 미국의 도덕성과 리더십을 회복하여 미국의 국가이익을 극대화하고 새로운 위협에 대처하기 위한 효율적인 외교 인프라를 구축하겠다는 전략이라 할 수 있다.3)

'다자주의,' '균형력', '스마트 파워'라는 대외정책 어젠다를 바탕으로 오바마는 세계적 경제위기 극복을 최우선 과제로 선정하고 오바마-바이든 플랜을 통해 ① 아프가니스탄과 파키스탄, ② 핵무기, ③ 이란, ④ 에너지 안보, ⑤ 미국외교의 쇄신, ⑥ 이스라엘 등의 순으로 대외정책의 우선 과제를 발표했다. 오바마는 선거

기간 중 이라크 전쟁 종식을 최우선 과제로 언급했었지만, 당선 이후에는 아프가니스탄 및 파키스탄 문제를 외교정책의 우선과제로 선정했다.[4)]

그 다음 우선순위인 핵무기 문제에 대해 오바마는 후보시절부터 핵무기의 위협으로부터 미국의 안전을 확보하기 위한 4가지 정책을 제시했다. ① 핵테러의 위협 제거, ② 핵능력의 확산 방지, ③ 비확산체제 강화, ④ 정부조직 개편이 그것이다. 또한 그는 '핵무기 없는 세계(nuclear free world)'를 비전으로 제시하며 지구상에서 핵무기의 위협을 근절하겠다고 약속했다. 이를 위해 NPT체제 강화, 핵확산방지구상(PSI) 강화, 그리고 러시아 및 핵보유국들과 함께 미국의 핵감축을 추진하겠다는 포부를 밝혔다.[5)]

위와 같은 오바마의 대외정책은 2010년에 발표된 국가안보전략(NSS)과 4개년국방보고서(QDR) 및 NPR을 통해 더욱 구체화됐다. 먼저 미국 안보정책의 가장 상위의 문서인 2010년 NSS에서 '테러와의 전쟁'이라는 용어를 공식 폐기하고, 군사적 수단은 외교적 수단이 실패할 경우만 사용한다는 점을 명확히하면서 부시의 '선제공격론'과 다른 입장을 표방하였다. 또한 이 보고서에서는 전통적인 동맹국과 더불어 중국과 인도 같은 신흥 강국들과도 파트너십을 확장한다는 내용도 포함되었다.[6)] QDR에서는 지금까지 미국이 추구해 오던 '2개 전쟁 동시수행 전략'을 '세계전역의 다양한 위협에 대한 응전'으로 바꾸고, 미국의 장래위협으로 재래식 분쟁과 대량살상무기 이외에 사이버공격과 감시위성에 대한 위협을 함께 상정했다.[7)] 2010년 NPR에서 미국은 핵확산 및 핵테러리즘을 방지하고 외교정책수단으로서의 핵무기 역할을 축소하고 핵 보유

고를 감소시키겠지만, 핵억지력과 동맹국에 대한 확장억지력은 계속해서 유지할 것이라고 공언했다.[8)]

또한 오바마의 대외정책 변화 중 주목해야 할 것은 아·태지역에 대한 강조이다. 오바마는 미국이 대서양 국가이면서 동시에 '태평양 국가'임을 내세웠다. 2011년 국무장관이던 힐러리 클린턴은 아시아의 성장 동력을 어떻게 활용하고 관여할 것인지가 앞으로 60년간 미국 외교의 근간이 될 것이라고 강조하기도 하였다.[9)] 오바마는 또한 2012년 1월에 발표한 21세기 국방전략에서 미국이 전 세계에 걸쳐 과도하게 투사된 군사력을 효율적으로 축소할 것이지만, 아시아 지역의 전략적 중요성은 오히려 더욱 증가했다고 강조하고, 아시아 지역에서 미국의 기존 군사적 역량을 유지함은 물론, 질적으로 강화하겠다고 공언했다.[10)] 이는 중국의 성장과 함께 아시아 지역이 차지하는 전략적, 군사적 중요성이 크게 증대되었다는 인식에 기인한 것이다.

제2절 오바마의 대한반도 정책

'오바마-바이든 플랜'은 핵무기 정책에서 NPT체제를 강화하는 한편, 북한과 이란의 핵개발을 막기 위해서는 핵무기 없는 세계를 지향해야 한다고 제안하였다. 오바마는 평화적 목적의 핵개발이란 명분으로 사실상 핵무기 개발을 용인하는 현재의 NPT체제의 문제점을 개선하고 NPT체제를 복원하는 차원에서 북핵문제를 해결하고자 한다. 이를 위해 오바마의 대북정책은 동북아 국가들의 협력과 지지라는 다자주의적 접근방식을 채택하고 있다. 이에 대해 힐러리 클린턴은 국제사회의 협력을 통해 외교적, 경제적, 군사적, 정치적, 법률적, 문화적 수단을 총동원하는 강온의 스마트 전략을 통해 북한으로 인한 한반도평화 위협요인을 제거할 것이라고 밝히기도 하였다.[11)]

오바마는 과거 정부들의 대북정책과 북한의 행태에 대한 분석을 바탕으로 대북전략을 도출했는데 이를 요약하면 다음과 같다. ① 북한의 불신적 협상행태에 대한 확고한 자세, ② 북핵 해결을 위한 장단기별 지능적 대응, ③ 북한의 대량살상무기 개발 유보 및 동결에 대한 미국의 제재완화, 경제지원, 관계정상화라는 상호주의 원칙 고수, ④ 부시 행정부에서 가동한 6자회담 구도 유지, ⑤ 협상의 전략적 인내, ⑥ 미국의 국내정치에 따른 신중한 접근, ⑦ 중국의 조정자 역할과 한국 등 주변국의 협력 강화 등이다.[12)]

오바마의 국가안보 보좌관 도닐런(Thomas Donilon)은 미국의 대북정책이 4가지 주요 원칙에 의거한다고 밝혔는데 앞의 내용과 유사하다.

첫째, 일본 및 한국과의 긴밀하고 확대된 협력, 그리고 새로운 중국 지도부와 미국 간 긴밀한 공조이다.

둘째, 미국은 북한의 악행에 대한 보상은 거부하지만 북한과의 진정한 협상에 나설 용의는 분명히 있다.

셋째, 미국은 미국 본토와 동맹국들의 방위를 위해 모든 역량을 동원한다. 여기에는 북한의 WMD 사용뿐만 아니라 다른 국가나 비국가 단체로의 이전이 포함된다.

넷째, 미국은 북한이 더 나은 길을 택하도록 지속적으로 유도할 것이며, 북한 지도부가 의미 있는 조치를 통해 진정성을 입증한다

면 북한을 도울 것이라는 내용이다.[13)]

오바마는 북한의 WMD 확산 활동에 개입해 온 기업에 대한 제재와 함께 북한의 선 핵포기에 대한 원론적 입장을 고수했다. 이러한 미국의 대북정책 목표는 2009년 6월 16일 열렸던 한미정상회담에서 확인할 수 있다. 오바마는 "우리는 확고한 양국 동맹관계와 한국의 국방에 대한 미국의 의지를 재확인했다. 그와 더불어 위협이나 불법적인 무기를 통해서는 결코 국가적 안보를 확보하거나 존경을 얻을 수 없다"고 하면서 "북한이 선택할 수 있는 또 하나의 길이 있다는 사실을 명확히 전달"하며 "그러한 목적은 완전하고 검증 가능한 한반도 비핵화를 달성하는 평화적인 협상을 통해서만 이룰 수 있다"고 강조했다.[14)]

오바마는 북한이 2009년 4월 5일 탄도미사일을 발사했을 때, 도발행위라고 비난하고 국제사회의 강력한 대응을 요구했다. 2009년 4월 13일 UN 안전보장이사회는 북한의 이러한 행위가 안전보장이사회 결의안 1718호에 위배된다고 비난했다. 이에 북한은 6자회담에서 철수하고 어떤 국제적 협정에도 응하지 않을 것임을 밝혔다. 또한 북한은 핵시설을 재개하고, 핵무기를 위한 플루토늄을 추출하기 위해 영변으로부터 8,000개의 폐 핵연료봉을 재생산할 것이라고 위협하였다.

북한은 2009년 5월 25일 두 번째 지하 핵실험을 실시하였고, 이 실험이 미국의 적대행위에 대한 자기방어임을 밝혔다. 이어 UN 안전보장이사회는 대북결의안 1874호로 추가적인 대북 경제제재를 취하였다. 이 결의안은 북한의 공해상 검색추가, 6자회담에 복귀하는 한편 비핵화를 위한 NPT 탈퇴 포기, 핵무기프로그램 및 추후 핵실험 등을 포기하는 등의 내용이 들어 있다.

연이은 도발을 보였던 북한은 핵무기 프로그램의 포기의 대가로 외교관계 정상화를 원하고 있으며, 미국과 직접회담을 통해서만 핵무기 프로그램이 해결될 수 있다고 주장하였다. 그러나 북한의 도발에 대한 미국의 지배적인 인식은 '북한이 지키지도 않을 공약을 만드는 동안, 북한은 상대방으로부터 보상을 얻어내기 위한 협상을 추구한다'는 것이었다.[15] 따라서 오바마는 지켜지지 않을 직접 협상보다는 제재를 통한 압박을 하며, 북한이 협상을 준수할 수 있는 여건이 형성되면 대화를 하겠다는 '전략적 인내(strategic patience)'를 대북정책으로 설정하였다.[16] 이러한 '전략적 인내'가 함축하고 있는 의미는 잘못된 행동을 하면서 보상만 얻으려는 북한에 대해 근본적인 태도의 변화가 없는 한 대화나 관여를 하지 않겠다는 것이다.[17]

제3절 오바마와 한반도 평화

1) 김정은 체제의 등장

오바마의 대한반도 정책은 당연히 북한과 한국 정부라는 변수로 좌우된다고 할 수 있다. 북한의 김정은은 2010년 9월 28일 3차 당대표자회의를 통해 처음으로 대외적으로 등장하였고 1년 만에 정치국 상무위원, 비서국 제1비서, 군사위원회 위원장, 국방위원회 제1위원장 등 당·정·군에서 모든 권력을 장악함으로써 1인 지배체제를 구축하였다.

2009년 1월 20일 오바마가 공식 출범한 이후 북한의 대미공세는 한층 강화되었다. 북한은 오바마가 공식 출범하기 전인 2009년 1월 13일 외무성 대변인을 통해 미국의 핵위협 제거, 핵우산 철폐와 북한 핵무기를 맞바꾸는 것이 '조선반도 비핵화'의 실체라 주장하며 보상 없이 핵무기를 선 폐기할 의사가 없음을 밝혔다.

북한이 이처럼 미사일 발사와 핵실험을 통해 미국을 압박한 것은 오바마의 적대국 관계 개선 공언에 대한 기대감도 있었겠지만, 무엇보다 김정은 후계체제의 조기 안착을 위해 자신의 생전에 북한의 체제보장을 확고히 하려는 김정일의 의지가 반영된 것으로 볼 수 있다.

또한 2010년 3월 26일에는 서해안에서 천안함 사건이 발생하였다. 다국적 민군합동조사단은 북한의 어뢰공격으로 천안함이 침몰했음을 밝혔다. 이후 남북한관계는 더욱 경색되었는데, 이명박은 천안함 침몰 공격에 대한 책임을 물어 북한의 사과를 요구하였고, 남북한 경제협력 종식과 북한 선박의 남측 영해 통과 금지를 발표했다. 한미 양국은 북한의 위협을 억지하기 위한 합동훈련을 실시했다.

천안함 사건과 관련해 오바마는 북한과 6자회담 재개를 위한 모든 우선협상을 중지했고, UN 안전보장이사회 결의안 1718호와 1874호에 반하는 불법행위와 계속된 핵확산을 제재하기 위해 2010년 8월 30일 북한의 자산을 동결하는 행정명령을 발표했다. 또한 연평도포격 이후 미국은 서해상에서 연합훈련 실시, 미합참의장 방한, 한미일 공조강화 등을 통해 한국에 대한 안보 공약을 재확인하였고, 경색된 남북관계의 영향으로 북·미관계도 중단됐다.

중단되었던 북·미 대화는 2011년 7월 뉴욕에서의 북·미 고위급회담을 시작으로 다시 작동됐다. 이어 8월 북·러 정상회담에서 김정일 국방위원장은 앞으로 열릴 회담 과정에서 핵물질 생산 및 핵실험을 잠정중단(모라토리엄)하겠다는 의사를 밝히며 미국에 손을 내밀었고, 10월 제네바에서는 2차 북·미 고위급회담이 열려 긍정적인 성과를 남겼다.

2012년 2월 김정은 정권의 출범 후 첫 북·미 고위급회담이 개최되었고, 2.29합의가 채택됐다. 2.29합의는 2009년 이후 중단된 9·19 공동성명 이행 의지와 미국의 대북 적대의사 부재를 재확인하고, 북한과 미국이 '일련의 신뢰조성 조치들을 동시에 취하기로'하는 내용을 담고 있다.

그러나 북한은 2012년 4월 13일 은하 3호를 발사하였다. 유엔안전보장이사회는 사흘 만에 의장성명을 채택하였는데, 유엔 안보리 대북 의장성명의 주요 내용을 살펴보면, 북한의 미사일 발사를 강력히 규탄하는 한편, 북한의 행동이 대북결의 1718호와 1874호의 심각한 위반임을 강조하면서 대북결의 1718호와 1874호를 지킬 것과 미사일 발사 활동중단에 관한 기존 약속에 복귀할 것을 요구하였다.

북한은 2012년 12월에 다시 은하 3호, 2호기 발사를 감행하였다. 북한은 인공위성이라고 주장하였지만 북한은 이미 1998년의 대포동 1호, 2006년 7월과 2009년 4월의 대포동 2호, 2012년 4월에 미사일을 발사한 바 있으며, 2012년 12월에 발사한 장거리 로켓은 대포동 2호를 개량한 것으로 분석되었다. 미국의 입장에서는 북한이 핵탄두 장착이 가능한 대륙간 탄도미사일(ICBM)을 갖게 될 경우, 미국에게 직접적인 위협이 된다고 생각하였다.

2013년 1월 북한의 미사일 발사 이후 유엔은 대북 제재 결의안 2087호을 발표하였는데, 전면적인 북한 무기금수 및 수출통제를 한다는 것과 모든 금융기관의 활동을 강화하겠다는 내용이 포함되었다. 이에 대해, 북한은 "우리는 날로 노골화되는 미국의 제재압박 책동에 대처하여 핵 억제력을 포함한 자위적인 군사력을 질량적으로 확대 강화하는 임의의 물리적 대응조치를 취할 것"이라고 말했다.[18] 실제로 2013년 2월 12일 북한은 3차 핵실험을 강행하였고 유엔안보리의 대북제재 결의안 2094호가 채택되었다.

유엔의 대북제재 2094호 발표에도 불구하고 그 실효성에 의문이 제기되었다. 무엇보다도 북한 대부분의 자산이 차명화되어 있기 때문이다. 2013년 10월 현재 회원국 중 한국을 포함해 9개 국가 만이 이행보고서를 제출한 것에서도 대북제재의 한계가 잘 나타나 있다.

북한은 2012년 4월 개정한 헌법에 핵보유국임을 명시하였고, 2013년 1월 23일 '한반도 비핵화 종말선언'을 하고 2013년 2월 12일에는 3차 핵실험을 강행하면서, 이전보다 폭발력은 크면서 소형화, 경량화 된 원자탄을 사용했다고 발표하였다.

이외에도 북한은 정전협정 백지화, 9.19공동성명의 폐기, 남북관계 전시상황 돌입, 남북직통전화 및 군 통신선 단절, 개성공단 가동중단 등의 조치를 취함으로써 핵보유를 기정사실화하는 한편, 미국과의 협상에서 핵보유국의 지위를 인정받은 상태에서 미사일 협상, 평화협정 체결 등을 도모하고자 하였다.

2013년 3월 북한은 경제건설과 핵능력 강화를 동시에 추구하는 '병진노선'을 김정은 체제의 경제건설 노선으로 채택하였다. 북한은 '병진노선'을 북한의 자위적 핵 무력을 강화 발전시켜 나라의 방위력을 철벽으로 다지면서 경제건설에 더 큰 힘을 넣어 사회주의 강성대국을 건설하기 위한 가장 혁명적이며 인민적인 노선이라고 주장하고 계속 이를 추진할 것임을 천명하였다.[19)]

2013년 4월 1일에는 병진노선을 뒷받침할 법을 제정하였는데, '자위적 핵보유국 지위를 더욱 공고히 하는데 대하여'가 바로 그것이다. 주요 내용으로는 ① 북한의 핵무기는 정당한 방위수단임 ② 북한에 대한 침략을 억제 격퇴하고 보복하는 타격 수단임 ③ 핵 억제력과 핵 보복타격력을 강화할 것임 ④ 북한에 반대하는 침략행위나 공격에 가담하지 않는 한 핵무기 불사용 ⑤ 핵 물질이 불법적으로 누출되지 않도록 관리를 철저히 할 것임 등이다.[20)]

[표 1] 주요 대북제재

대북 제재	원인	제재내용	북한의 후속반응	제재 후 주요사건
825 (93.5.11)	NPT 탈퇴	- NPT탈퇴제고 촉구 - 핵안전협정준수 촉구	- NPT 탈퇴유보	- 북미고위급 회담재개 - 북미 제네바합의
1695 (06.7.15)	미사일 발사	- 북한 미사일관련 물자 이전방지 - 북한국적회사 자산동결	- 자주권에 대한 모독	- 북한의 핵실험 위협
1718 (06.10.14)	1차 핵실험	- 유엔회원국의 WMD/재래식무기, 사치품 수출금지 - 북한의 WMD관련 자금과 금융자산 동결	- 안보리결의 전면배격 - 자위적 전쟁억지 강화	- 6자회담 복귀

1874 (09.6.12)	2차 핵실험	- 대북무기수출 및 이전금지 - 무기 활동 관련 금융거래차단	- 우라늄농축 개시선언 - 플루토늄 무기화	- 한국 PSI 전면참여 - 천안함 · 연평도사건
2087 (13.1.22)	미사일 발사	- 전면적 북한 무기금수 및 수출통제 - 모든 금융기관의 활동 강화	- 비핵화 종말선언 - 핵억지력 강화	- 3차 핵실험 위협
2094 (13.3.8)	3차 핵실험	- 원심분리기 부품 등 핵 · 탄도미사일 관련물품 수출입금지	- 정전협정 백지화 - 남북간 불가침에 관한 사항 전면폐기	- 영변원자로 가동

2) 이명박·박근혜 정부

① 이명박의 비핵·개방·3000

이명박 출범 이후 추진해 온 대북정책은 노무현, 김대중의 대북정책과 명확한 차이를 나타냈다. 첫째 기존 대북정책의 성과에 대한 인식 차이이다. 이명박은 지난 10년 간의 대북 포용정책이 남북관계의 물꼬를 튼 점은 인정하지만, 관계 유지를 위해 지나치게 북한에 끌려 다니거나 저자세로 일관하였고, 북한으로부터 상호주의적인 양보를 얻어내지 못한 일방적인 지원에 그쳤다고 보았다.

둘째, 이명박은 한미관계가 좋아지면 남북관계도 좋아질 것이며, 노무현 정부 시기의 한미관계 경색이 북미관계에 부정적 영향을 미쳤다고 여겼다. 이런 맥락에서 이명박은 한미관계 개선 → 북미관계 개선 → 남북관계 개선의 선순환 구조를 추진할 수 있을

것이라고 기대하였다.[21)]

셋째, 이른바 '실용'에 입각한 대북정책을 추진하고자 하였다. 즉, '남북대화를 유지해야 한다'는 형식보다는 진정한 남북관계 발전과 북한체제의 변화라는 실질적 내용, '정서적 민족주의'에 의한 명분보다는 '정책의 효율성', '이념이 아닌 국익을 추구하는 외교'를 지향한다는 목표를 내세웠다.[22)]

넷째, 10년 만의 보수정권으로의 교체와 한미동맹 강화라는 정치·안보 환경의 변화라는 관점에서 대북정책의 전환을 시도하였다. 출범 이후 금강산 피격사건, 한국의 전단지 살포 문제, 현대아산 직원 억류 등 남북관계의 악재가 지속된 가운데 북한의 로켓발사와 2차 핵실험은 한국의 PSI 전면 참여로 이어져 남북관계를 더욱 냉각시켰다.

이명박의 대북정책은 '비핵·개방·3000,' '상생·공영의 대북 실용정책,' '신평화구상,' '그랜드 바겐,' '통일세' 주장 등으로 대표되는데, 여기에서 이명박의 대북정책 핵심 기조로써 '비핵·개방·3000'과 '그랜드 바겐'을 살펴보면, 이 정책들은 몇 가지 문제점을 갖고 있다.

우선, '비핵·개방·3000'은 '북핵문제의 개선 없이는 북한에 대한 지원도 없다'는 논리를 담고 있기 때문에 실현가능성이 적다는 것이다. 북한의 입장에서 핵무기 보유는 자주권과 억지력을 확보하는 수단인데 이를 포기한 이후에야 지원을 하겠다는 것은 북한이 받아들이기 어려운 제안이다.[23)]

2009년의 '신평화구상'은 '비핵·개방·3000' 보다는 완화된 대북 접근이라고 평가할 수 있다. '비핵·개방·3000'은 북한이 비핵화를 완료할 경우, 10년 안에 북한의 1인당 국민소득이 '3000 달러'가 되도록 한국이 돕겠다는 것이었다. '신평화구상'은 북한이 비핵화의 결심을 보일 때, 대북 지원을 하겠다는 입장이기에 '비핵·개방·3000' 보다 유화적인 대북 제안이라는 것이 이명박의 주장이다.

북한은 안보적 불안과 체제 안전을 해소하려는 목적에서 핵개발을 진행해 왔다. 따라서 북한은 미국과의 평화협정 체결, 관계 정상화 등 핵개발을 포기할 수 있는 대외적인 상황들이 전개되고 보장되지 않는 상황에서는 핵을 포기할 수 없다는 입장이다. 북한은 이명박이 주장한 '신평화구상'이 '비핵·개방·3000'의 재탕이며 구체성이 결여된 '일방적인 것'으로, '흡수통일을 목적으로 한 것'이라고 인식하였다.

이어 이명박은 6자회담의 단계별 조치와 보상 방식이 일부 진전을 이뤘다가도 다시 후퇴하는 상황이 반복된 것에 대한 대안으로 '일괄 타결방안'인 '그랜드 바겐'을 제안하였다. 6자회담을 통해 북핵 프로그램의 핵심 부분을 폐기하면서 동시에 북한에게 확실한 안전보장을 제공하고 국제지원을 본격화 하자는 것을 주요 내용으로 하고 있다. 그러나 북한은 한국의 '일괄 타결안'은 '비핵·개방·3000'을 그대로 답습한 것이라며 반발했다.

실제로 '그랜드 바겐'은 북핵문제가 진전되지 못하는 근본적인 원인을 고려하지 않은 제안이었다. 북핵문제 해결을 가로막는 가장 근본적인 원인은 남북한 간의 불신이다. 서로 믿지 못하는 상황에서 북한의 '선 핵폐기'를 조건으로 '비핵·개방·3000'과 '그랜드 바겐'이 아무리 좋은 보상 내용을 담는다 해도 북한이 이를 수용하기는 어려울 것이다. 또한 '그랜드 바겐'이 현실화된다 하여도 이행단계에서의 단계별 진행은 어쩔 수 없는 것이므로 획기적

대안이 될 수 없었다.[24)]

한편, 통일세 징수도 북한의 비핵화와 북한체제의 변화를 전제로 하고 있다. 통일세 징수가 불확실한 북한의 미래에 대비한다는 긍정적인 측면이 있기는 하지만 북한에 대한 '흡수통일 준비'로 비춰져 북한을 자극하여 남북관계의 악화를 초래하였다. 이와 관련하여, 북한은 통일세 징수를 '전쟁세'라고 비난하였다. 야당과 진보진영에서는 '통일포기세'라고 폄하하기도 하였다.[25)]

② 박근혜 정부의 한반도 신뢰프로세스

이명박에 이어 등장한 박근혜 정부의 대북정책은 이명박의 기본적인 노선을 함께했다. 박근혜 정부의 대외정책 기조는 '한반도와 동북아의 평화 정착과 통일기반 조성', '경제외교를 통한 경제부흥 선도', '인류공영에 기여하는 중견국 실현', '국민권익 증진과 문화융성 구현'이라는 4대 외교목표 설정으로 구체화되고 있다.

이 중에서 '한반도와 동북아의 평화 정착과 통일기반 조성'은 박근혜 정부의 대외정책 기조인 '한반도 신뢰프로세스'와 '동북아 평화협력구상'을, '인류공영에 기여하는 중견국 실현'은 '중견국 외교'의 내용을 담고 있다.

박근혜 정부의 '한반도와 동북아의 평화 정착과 통일기반 조성'은 한미동맹을 기반으로 주변국들과의 전략적 협력 관계를 구축하여 북한의 도발을 예방하며 북핵문제 해결에 유리한 대외환경을 조성하는 것이다. 이를 위해 동북아지역 국가 간의 갈등과 대립을 예방·완화하고 신뢰의 경험을 축적하여 동북아 지역의 평화협력을 제도화하는데 기여하겠다는 것이다.

동북아 평화협력구상과 함께 한반도의 평화와 안정을 위해 제시된 대북정책인 한반도 신뢰프로세스는 튼튼한 안보와 원칙에 입각해 북한의 비핵화와 남북한 간의 점진적 신뢰 구축을 바탕으로 하고 있다. 한반도의 평화와 안정을 위해서는 동북아 평화협력구상과 함께 한반도 신뢰프로세스가 동시에 추진돼야만 하는데, 이는 북한을 포함해 역내의 다양한 불확실성을 제거하지 않고는 한반도 및 동북아의 평화와 안정을 달성하기 어렵다. 동북아 평화협력과 한반도 신뢰프로세스는 한반도 및 동북아의 평화와 안정이라는 수레의 양 바퀴와 같다고 할 수 있다.

박근혜 정부의 임기 2년이 지나는 현 상황에서 박근혜 정부의 대북정책에 대한 결론을 내리기는 아직 이르다. 하지만 이명박 정부와 같이 북핵 문제의 해결 없이 동북아 평화를 기대하기 어렵다는 입장을 견지하는 상황에서는 북핵문제의 평화적 해결을 위한 6자회담이나 북미 간, 남북 간 양자회담이 성사될 가능성은 적어 보인다.

제4절 오바마의 대한반도 정책과 남북한 및 의회

부시 임기 말기인 2008년 10월 1일-3일, 힐 미 국무부 차관보는 방북을 통해 북핵 프로그램의 검증의정서에 합의하였고, 이어 10월 11일 미 국무부는 북한을 테러지원국 지정에서 해제한다고 발표하였다. 그러나 이후 북핵문제는 별다른 성과 없이 지속되다가 2009년 1월 20일 오바마는 출범을 맞았다.

오바마가 출범하기 전인 2009년 1월 13일 북한은 외무성 대변인 담화를 통해 "미국의 대조선 적대시정책과 핵위협의 근원적인 청산이 없이는 100년이 가도 우리가 핵무기를 먼저 내놓는 일은 없을 것"이라고 밝혔고, 1월 17일에는 외무성 대변인이 중앙통신과의 문답을 통해 "대미 관계정상화와 핵문제는 철두철미 별개의 문제"라고 주장했다.

북한은 2009년 4월 14일 외무성 성명을 통해 6자회담에 참가하지 않을 것과 핵개발을 재개할 것임을 밝혔다. 성명에서 미국의 가중된 군사적 위협에 대처하여 우리는 부득불 핵 억제력을 더욱 강화하지 않을 수 없다고 말했다. 그러나 북한 핵문제가 오바마의 외교 현안에서 후순위로 밀리고, 미사일 발사도 미국의 특별한 관심을 받지 못하자 북한은 5월 25일 2차 핵실험을 감행하였다.

이에 2009년 6월 12일 UN 안보리는 대북 결의안 1874호를 공식 채택했다. 결의안 1874호는 1718호 보다 무기금수, 화물검색, 금융제재 등 전 분야에 걸쳐 한층 강화되었는데, 특히 북한을 오가는 화물이 핵·생화학·미사일 관련된 품목으로 의심될 만한 명백한 증거가 있을 경우엔 선박검색이 가능하며 공해상에서도 선적국의 동의하에 해당 선박을 검색할 권한을 부여했다. 또한 금융제재로는 북한의 핵이나 탄도미사일, 기타 대량살상무기 관련 사안에 기여할 수 있는 금융 서비스나 금융 또는 기타 자산 및 자원의 이전을 원천적으로 금지했다.[26]

미국 의회는 오바마의 '전략적 인내'에 대해 비판적이었다. 하원외교위원회 아태소위원회 위원장인 공화당의 차보트(Steve Chabot) 의원은 '북한의 핵위협'이 날로 증가하는 상황에서 오바마의 '전략적 인내'는 완전한 실패라고 말하였다.[27] 같은 당의 셔먼

(Brad Sherman)도 북한과 상대할 때 당근과 채찍을 같이 사용하는 것이 효과적이기 때문에 오바마가 북한과의 대화에 적극적으로 임할 것을 촉구하였다.

일부의원들은 인도주의적인 대북지원에 대해서 중단할 것을 주장하였다. 상원의원인 레이드(Harry Reid)는 대북 인도주의적 지원을 금지하는 법안을 발의하기도 하였다. 이는 오바마의 전략적 인내 정책에 대한 의회 의원들의 좌절감의 표현으로 받아들일 수 있다.

한편, 미국 하원 외교위원회는 2014년 5월 29일 '대북제제 강화법안'(North Korea Sanctions Enforcement Act of 2014, HR 1771)을 초당적 지지로 통과시켰다. 59명의 의원이 지지했는데 공화당 39명, 민주당 의원은 17명이나 되었다. 이 법안은 공화당의 로이스(Ed Royce) 하원 외교위원회 위원장이 발의한 것으로 북한 주민의 인권개선을 촉구하고 북한의 핵과 미사일 개발을 저지하기 위해 북한의 돈줄을 막기 위한 경제제재와 금융거래 봉쇄를 강화하는 내용을 담고 있다. 로이스는 "오바마는 전략적 인내 정책을 계속 유지할 것이라고 합니다. 하지만 이제는 의회가 분명한 대북제재의 법적인 틀을 만들어 변화를 이끌어야 할 시점입니다"라고 말하였다.[28)]

이에 대해, 민주당의 엥겔(Eliot Engel) 의원은 북한의 반인도적 범죄는 현대사회 어느 곳에서 일어난 현상보다 심각하다며 법안에 지지하였다. 공화당의 코널리 (Gerry Connolly) 의원은 이 법안이야말로 잔혹한 북한 정권에 대해 미국 의회가 손 놓고 있지 않겠다는 의지를 보여준다고 말했다.

오바마는 계속된 북한의 핵실험과 미사일 발사에 대해 경고하면서 북한이 6자회담에서 합의한 대로 핵폐기를 해야 된다는 점을 강조하였다. 오바마는 더 이상 북한의 '벼랑끝 전략'에 대해 무조건적인 보상을 하지 않을 것이며 과거의 이런 패턴에서 탈피할 것임을 강조하였고, 이 기조는 최근까지 지속되다 '전략적 관여'로 대북정책에 약간의 수정을 가하였다.

그 결과로 2011년 1월 미중 정상회담 이후 한국이 북한의 대화제안을 수락하면서 7월 인도네시아 발리에서 남북 비핵화 회담과 이어 북미 접촉이 있었다. 비록 상호 간의 탐색과 입장표명에 머물렀지만 북한 핵과 관련된 주된 행위자들이 대화와 협상 모드로 전환하였다는 점에서 고무적이다.

이와 같이 오바마의 대북 '전략적 인내' 정책은 의회의 강한 비판과 남북한의 대응에 따라 수정을 가해야 하는 상황에 놓이게 되었다. 오바마는 대외정책에서 최소한의 개입을 원칙으로 내세웠으나 '전략적 인내'의 한계 및 비판에 따라 아시아 중시 정책을 펼치며 '전략적 관여' 노선도 견지하고 있다.

제5절 결론

오바마의 대북정책을 요약하면, 1기 동안 3번의 미사일발사와 2번의 핵실험으로 남북한 갈등이 증대되었음에도, 6자회담은 진행되지 못했다. 오바마는 북한과의 대화에 소극적이었고 협상의 목표를 뚜렷하게 설정하지 않았으며, 6자회담의 재개를 위한 적극적인 관여를 하지 않았다. 단지 국제공조를 통한 대북제재와 중국의 역할을 증대시켜 북한의 행동자제를 요청하는데 그쳤다. 결국 북한은 핵을 포기하지도 않았고, 미사일 발사를 유예하지도 않았으며 6자회담에 다시 돌아오는 것도 거부하고 있다.[29)]

이러한 점에서 오바마의 대북정책은 실패라고 말할 수 있다. 오바마의 대북정책 실패는 '전략적 인내'라는 모호한 정책에서 기인한 것으로 볼 수 있다. '전략적 인내'가 함축하고 있는 의미는 잘못된 행동을 하면서 보상만을 얻으려는 북한에 대해 근본적인 태도의 변화가 없는 한 대화나 관여를 하지 않겠다는 것이다. 이는 북한이 자발적인 행동수정을 통한 비핵화 조치를 취하지 않는 한 미국은 어떠한 이니셔티브도 취하지 않겠다는 '무대응' 내지 '무정책'에 가까운 것이다.

오바마 2기에서도 미국은 경기침체와 국방비 삭감, 재정 적자 등의 요인으로 북핵문제에 대해 적극적인 개입이 어려운 상황이다. 오바마는 한반도 현안인 북핵문제에 대해 북한에 적극적으로 개입하기 보다는 국제사회와의 공조를 통해 제재와 압박을 추진하고자 한다. 이를 위해 오바마는 북한 핵문제 해결에 중국의 적극적인 역할을 주문하고 있다.[30)]

오바마는 2014년 현재 북한의 선 비핵화와 함께 북한이 2.29합의나 그 이상의 행동을 북한이 취하지 않을 경우 북한과의 대화에 응할 생각이 없다는 점을 명확히 하고 있다. 여기에서 오바마가 말하는 북한의 선 비핵화는 2.29합의에 나타난 북한의 핵과 미사일 실험유예, IAEA 사찰단의 영변 복귀 등에 대한 비핵화조치, 북한의 NPT 복귀 등을 의미한다.

1) Barack Obama, "Renewing American Leadership," http://www.foreignaffairs.com/articles/62636/Barack-obama/renewing-american-leadership
2) 박병철·주인석, 2010, *op.cit.*, pp. 188-190.
3) "The Obama-Biden Plan," http://change.gov/agenda/foreign_policy_agenda/
4) 전성훈, "오바마 행정부에서의 미·북 대화: 분석과 전망," 『전략연구』, 48호, 2010, p. 114.
5) Seal Of the President of the United States, "National Security Strategy," http://www.whitehouse.gov/sites/default/files/rss_viewer/national_security_strategy.pdf.
6) *Quadrennial Defense Review Report*, February 2010, http://www.defense.gov/QDR/images/QDR_as_of_12Feb10_1000.pdf.
7) *Nuclear Posture Review Report*, April 2010, http://www.defense.gov/npr/docs/2010%20Nuclear%20Posture%20Review%20Report.pd.
8) Hillary Clinton, "America's Pacific Century," *Foreign Policy*, November, 2011.
9) Sustaining U.S. Global Leadership: Priorities For 21st Century Defense," January, 2012, http://www.defense.gov/news/Defense_Strategic_Guidance.pdf.
10) Hillary Clinton, "Nomination Hearing to Be Secretary of State," Statement Before the Senate Foreign Relations Committee, January 13, 2009.
11) 박성관, "미국 오바마 행정부의 대북정책 결정요인에 관한 분석," 『국제정치연구』, 제 13집, 2호, 2010, p. 6.
12) Thomas Donilon, "The United States and the Asia-Pacific in 2013," *The Asia Society*, March 2013, http://seoul.usembassy.gov/p_gov_031113.html (검색일: 2013.10.25).
13) 박병철·주인석, *op.cit.*, p. 197.
14) *U.S. Policy Toward the Korean Peninsula*, N.Y: Council on Foreign Relations, 2010, p. 37.
15) '전략적 인내'는 보스워스 미 대북정책특별대표가 2009년 12월 8-10일 평양을 방문하고 돌아와 6자회담의 필요성과 역할, 9·19 공동성명 이행의 중요성에 이해를 같이하기에 북한과 모든 관련국들은 북한핵

문제에서의 교착상태를 끝내기 위한 노력에서 전략적 인내를 발휘할 것을 주문하면서 사용한 용어이다. 박병철·주인석, *op.cit.* p. 196.

16) 김일수, *op.cit.*, p. 64.

17) http://www.jajuminbo.net/sub_read.html?uid=11759

18) 『경향신문』, 2013년 10월 4일.

19) http://www.1koreannews.com/bbs/board.php?bo_table=news&wr_id=1286

20) 김일수, "북한 핵협상과 6자회담: 한국의 전략과 선택," 『대북정책 자료집』, 통일교육원, 2009, p. 264.

21) 김성한, "이명박 정부의 '실용외교' 전망과 과제," 『신아세아』, 2008년 봄, pp. 31-50.

22) 성경륭·윤황, "이명박 정부의 대북정책: 주요 쟁점과 추진현황," 『평화학연구』, 9권, 2호, 2008. pp. 15-18.

23) 김근식, "포괄적 패키지의 성공을 위한 제언," 『한반도 포커스』, 제3호, 경남대학교 극동문제연구소, 2009, pp. 3-4.

24) 한 여론조사에서도, 응답자의 55.3%가 '언젠가 필요한 일이지만 아직은 이르다'고 답했으며, '전혀 불필요하고 논의할 단계도 아니다'는 응답이 19.7%로 나타난 것으로 보아, 통일세가 언젠가는 필요하지만 아직은 시기상조라는 응답이 주를 이뤘다. 『서울신문』, 2011년 8월 18일.

25) Leon V. Sigal, "North Korea's Earthquake: Just Let the Dust Settle," *Global Asia*, Vol. 8, No.1, pp. 36-40.

26) www.un.org/News/Press/docs/2009/sc9679.doc.htm.

27) www.armscontrol.cor/print/6407

28) http://www.rfa.org/korean

29) 김일수, "북한 핵문제와 미국의 대한반도 정책," 『평화학연구』, 제12권, 4호, 2011, pp. 51-70.

30) Paul K. MacDonald, and Joseph M. Parent, "Graceful Decline?: The Surprising Success of Great Power Retrenchment," *International Security*, Vol. 35, No. 4, 2011, pp. 7-44; Steven E. Lobell, "The Grand Strategy of Hegemonic Decline: Dilemmas of Strategy and Finance," *Security Studies*, Vol. 10, No. 1, 2000, pp. 86-111.

제8장

한반도 평화정착을 위한 제언

이 책에서는 카터부터 오바마까지의 대한반도 정책을 연구범위로 삼았다. 먼저 카터 이전 시기까지의 미국의 한반도 정책을 검토함으로써 한반도 정책의 배경을 파악하여, 본격적인 연구의 장을 마련하고자 하였다.

이 책은 국제정치의 변화가 외교정책을 수립하는데 미치는 대통령의 힘을 어떻게 제한하여 왔는지에 대한 일반론적인 분석과 더불어 미국의 한반도 정책과 같은 특정 사례에 대한 분석을 동시에 시도하였다.

아래 [표 2]와 [표 3]은 지금까지 미국 대통령의 대한반도 정책을 비교하여 요약한 것이다. [표 2], [표 3]에서 알 수 있듯이 각 대통령들은 나름대로의 국제체제에 대한 상황정의와 이에 따른 외교정책을 수립하였다. 이 대외정책은 한반도 정책을 수립하는데 작용하였고, 여기서 수립한 대한반도 정책은 국내적으로는 의회를 설득하고, 대외적으로는 남북한을 설득하는 과정을 통해 실제 정책으로 집행되었다.

그러나 트루먼 이후의 미 대통령들은 모두 북한의 위협을 봉쇄하고 한국을 방어한다는 원칙에는 큰 변화가 없었다. 단지 북한 내부의 변화와 북한의 대외정책을 고려하여 한국정부의 대미, 대북정책의 변화에 따라 조정된 자신들만의 '대한반도 정책'을 추진하였다.

뒤에서는 이 책의 논의를 통해 얻어진 함의를 도출하고 향후 한반도 평화정착을 위한 방안들에는 어떤 것들이 있는지를 살펴보고자 한다.

[표 2] 미국 대통령의 한반도 정책 비교(트루먼-포드)

	트루먼	아이젠하워	케네디	존슨	닉슨	포드
상황정의 및 세계전략	봉쇄 정책	New Look	유연 대응전략	봉쇄 정책	닉슨 독트린	신태평양 정책
한반도 정책목표	대북봉쇄					
한반도 정책실행	한국 전쟁개입	한미상호 방위조약	군사정부 수용	군사정부 수용	미군 철수	미군 철수철회
미국의회	지지	부분적 지지	부분적 지지	지지	반대	지지
정책결과	휴전 협정	한미 동맹 형성	한미 동맹 지속	한미 동맹 강화	한미 동맹 균열	한미 동맹 복원

[표 3] 미국 대통령의 한반도 정책 비교(카터-오바마)

<table>
<tr><th></th><th>카터</th><th>레이건</th><th>부시</th><th>클린턴</th><th>부시</th><th>오바마</th></tr>
<tr><td>상황정의 및 세계전략</td><td>인권 외교</td><td>강한 미국</td><td>New World Order</td><td>포용과 개입</td><td>강압 정책</td><td>스마트 외교</td></tr>
<tr><td>한반도 정책목표</td><td colspan="6">대북봉쇄</td></tr>
<tr><td>한반도 정책실행</td><td>미군 철수 → 철수 번복</td><td>군사 정부 수용</td><td>핵무기 철수</td><td>대북 원조 제안</td><td>동맹 관계 재조정</td><td>한미 전략 동맹</td></tr>
<tr><td>미국의회</td><td>반대</td><td>지지</td><td>지지</td><td>부분적 지지</td><td>부분적 지지</td><td>반대</td></tr>
<tr><td>한국</td><td>반대</td><td>지지</td><td>지지</td><td>부분적 지지</td><td>부분적 지지</td><td>지지</td></tr>
<tr><td rowspan="2">북한</td><td>공식 접촉없음</td><td>부분적 대화</td><td colspan="4">핵·미사일개발 → 6자회담 진행</td></tr>
<tr><td colspan="6">적대적</td></tr>
<tr><td rowspan="2">정책 결과</td><td>동맹 균열</td><td>동맹 강화</td><td>동맹 유지</td><td>동맹 유지</td><td>부분적 동맹 분열</td><td>동맹 강화</td></tr>
<tr><td>철수포기·인권연계</td><td>신중한 접근</td><td>미군 감축</td><td>제네바 합의</td><td>핵합의</td><td>핵합의</td></tr>
</table>

제1절 아 · 태지역에서의 미국의 역할

미국은 한 세기 넘게 태평양 지역에 관심을 가져왔다. 태평양 지역의 문제는 매스컴이 관심을 가지지 않을 때에도 미국 외교정책의 중요한 요소 중 하나였다. 하지만 이 같은 미국의 관심은 이 지역에 대한 상반된 목적 때문에 복잡한 양상을 띠었다. 미국은 기본적으로 태평양 지역의 동맹국들을 보호하고자 하였으나, 인권 장려, 민주주의 확대, 핵 비확산 지원, 국제무역 발전, 환경보호에 대한 기여, 역내 경제적·군사적 안정, 그리고 그 밖의 다른 수많은 목표도 달성해야 했다. [표 2], [표 3]에서도 나타나듯이, 자신이 선호하는 결과를 창출해 내는 대통령의 능력은, 자신만의 상황정의, 남북한과 미 의회의 간섭과 같은 다양한 요인들에 의해 영향을 받았다. 더불어 미국 외교정책 결정자들은 냉전 이후의 미국 외교정책에 대한 방향을 설정할 때에 모든 곳에서 냉전이 끝나지는 않았다는 점과 공산주의의 봉쇄를 위한 미국의 역할 역시 아직 끝나지 않았다는 것을 인지해야 했다. 이 때문에 상반된 외교정책의 목표들에 대한 균형을 잡기가 더욱 어려웠다. 이 책에서 논의된 대통령들은 이러한 교훈을 배워야 했으며, 그들의 후임자들도 이 사실을 알아야 할 것이다.

제2절 한반도 정책 수립과 미국 대통령의 역할

미국이 2차 세계대전에 참전한 이래로, 미국 대통령은 '자유세계의 지도자'라는 역할을 지속해 왔다. 냉전시대에 워싱턴은 반공산주의 세계의 실질적인 수도였으며, 미국 대통령은 전체주의에 대항하는 안보의 수호자로 비춰졌다. 클린턴과 같은 대통령은 국내문제에 시간과 역량을 쏟아야 했기에, 북한에 대한 개입과 같은 역할을 달가워하지 않았다. 그러나 레이건과 같은 대통령은 그 역할을 기꺼이 맡았으며, 한국을 포함한 동맹국들과 미국을 방위하면서 상징적이고도 실질적인 조치들을 통해 소련과 북한의 도발을 막는데 미국이 기여하고 있음을 입증하였다.

국내외적 상황이 바뀔 때마다, 대통령은 주한미군의 규모를 줄이려고 노력하였다. [표 2], [표 3]에서 나타나듯이, 카터는 철수정책을 추진하였으나 의회와 군관계자, 한국의 강한 반대에 부딪친 이후에 자신의 정책을 번복해야 했다. 이와 반대로, 레이건은 반공산주의 운동에 강한 신념을 갖고 있었기에, 주한미군을 계속해서 주둔시켰다. 냉전의 종식과 의회의 압력에 따라 부시는 한반도에서 미 지상군을 줄이고자 하였지만, 북한의 핵프로그램으로 인해 주한미군 감축정책을 보류할 수밖에 없었다. 한국에 대한 북한의 지속적인 위협이야말로 주한미군이 계속해서 주둔해야 할 기본적인 이유였다.

미국 대통령이 세계 지도자로서 행정부 최고 수반을 미국 외교정책의 설계자로 일컫는 것은 미국 정치에 있어 아주 흔한 일이었다. 한반도 정책 수립에 있어서도 대통령의 특권이 강력하긴 하였지만, 전권을 가진 것은 아니었다. 종래엔 대통령의 직위는 외교정책의 근원으로 여겨졌다. 의회는 국내 정책 수립시 국내의 이해를 먼저 보호하고자 하며, 대통령의 힘은 건실한 정부의 핵심적인 요소로 여겨졌다. 베트남전쟁, 워터게이트 사건, 그리고 그 밖의 다른 사건들로 인해 대통령 중심적인 정부의 이미지가 훼손되었을 때조차도, 대통령은 의회의 반대를 감수하면서 미국 외교정책의 방향을 통제할 수 있었다.

그러나 이 같은 견해와는 반대로 미국 대통령들은 대한반도 정책을 수립할 때, 매우 현실적인 어려움에 직면하였다. 즉, 외교정책을 수립하거나 수정하기 위한 대통령의 절대적인 힘이 부족하며, 새로운 전략이나 정책을 취하는데 대통령의 능력에 한계가 있었다. 좀 더 상세히 말하면, 대한반도 정책을 다시 수립하는 데 필요한 대통령의 자유는 미국 정부의 제도와 국내정치에 의해 구속되고 제한된다는 것이다. 이에 대한 설명은 [그림 1]과 [그림 2]로 제시할 수 있다. [그림 1]은 미국 대통령이 대한반도 정책을 추진할 경우의 이상적인 정책결정 모형이다. 이는 대통령이 미국 외교정책 결정에서 주도적인 역할을 한다는 것을 가정한 것이다. 이 모델에 따라 외교정책학이나 대통령학(Presidency)을 연구하는 사람들은 외교정책에 있어서 대통령이 가진 권한과 특권에 의해 여러 가지 난관들을 쉽게 극복할 수 있을 것이라고 예상한다.

그러나 실제 외교정책의 집행과정은 이와는 다른 양상을 보인다. [그림 2]에서 보듯이, 의회와 남북한은 대통령의 상황정의에서부터 목표설정 그리고 실행에 이르는 모든 과정에서 영향력을 주고받는다. 세계 지도자로서의 대통령에 대한 대중적 관점과 정책 수립의 현실 간의 차이점이 [그림 1]과 [그림 2]의 대조를 통해 잘 드러난다.

[그림 1] 대통령의 대한반도 정책결정의 이상적 모형

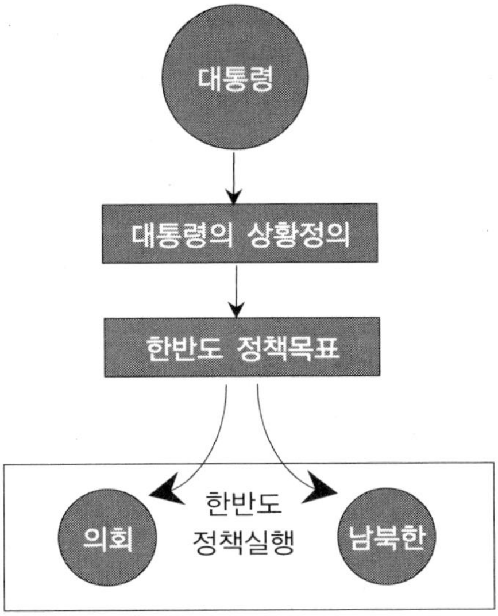

[그림 2] 대통령의 대한반도 정책 형성에서 실제 상호작용

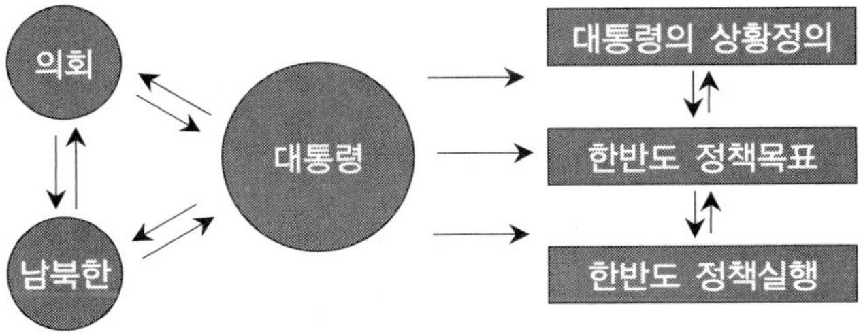

미국의 모든 대통령들은 반공산주의와 봉쇄정책을 외교정책의 근간으로 삼았다. 봉쇄정책을 고안한 트루먼은 다음 반세기의 정책을 위한 전형을 수립하였다. 트루먼이 1950년 한국을 방어하기 위해 미군을 파견한 것을 기점으로 봉쇄정책을 범세계적인 정책으로 확대시켰다. 트루먼에 이은 미국 대통령들 역시 북한의 도발을 억제하기 위한 주요 방법으로 봉쇄정책을 고수하였다. 그렇다고 해서 트루먼부터 클린턴에 이르는 모든 대통령들이 한반도 문제를 최우선 과제로 삼은 것은 아니었다. 이 책은 바로 이점에 착안해 한반도 문제가 일부 대통령에게는 상대적으로 중요하지 않았다는 것을 알려주고자 했다. 즉, 한반도 상황이 교착상태에 빠져 있을 때에만 미국 대통령들이 한반도에 관심을 보였다.

세계 지도자로서의 미국 대통령은 세계 수준의 다양한 분쟁들에 대처해야 할 뿐만 아니라, 정치적으로 실행 가능한 해결책을 고안해 내야 했다. 동맹국들은 전쟁의 종료나 분쟁의 중단을 위해 미국 대통령의 주도적인 역할을 기대하였다. 예를 들어 카터는 한반도 문제에 대해서는 별로 관심을 두지 않은 채, 소련, 중동, 파나마에서의 분쟁에 직면했다. 이것은 만약 카터가 다른 안보적 이슈에 전념하지 않았다면, 한반도에 대해 정치적·전략적으로 실행 가능한 정책목표를 설정할 수 있었음을 의미하는 것이다. 카터가 한국에 인권을 강요하면서 동시에 주한미군을 철수하겠다고 주장하였던 것은, 그가 미국의 국가안보에 있어 한반도의 지정학적 가치를 잘못 이해하였거나 과소평가하였기 때문이다. 만약 카터가 한반도정책을 좀 더 높은 순위에 두었더라면 그는 주한미군 철수를 제안하지 않았을지도 모른다.

같은 이유에서 클린턴이 소말리아와 아이티문제에 몰두하였기 때문에, 한반도 안보가 세계평화에서 갖는 함축적 의미에 대해서 객관적인 평가를 내리지 못하였을 수도 있다. 또한 이러한 상황인식으로 클린턴은 북한 핵개발 문제를 해결하는 데 늦장을 부렸다. 한편, 레이건과 부시는 한반도 안보에 대한 중요성을 인식하고는 있었지만, 너무 위험한 것으로 간주하였다. 부시에 관한 사례 연구에서도 나타나듯이, 유럽지역에서 나타난 국제 체제적 변화와 한반도 지역에서 일어난 유사한 변화가 서로 일치하는 것은 아니었다. 그는 한국방위에 대한 역할에 충실하였기에 다른 방식의 한반도 정책을 시도하지 않았던 것이다. 오바마의 경우도 북한 핵문제 해결을 위해 '전략적 인내' 정책을 취했지만, 아프가니스탄과 이라크의 우선순위에 밀려 실질적인 성과를 거두지는 못했다.

제3절 한반도 정책과 미국 의회의 역할

미 의회는 대통령이 협상, 정책 선택을 위한 고려, 정책변화를 위한 합의를 도출하고자 할 때, 이를 제한할 수 있는 상당한 권한을 가지고 있다. 만약 새로운 외교정책이 타국에 대한 자금 제공 혹은 조약 체결과 같은 의회에 의한 묵인이나 행동을 필요로 하는 경우라면, 의회의 잠재적 권한은 더욱 강력하다고 할 수 있다. 카터가 주한미군 철수를 추진하였을 때, 의회는 카터의 안보평가에 오류가 있으며 그로 인해 한국의 안보가 위험에 빠질 것이라고 보고, 카터의 철군정책을 변경하도록 압력을 가하였다. 레이건과 부시가 한국의 인권문제를 묵인하자, 의회는 한국에 대한 지원을 중지함으로써 대통령의 한반도정책에 제동을 걸고자 하였다.

미 의회는 국내외적으로 중요한 의미를 지니고 있는 '인터메스틱한 이슈'에 대해서 더욱 많은 관심을 가진다.[1] 특정 문제의 본질이 의회의 관심사를 자극하면서, 의회의 권한에까지 영향력을 미치기 때문이다. 전통적으로, 연구자들은 의원들이 상당한 관심을 가지는 국내문제와 의회가 대통령의 리더십을 존중하는 국제문제를 서로 구분해 왔다. 그러나 일부 연구자들이 '인터메스틱'으로 불리는 문제들은 국내·외 문제가 서로 뒤엉켜 있다. 해외 무역정책과 같은 '인터메스틱'한 이슈들에 대해 대통령과 의회는 서로 다른 시각에서 문제를 해결하고자 한다. 대통령은 이를 외교정책의 문제로 풀려고 하지만, 의회는 이 문제의 국내적 정책에 더욱 집중하여 문제를 해결하려고 한다.

이와 같은 의미로 미국의 대한반도 정책은 '인터메스틱'한 이슈의 성격을 띤다고 말할 수 있다. 한반도 문제가 국제적 문제이기는 하지만, 한국전쟁의 역사와 한국의 안보에 대한 미국의 오랜 기여를 토대로 하기에 강력한 국내적 이해관계를 갖고 있다. 북한의 도발을 봉쇄해야 한다는 미국 상하원 의원들의 신념은 이데올로기적 사고가 반영된 것이 아닌, 북한 정권의 지속성에 바탕을 둔 입장에서 비롯된 것이다. 카터의 주한미군 철수 시도는 한미상호방위조약을 위태롭게 함으로써 위험에 한껏 고무되었던 의회가 대통령의 계획에 간섭할 수 있는 계기를 마련해 주었다. 카터의 사례는 의회가 대통령에게 압력을 가함으로써 결국 그의 결정을 번복하도록 한 것을 보여준다.

마찬가지로, 조지 부시와 클린턴의 경우에도 의회는 대통령의 자유재량을 거부할 수 있는 의지를 갖고 있었다. 그런 점에서, 미국 외교정책의 일부 요소에 대한 새로운 접근법을 원하는 대통령은 유연성을 갖추고자 하는 외교적 열망과 국내정치의 영향력 사이에 사로잡혀 있는 자신을 발견할 수 있을 것이다. 백악관의 새로운 정책노선은 의회의 동의가 있을 때에만 성공할 수 있다. 부시의 주한미군 철수 계획은 해외 주둔 미군의 규모를 감축할 시기가 되었다고 생각하고 있던 대부분의 의원들을 자극하였다. 그러나 클린턴이 북한 핵무기제조 위협을 중단시키는 문제에 대해 시급성을 느끼지 못하자 의회는 그가 합당한 조치를 취하도록 상당한 압력을 가하였다. 이런 점에서 대통령의 외교활동은 그 직책이 가정하고 있는 일반적인 인식보다도 훨씬 취약하다고 할 수 있다.

요약하면, 이 책은 미국 외교정책의 근원적인 역동성을 밝혀내기 위한 것으로, 카터-오바마에 이르는 미국 대통령들에 대한 연구와 더불어 대한반도 정책을 재수립하려고 했던 그들의 시도들을 고찰하는 것이 목적이었다. 이러한 역동성은 한국의 역사와 제문제들, 태평양지역 및 전체주의에 대한 미국의 방어 등을 연구하는 학자들과 미국 외교정책을 연구하는 연구자들에게 많은 연관성을 제공한다고 할 수 있다. 미국의 한반도 정책을 실행하고 감독하는 미국 대통령들의 경험은 미국의 한반도 외교정책과 태평양 지역에서 미국의 미래를 보여 줄 것이다.

제4절 6자회담과 남북대화의 필요성

지금까지의 북핵문제의 진행과정을 요약하면, 위기상황이 도래하면 대화와 협상을 시작하였고, 이를 통해 합의사항을 도출하였다. 또한 합의사항의 부분적 이행과 제한된 초보수준의 관계개선이 이루어지다가도 합의사항의 해석을 둘러싼 이견이 노출되면 대화중단과 합의사항 파기로 이어졌고, 교착상태에서 다시 대화를 재개하는 과정을 반복하였다. 북한은 매번 위기상황을 통해 미국을 협상 테이블로 끌어들였고, 북미 간 사전 합의 이후 6자회담을 통한 합의사항 발표형식을 취해왔다.[2] 결국 북핵문제는 '위기 →대화 →합의 →파기 →위기'의 악순환이 반복되고 있으며 북·미 회담이나 6자회담 등은 정체상태에 머물러 있다.

향후 6자회담의 재개여부는 많은 난관이 예상되지만, 무엇보다 참여국가들 사이의 이견을 어떻게 하나로 결집해 나가는가가 중요하다. 궁극적인 북한의 비핵화를 위해서는 남북한 사이의 대화모드가 재개되어야 한다. 천안함과 연평도 사건으로 한반도 상황은 최악이다. 빠른 시간 내에 북한과의 대화를 시작하면서 천안함과 연평도 사건에 대한 북한의 사과를 얻어내면서 북한의 핵 포기를 유도하는 지혜를 발휘해야 한다.

이외에도 북미간의 대화도 복원되어야 한다. 오바마의 대북정책이 '전략적 인내'에서 '전략적 관여'로 바뀌면서 형성된 일련의 대화 분위기를 계속 이어나가야 한다. 6자회담 의장국인 중국의 역할도 향후 6자회담 진행에 중요한 변수이다. 6자회담에서 북한이 핵을 포기하는데 중국이 영향력을 행사할 수 있는 환경을 만들어

나가는 것이 필요하다. 여기에 러시아와 일본이 북한과의 접촉을 통해 김정은 정권으로 하여금 북한이 핵을 포기할 때, 군사적·정치적·경제적 이익을 얻을 수 있다는 것을 설득하는 작업도 병행되어야 한다.

북핵문제 해결의 가장 큰 장애물은 남북한 사이의 불신이다. 신뢰 형성이 무엇보다 우선시 되는 상황에서, 어느 한쪽에 모든 책임을 전가하고 어느 한쪽의 선 조치만을 요구하는 자세는 북핵문제를 더욱 어렵게 만들 뿐이다. 현재의 한반도 상황에 대한 책임은 남북한 모두에게 있다.

이명박은 김대중, 노무현의 대북정책에 대한 비판을 바탕으로 '비핵·개방·3000'을 내놓으며, 핵 포기를 하면 그에 따른 보상이 있을 것이라고 수차례 강조해 왔다. 이명박이 이전 정부와 차별화된 대북 정책을 시도했지만 결과적으로 남북관계는 더 악화되었다.

김정일-김정은 정권의 붕괴가 멀지 않았다는 가정, 북한을 압박하면 한국의 요구를 수용할 수밖에 없을 것이라는 '희망적 사고'는 남북 관계의 단절과 갈등 증폭으로 이어졌고 2010년 3월 26일 서해안에서 천안함 사건이 발생하였다. 또한 북한은 2010년 11월 23일, 연평도에 대한 포격을 감행하여 남한의 민간인들을 사망케 하는 만행을 저질렀다.

천안함 사건에 대해 북한은 자신들은 무관하다고 주장하고 있다. 연평도 포격에 대해서도, 북한은 자신들의 영해 내에서 한국이 군사훈련을 하면서 먼저 사격을 했기 때문에 방어와 응징차원에서 이루어진 것이라며 억지주장을 폈다. 서방의 경고와 제재에도 아랑곳하지 않고 핵 실험, 미사일 발사를 감행한 북한이 이제는 '공멸'도 마다하지 않겠다고 한국과 미국을 협박하고 있다.

이명박에 이어 등장한 박근혜 정부가 연평도 사건과 같은 북한의 도발에 대해 책임을 묻고 북한의 사과가 있어야만 남북대화가 가능하며, 북한에 재발 방지를 요구하는 것은 어쩌면 당연한 것이었다. 이것은 국제정치 이론에도 나오지만 상대방의 분명한 잘못에 대해 지적하고 사과를 받아냄으로써 상대방으로 하여금 향후 비슷한 상황에 처했을 때 똑같은 잘못을 저지르지 못하게 하는 억지 효과가 있기 때문이다.

국민 다수의 지지를 얻고 당선된 이명박이 이전 정부의 정책에서 탈피하여 새로운 대북정책을 추진하고자 한 것은 새로운 정부에서 새로운 정책이라는 정당성이 있다. 그러나 김대중·노무현이 추진했던 대화를 통한 문제해결 원칙, 정경분리 원칙에 입각한 남북교류, 정상회담과 같은 대타협을 통한 한반도 평화정착 노력 등을 일시에 용도 폐기한 것은 아쉽다.

남북한 간의 대화가 단절된 상태에서 선행조건의 이행만을 주장하기에는 북핵문제의 해결이 너무 시급했기 때문이다. 북한의 이성적인 대응을 가정하고 행해진 지금까지의 대북 협상과정을 반추해 볼 때, 북한을 포용할 때 한반도 평화관리가 더 용이했었다. 정책은 변할 수 있다. 그러나 어떠한 접근이 북한과의 협상에서 좋은 결과로 연결되었는지를 생각해 볼 때, 박근혜 정부의 대북정책은 보다 유연하게 변해야 한다.

제5절 한반도 평화를 위한 주변국의 역할

북핵문제 해결을 목적으로 1994년부터 시작된 4자회담에 참여하기 시작한 중국은 2003년 시작된 6자회담에서는 의장국으로서 중요한 역할을 수행해 오고 있다. 중국은 북한이 핵무기 개발을 통한 '벼랑끝 전략'을 펼치는 것이 미국을 협상 테이블로 이끌어내기 위한 절박한 상황에서 기인한 것으로 보고 있다.[3] 따라서 북핵문제를 해결하기 위해서는 미국이 먼저 대북 안보보장, 경제 지원을 해야 한다고 주장한다.[4]

또한 천안함 사건에 책임을 문 UN의 강력한 대북제재에 중국은 반대 입장을 표명하였으며, 연평도 도발 직후인 11월 23일 중국 외교부 대변인의 정례 브리핑에서는 "우리는 관련 각국이 한반도의 평화와 안정에 유리한 일을 많이 해주기를 바란다"며 북한에 대한 직접적인 비판을 자제하였다.

이와 같은 중국의 태도는 북한 체제의 불안정 혹은 북한 정권 붕괴가 자국에 미칠 영향력을 우려한데서 나온 것이다. 국제사회의 대북 경제제재에 중국이 적극 동참할 경우 현재 에너지·식량난에 허덕이는 북한경제는 더욱 어려워 질 것이고, 북한 주민들의 민생에 큰 타격을 주어 현재보다 훨씬 더 심각한 대량 탈북자와 난민을 발생시킬 수 있기 때문이다.

한편, 중국은 북한의 붕괴가 자신들의 안보를 위협할 가능성이 있다고 보고 있다. 즉 북한의 붕괴가 미국과의 군사적 완충지대 상실로 이어져, 미래 세계패권 경쟁국가인 미국의 군사력(주한미군)이 중국 국경과 마주하게 될 가능성을 배제할 수 없기 때문이다. 나아가 미국이 북한을 공격하는 상황이 발생하여 '상호원조조약'에 의거 중국이 북한을 지원하게 된다면, 미국과 중국의 전면전으로 확대될 가능성도 있다.[5)]

이와 같은 견지에서 중국은 대한반도 정책으로 등거리 외교를 펼치고 있다. 그 이유는 북한체제의 안정이 자국안보에 필수적이라고 생각하는 한편, 자국의 경제발전을 도모하기 위해서는 남한과의 경제교류를 증대시켜야 한다고 인식하기 때문이다. 나아가 중국은 한국과의 협력 강화를 통해 한미동맹 및 한반도에서 일본의 영향력을 견제할 수 있다고 판단하고 있다.[6)]

오바마는 중국 정부가 북한의 핵개발을 비판하지 않고, 천안함 사건 관련 대북제재에도 반대하며,[7)] 최근 북한의 연평도 도발에 대해서도 북한을 비난하는데 적극적이지 않은 것에 불만을 표출했다. 더욱이 중국이 6자회담의 재개만을 주장하며 대화와 협상만을 강조하는 것을 비판해 왔다. 이에 미국은 한국과 함께 대북 추가 제재방안을 강구하는 한편, 대량살상무기 확산방지구상(PSI) 훈련과 한미연합 합동훈련 강화 등을 통해 북한과 중국을 동시에 압박하고 있다. 이처럼 최근 한반도 급변사태를 바라보는 북한에 대한 중국과 미국 등 다른 국가들 간 입장 차이는 깊은 갈등으로 표출되고 있다.[8)]

러시아는 한반도 문제 해결에 중요한 역할을 수행하면서 남북한 모두와 균형적인 관계를 유지하고자 한다. 러시아는 2000년 북러기본조약 서명과 남북 양국과의 '정상외교'를 통해 한반도 균형정책을 더욱 확고히 하고 있는데, 균형정책을 선택한 것은 경제적으로는 한국이, 정치·안보적으로는 북한이 중요하기 때문이다.[9)]

한편, 러시아는 북핵문제 해결을 위한 6자회담에서 적극적인 중재자 역할을 도모했다. 러시아는 2003년 북한 핵문제의 해법으로 '포괄적 타결안'을 제시했는데, 북한이 핵무기 개발을 완전히 포기하는 대가로 미국은 공식적인 문서를 통해 북한의 체제안전을 보장하고, 중유공급을 재개하는 등 경제적 지원을 수행하는 것을 골자로 한다.

또한 러시아는 미국, 러시아, 중국이 공동으로 북한체제의 안정을 보장하자고 제의하기도 하였다. 이는 러시아가 단기적으로는 한반도에서의 영향력을 회복하고, 장기적으로는 러시아에 우호적인 통일정부 출현을 기대하고 있음을 보여주는 것이기도 하다.

일본도 북한의 핵을 용인할 수 없으며, 핵보유국으로 인정할 수 없다는 입장을 견지하면서 한미일 삼각 협력 체제를 가동시켜 왔다. 일본은 천안함 사건에 대해 '북한 어뢰 공격에 의한 침몰,' 연평도 사건에 대해서는 '북한의 포격'이라고 표현하면서 북한의 책임을 명확히 했다. 북한의 미사일 발사와 2차 핵실험에 대해 일본은 미국과 더불어 강경 대응을 주도해 왔다. 일본은 유엔 안전보장이사회 제재 결의가 나오기 전 이미 북한 선박 전면 입항 금지와 북한상품 전면 수입 금지 등의 보복조치를 취했다.

일본은 6자회담에서 한미 양국 정부의 기본 입장에 대한 지지와 정책 공조를 견지해 왔지만 이견이 없었던 것은 아니었다. 일본은 '일본인 납북자'문제를 6자회담과 북일 양자대화에서 지속적으로 주장해 왔다. 2008년 8월에 북일 양국 간 실무자 협의를 통해 이 문제를 재조사하기로 합의가 있기도 했지만, 북한이 재조사에 나서지 않으면서 대화가 중단된 상태이다. 일본인 납북자 문제에 대한 일본의 집착은 북한의 반발 뿐 아니라 한국정부와도 엇박자를 보이면서 6자회담의 진행을 어렵게 하기도 하였다.

한편, 일본은 미일동맹에 대한 새로운 관계조정을 시도하였다. 하토야마 정부가 들어서면서 미일동맹을 보다 대등한 관계로 전환하려는 노력을 진행했는데, 하토야마 정부가 제안한 이른바 '동아시아 공동체 구상'이 그것이다. 그러나 일본은 북한의 핵과 미사일 발사, 한국의 천안함 사태 등의 요인으로 미군의 주둔을 통한 억지가 자국의 안보에 필수적임을 재확인하면서 후텐마 기지 이전 문제를 봉합하고 미일동맹을 복원시켰다.

일본은 북한의 미사일 발사와 핵 실험, 그리고 G2 국가로서 부상하고 있는 중국을 견제하기 위한 노력도 기울이고 있다. 일본은 북한의 핵 및 미사일의 위협을 적절한 수준으로 증폭시켜, 이를 자국의 군사 현대화를 위한 명분으로 활용하고 있다. 또한 중국의 위협에 대응하기 위해 '동적 방위력'으로의 전환을 모색하여 육상자위대를 감축하는 대신 공군과 해군 자위대 및 남서제도에 대한 전력증강을 통해 기동성을 강화하려고 한다.[10]

6자회담에서 옵저버 형태로 참여하고 있는 러시아와 일본의 역할은 중국, 미국과 비교하면 그 영향력에 분명한 한계가 있다. 그러나 러시아와 일본이 6자회담에서 북한이 핵을 포기함으로써 생기는 북한의 군사적·경제적 이익에 대하여 설득하는 작업은 매우 중요하다. 최근 한반도에서 북핵문제 해결을 위한 남북, 북미 접촉이 있은 후 북일 양국의 대표가 6자회담 재개 방안을 협의하고, 경협을 매개로 러시아로부터 경제 지원을 이끌어내기 위한 북러 간 정상회담은 향후 6자회담의 진행을 원활하게 해줄 긍정적인 요인들임에 틀림없다.

그동안 한미 양국은 6자회담의 재개조건으로 북한의 도발 행위 중지, UEP 중단, IAEA 사찰단 복귀, 핵시설 중단 선언, 9.19 공동성명에 따른 비핵화 조치 등을 요구해 왔다. 이중 IAEA 사찰단 복귀 문제는 6자회담 당사국간의 합의가 있을 경우 비교적 쉽게 해결 될 수 있다. 이미 북한은 2010년 12월 리처드슨(Bill Richardson) 미국 뉴멕시코 주지사 방북 시 IAEA 사찰단 복귀를 허용할 의향이 있음을 내비쳤고, 유키야(Amano Yukiya) IAEA 사무총장도 최근 북핵문제가 당사국 간 합의가 이루어질 경우, 2009년 북한에서 추방된 IAEA 핵 사찰단 복귀는 신속히 이뤄질 수 있다고 밝혔다.

반면, UN제재 해제, UEP 중단, 북미 정상화와 평화협정 체결 등의 이슈들은 북한과 한미 간 입장 차이가 크기 때문에 쉽게 해결되기 어렵다. 북한이 6자회담에 복귀하고 당사국간 합의를 통해 핵폐기의 수순으로 진행되지 않는 한 UN제재 해제는 시간이 걸릴 문제이다. 오바마가 '전략적 인내'정책을 추진하면서 채택한 UN제재는 유일한 대북 협상의 지렛대로 활용되어 왔기 때문에, 북한의 상당한 변화가 없는 상태에서 이것을 포기하지는 않을 것이기 때문이다.

북한의 UEP 중단 문제는 훨씬 복잡하다. 북한은 2002년에 UEP의 존재를 부정해 오다가, 2009년 우라늄으로 핵무기를 생산하겠다고 공표하였다. 2011년 북미 고위급회담에서도 미국은 북한의 UEP가 9.19 공동성명과 유엔 안보리 대북결의안을 정면으로 위배하는 것이라는 점을 강조하였다. 반면, 북한은 UEP가 경수로 원자로 원료인 저농축 우라늄을 생산하기 위한 평화적 목적의 핵 이용이라고 맞서고 있다. 북한은 6자회담에서 UEP 문제를 다룬다면 논의하겠다는 입장을 피력하고 있다.

북미관계 개선과 북미정상화 문제에 대한 입장차 또한 분명해 보인다. 북한은 핵무기 프로그램 포기의 대가로 외교관계 정상화를 원하지만, 미국의 일관된 입장은 선 북핵 폐기 전에는 북한과 외교관계를 정상화할 수 없다는 것이다. 북한의 북미간 평화협정 체결 주장도 현실적으로 불가능하다. 6자회담의 당사국들 모두 현재의 정전협정을 평화협정으로 대체하는데 공감하고 있지만, 비핵화에 대한 진전 없이 평화협정은 불가능한 것이다.

향후 6자회담이 재개될 경우 많은 쟁점들이 있겠지만, 북한 핵에 대한 검증문제가 첫 출발점이 될 것이다. 미국은 2008년 10월 테러지원국 지정에서 북한을 해제하였다. 그러나 미국이 북한의 핵활동 검증을 위해 과학적 샘플링을 서면으로 요구한데 대해, 북한이 이를 거부하면서 6자회담은 정체되었다. 결국, 6자회담이 재개되면 '검증'에 대한 논의를 재개하고 새로운 타협점을 찾아야 한다.

북한에 대한 중유제공 재개 문제가 다시 불거질 것이다. 북한의 플루토늄 원자로 불능화에 대한 대가로 6자회담의 국가들이 20만톤의 중유를 공급하기로 합의했지만, 북한의 미사일 발사와 핵실험으로 중단된 상태이다. 6자회담이 재개 되면 북한은 중유 선적에 대해 문제 제기를 할 것으로 예상된다.

경수로 건설문제 해결도 쉽지 않다. 북한은 1994년 북미 제네바 합의에 따라 국제 컨소시엄 방식으로 경수로 발전소가 건설되다가 2002년 2차 북핵 위기가 발발하면서 중단되었다. 북한은 자체적으로 경수로를 건설하고 있는 것으로 확인되고 있는데, 이는 북한이 UEP을 가동시켜 핵무기급 플루토늄을 생산해 낼 수도 있다는 것을 의미한다.

북한의 핵문제 관련된 이슈들 이외에도, 북한의 미사일 발사 문제도 해결되어야 하는 중요한 이슈로 남아있다. 미국은 북한이 핵탄두 장착이 가능한 대륙간 탄도미사일(ICBM)을 갖게 될 경우, 미국에게 직접적인 위협이 된다고 생각하고 있으며, 실제로 미국 본토를 겨냥한 북한의 장거리 미사일 발사에 대비해 요격미사일 실험을 계속 진행하고 있다.

6자회담에 임하는 당사국들은 상이한 입장과 해법을 제시하여 왔다. 특히, 한미 간의 입장과 북한의 주장이 첨예하게 대립되어 왔다. 남북한 모두에게 현재의 대결구도는 바람직하지 않다. 박근혜 정부의 유연한 대북접근이 필요하다. 북한도 국제사회가 북핵을 용인하지 않으려고 한다는 점을 인식해야 한다. 남북한 모두 6자회담을 재개하여 9.19, 2.13, 10.3 합의정신으로 돌아가, 북핵을 평화적으로 해결하도록 노력해야 한다.

1) 인터메스틱(Intermestic)은 **Inter**national+do**mestic**의 합성어이다. 국내와 국제 문제의 경계선이 무너지고 있음을 나타낸다.
2) 최완규, "북한의 대화복귀 가능성과 그 조건," 『한반도 포커스』, 제 3호, 경남대학교 극동문제연구소, 2009, 6, p. 6.
3) John S. Park, "Inside Multilateralism: The Six-Party Talks," *The Washington Quarterly*, 28, 4, 2005, pp.75-91.
4) Bonnie S. Glaser, "Sino-American Relations: A Work in Progress," *American Foreign Policy Interests*, 25, pp. 422-423.
5) 실제로 미 국방부는 2010년 8월 의회에 제출한 "중국의 군사안보력 평가" 연례보고서에서 한반도 급변 사태 시 중국군의 군사적 전개와 배치가 변화될 가능성이 있음을 명시하였다. *Annual Report to Congress, Military and Security Developments Involving the People's Republic of China 2010*, Office of the Secretary of Defense, pp.1-74.
6) David Shambaugh, "China and the Korean Peninsula: Playing for the Long Term," *The Washington Quarterly*, Spring, 2003, p. 49.
7) John Hemmings, "Cheonan Raises Tensions with China," East Asia Forum, http://www.eastasiaforum.org/2010/08/19/cheonan-raises-tensions-with-china/
8) 북핵문제에 대한 중국의 역할에 대해서는 김일수·이동희, "미·중관계의 변화와 동아시아 질서," 『한국정치외교사논총』, 제 32집, 2호, pp. 257-283.
9) Georgy Toloraya, "President Putin's Korean Policy," The *Journal of East Asian Affairs*, Vol. 17, No. 11, Spring/Summer, 2003, p. 33.
10) 『연합뉴스』, 2011년 8월 11일.

참고문헌

"Activity of Korean Agents in the United States," *Weekly Compilation of Presidential Documents*, 13, no. 46.

"Address Before the Korean National Assembly," *Weekly Compilation of Presidential Documents*, 19, no. 46.

"Address Before the National Assembly in Seoul, South Korea," *Weekly Compilation of Presidential Documents*, 25, no. 9.

Ahn, Byung-Joon. "The United States and Korean-Japanese Relations," in the *U.S.-South Korean Alliance: Evolving Patterns in Security Relations*, edited by Gerald Curtis and Sung-Joo Han. Lexington, Massachusetts: Lexington Books, 1983.

Allan, Charles T. "Extended Conventional Deterrence: In from the Cold and Out of the Nuclear Fire?" *The Washington Quarterly*, 17, 1994.

Allen, Richard V. A statement before the Committee on Foreign Relations, U.S. Senate, Jan 25, 1995.

Allison, Graham T. *Essence of Decision: Explaining the Cuban Missile Crisis*. Boston: Little, Brown, 1971.

Ambrose, Stephen E. *Rise to Globalism: American Foreign Policy Since 1938.* New York: Penguin Books, 1991.

_____, "The Presidency and Foreign Policy," *Foreign Affairs*, 70 1991.

"An Interview with the President: 'the Jury is Out," *Time,* Jan 3, 1972.

Anderson, Martin. *Revolution: The Reagan Legacy*. Stanford, Calif.: Hoover Institution Press, Stanford University, 1990.

Armacost, Mike. "Memo to Zbigniew Brzezinski." NSC Memo (3), Feb 28, 1977, in *Declassified Documents Catalo*g, 1996 (fiche no. 2210).

Art, Robert J. "Bureaucratic Politics and American Foreign Policy: A Critique," *Policy Sciences*, 4, 1973.

Ban, Ki Moon. "Korea-U.S. Relations in the Post-Cold War World," *Journal of Northeast Asian Studies,* Sum, 1992.

Bandow, Doug. "America's Korean Protectorate in a Changing World: Time to Disengage." in *The U.S.-South Korean Alliance: Time for Change*, edited by Doug Bandow and Ted Calen Carpenter. New Brunswick, N.J.: Transaction Publishers, 1992.

Bang, Chan Young. "A Critique of U.S. Policy in the Western Pacific and Policy Alternatives," *Korea Observer,* 10, 1979.

Barber, James David. *The Presidential Character.* 3rd ed. Englewood

Cliffs, N.J.: Prentice Hall, 1985.

Barger, Harold M. *The Impossible Presidency: Illusions and Realities of Executive Power*. Glenview, Ill.: Scott, Foresman and Co., 1984.

Barilleaux, Ryan J. *American Government in Action: Principle, Process, Politics*. Englewood Cliffs, N.J.: Prentice-Hall, 1996.

_____, "Evaluating Presidential Performance in Foreign Affairs," in *The Presidency and public policy Making*, edited by George C. Edwards Ⅲ, Steven A. Shull, and Norman C. Thomas. Pittsburgh, Pa.: University of Pittsburgh Press, 1985.

_____, "Parallel Unilateral Policy Declarations: A New Device for Presidential Autonomy in Foreign Affairs," *Presidential Studies Quarterly* 22, 1987.

_____, *The Presidents and Foreign Affairs*. New York: Praeger, 1985.

_____, *The Post-Modern Presidency*. New York: Praeger, 1988.

_____, Mary E. Stuckey, eds. *Leadership and the Bush Presidency: Prudence or Drift in an Era of Change?* Westport, Connecticut: Praeger, 1992.

Barr, Cameron W. "North Korea Assures U.S. on Talks, but Summit with South is Off," *The Christian Science Monito*r, July 12, 1994.

Bernstein, Thomas and Andrew J. Nathan. "The Soviet Union, China and Korea," *The Journal of Asiatic Studies*, 25, no. 1.

Blix, Hans. "Verification of Nuclear Nonproliferation: The lesson of

Iraq," *The Washington Quarterly,* 15, 1992.

Boaz, David, ed. *Assessing the Reagan Years*. Washington, D.C.: Cato Institute, 1988.

Bowie, Robert R. "Requisites for a Bipartisan Foreign Policy," *Christian Science Monitor,* Aug 18, 1998.

Brauer, Carl M. *Presidential Transitions: Eisenhower Through Reagan*. Oxford: Oxford University Press. 1986.

Brown, Richard. "'Toward Coherence in Foreign Policy' Greater Presidential Control of the Foreign Policy-Making Machinery," in *The Presidency & National Security Policy*, edited by R. Gordon Hoxie. New York: Center for the Study of Presidency, 1984.

Brown, Seyon. *The Faces of Power: United States Foreign Policy from Truman to Clinton*. 2nd ed. New York: Columbia University Press, 1994.

Brown, Walton L. "Presidential Leadership and U.S. Nonproliferation Policy." *Presidential Studies Quarterly,* 24, 1994.

Brzezinski, Zbigniew. *Power and Principle: Memoirs of the National Security Adviser, 1977-1981*. New York: Farra. Straus & Giroux, 1983.

_____, "Meeting with South Korean Foreign Minister Park Tong-Chin," White House Meno, Mar 8, 1977, in *Declassified Documents Catalog*, 1997 (fiche no. 2881).

Bull, Hedley. "The New Balance of Power in Asia and the Pacific,"

Foreign Affairs, 49, 1971.

Bundy, McGeorge. "The Presidency and the Peace," *Foreign Affairs,* 42, 1964.

Bundy, William P. "Priorities and Strategies in Foreign Policy: 1985-1989," *Presidential Studies Quarterly*, 15, 1985.

Bundy, William P., William J. Crowe, Jr, and Sidney Drell. "Reducing Nuclear Danger," *Foreign Affairs*, Spring, 1993.

Burke, John P. *The institutional Presidency.* Baltimore, Md.: The Johns Hopkins University Press, 1992.

Burke, John P. and Fred I. Greenstein. *How Presidents Test Reality*. New York: Russell Sage Foundation, 1989.

_____, "Presidential Personality and National Security Leadership: A Comparative Analysis of Vietnam Decision-Making," *International Political Science Review*, 10, 1989.

Buss, Claude A. *The U.S. and ROK: Background for Policy*. Stanford, Calif.: Hoover Institution Press, 1982.

Carpenter, Ted Galen. "South Korea: A Vital or Peripheral U.S. Security Interest?" in *The U.S.-South Korean Alliance: Time for Change*, edited by Doug Bandow and Ted Galen Carpenter. New Brunswick, N.J.: Transaction Publishers, 1992.

_____, "The Case for U.S. Strategic Independence." Foreign Policy Briefing No. 16, Jan 16, 1992, http://www.cato.org/pubs/fpbriefs.fpb-016.html

Carter, Jimmy. "Text of letter to President Park from President Jimmy

Carter," in Declassified *Documents Catalog*, 1997, 1997 (fiche no. 2064).

_____, *Public Papers of the Presidents: Jimmy Carter, 1977-1981*, Washington, D.C.: Government Printing Office.

Casey, William J. "Focus on the Third World: Challenges and Opportunities," *Presidential Studies Quarterly*, 17, 1987.

Cha, Victor. "Realism, Liberalism, And the Durability of the U.S.-South Korean Alliance," *Asian Survey*, 37, 1997.

Chase, James. "Is a Foreign Policy Consensus Possible?" *Foreign Affairs*, Fall, 1978.

Chou, David. "The Role of the U.S. President and Congress in American Foreign Policy-Making with Special Reference to the Making and Implementation of Taiwan Relations Act," *Issues & Studies*, 20, 1984.

Christopher, Warren. "Proposed Letter to Congressional Leadership on Korean Troop Withdrawal Planning," Department of State Memo (1), July 19, 1978, in *Declassified Document Catalog*, 1996 (fiche no. 2639).

Clifford, Garry. "Bureaucratic Politics," *The Journal of American History*, 77, 1990.

Clinton, Daivid W. and Daniel G. Lang. "What Makes A Successful Presidential Transition? The Case of Foreign Affairs," *Presidential Studies Quarterly*, 23, 1993.

Cohen, Richard. "Self-Executive Agreements: A Separation of Power

Powers Problem," *Buffalo Law Review*, 24, 1974.

Coker, Christopher. *Reflections on American Foreign Policy Since 1945*. New York: St. Martin's Press, 1989.

Conetta, Carl J. "Mismatch: The Bottom Up Review and America's Security Requirement in the New Era," http://www.comw.org/pda/congress.htm

Congressional Quarterly Almanac 1976-1978, 1980-1981, 1983-1996. Washington, D.C.: Congressional Quarterly.

Congressional Quarterly Weekly Report. Washington, D.C.: Congressional Quarterly Inc., 1995.

Corwin, Edwin S. *The President: Office and Power*. New York: New York University Press, 1940.

Cottom, Rechard W. and Bert A Rockman. "In the Shadow Of Substance: Presidents as Foreign Policy Makers," in *American Foreign Policy in an Uncertain World*, Forsythe, David P. Lincoln, NE.: University of Nebraska Press, 1984.

Crabb, Cecil V., Jr. and Pat M. Holt. *Invitation to Struggle: Congress, the President and Foreign Policy*. 3rd ed. Washington, D.C.: Congressional Quarterly, 1989.

Crabb, Cecil V., Jr. and Kevin Mucahy. *Presidents and Foreign Policy Making*. Baton Rouge Louisiana State University Press, 1986.

Crovitz, L. Gordon and Jeremy A. Rabkin, eds. *The Fettered Presidency: Legal Constraints on the Executive Branch.*

Washington, D.C.: American Enterprise Institute for Public Policy Research, 1989.

Crowe, William J. Jr. "The Role of Military Strength in the World We Face," *Presidential Studies Quarterly*, 19, 1986.

Crowin, Edward S. *The President: Office and Powers, 1787-1984*. 5th ed. New York: New York University Press, 1984.

Cumings, Bruce. "American Policy and Korean Liberation," in *Without Parallel: The American-Korean Relationship Since 1945*, Frank Baldwin. ed. Pantheon Books, 1994.

Curtis, Gerald L, and Sung Joo Han. eds. *The U.S.-South Korean Alliance*. Lexington, Mass.: Lexington books, 1981.

Davis, Lynn E. "Containment and the National Security Policy-Making Process," in *Containment: Concept and Policy*, edited by Terry L. Deibel and John Lewis Gaddis, Washington, D.C.: National Defense University Press, 1986.

Degenhardt, Henry W. *Treaties and Alliances of the World*. 4th ed. Detroit: Gale Research Company, 1986.

Deibel, Terry L. and John Lewis Gaddis, eds. *Containment: Concept and Policy*. Symposium Cosponsored by the National Defense University and the Foreign Service Institute, Washington, D.C.: National Defense University Press, 1986.

Destler, I. M. "The Evolution of Reagan Foreign Policy," in *Reagan Presidency: An Early Assessment*, edited by Fred I. Greenstein. Baltimore: Johns Hopkins University Press, 1983.

_____, "National Security Advice to U.S. Presidents: Some Lessons from Thirty Years," *World Politics*, 29, 1977.

_____, *President, Bureaucrats, and Foreign Policy*. Princeton, N.J.: Princeton University Press, 1974.

Domm, Jeseph J. *Defining National Security: The Non-military Aspects*. New York: Council of Foreign Relations Press, 1993.

Dougherty, James and Robert Pfaltzagraff Jr. *American Foreign Policy: FDR to Reagan*, New York: Harper & Row, 1986.

Dunn, Lewis A. "Four Decades of Nuclear Nonproliferation: Lessons for the 1990s," in *The Global Agenda: Issues and Perspectives*, edited by Charles W. Kegley and Eugene R. Wittkopf. 3rd ed. New York: Random House, 1984.

Eckstain, Harry. "Case Study and Theory in Political Science." in *Handbook of Political Science: Strategic Inquiry*, vol. 7, edited by Fred I. Greenstein and Nelson Polsby. Reading, Mass.: Addison Wesley, 1975.

Edwards, George C., and Stephen J. Wayne. *Presidential Leadership*. rev, ed., New York: St. Martin's Press, 1990.

Facts on File World News Digest 1991, 1993-1994, Fact on File.

Fischer, Beth A. *The Reagan Reversal: Foreign Policy and the end of the Cold War*. Columbia: University of Missouri Press, 1997.

Ford, Gerald. *Public Papers of the Presidents: Gerald R. Ford*, Washington, D.C.: Government Printing Office, 1974.

Foster. Jason W. *Congressional Attitudes on the Future of the*

U.S.-South Korea Relationship, A Report of the International Security Program Center for Strategic and International Studies, CSIS, Washington. D.C., May, 2007.

Forsythe, David P., ed. *American Foreign Policy in an Uncertain World.* Lincoln, NE: University of Nebraska Press, 1984.

Franck, Thomas M., and Edward Weisband. *Foreign Policy by Congress*. Oxford: Oxford University Press, 1979.

Franklin, Daniel and Robert Shepherd. "Is Prudence a Policy? George Bush and the World," in *Leadership and the Bush Presidency: Prudence of Drift in an Era of Change*? edited by Ryan J. Barilleaux and Mary Stuckey, Westport, Connecticut: Praeger, 1992.

Freedman, Lawrence. "Logic, Politics and Foreign Policy Process: A Critique of The Bureaucratic Politics Model," *International Affairs*, 52, 1976.

Gaddis, John L. *The United States and the End of the Cold War: Implications, Reconsiderations, Provocations*. Oxford: Oxford University Press, 1990.

_____, *Strategies of Containment*. Oxford: Oxford University Press, 1982.

Gaddis, Smith. *Morality, Reason, and Power: American Diplomacy in the Carter Years*. New York: Hill and Wang, 1986.

Garrett, Baning N. "Ending the U.S.-Soviet Cold War in East Asia: Prospect for Changing Military Strategies," *The Washington*

Quarterly, 14, 1991.

Gelb, Leslie. "Reflections on the Carter Transition," in papers on *Presidential Transitions in Foreign Policy, History and Cultural Issues*, edited by Kenneth W. Thompson, University Press of America, 1986.

Genovese, Michael A. *The Presidency in an Age of limits*. Westport, conn: Greenwood Press. 1993.

George, Alexander L. *Presidential Decision-Making in Foreign Policy: The Effective Use of Information and Advice*. Boulder, Colo: Westview, 1980.

George, Alexander L. and Richard Smoke. *Deterrence in American Foreign Policy: Theory and Practice*. New York: Columbia University Press, 1974.

Gibney, Frank. "The Ripple Effect in Korea," *Foreign Affairs*, 56, 1977.

Gilpin, Robert R. *War and Change in International Politics*, New York: Cambridge University Press, 1981.

Goose, Stephen D. "The Comparative Military Capabilities of North Korean and South Korean Forces," in *The U.S.-South Korean Alliance: Time for Change*, edited by Doug Bandow & Ted Galen Carpenter. New Brunswick, N.J.: Transaction Publishers, 1992.

Gregor, James. "East Asian Security in the Gorbachev Era," in *The U.S.-South Korean Alliance: Time for Change*, edited by Doug

Bandow and Ted Galen Carpenter. New Brunswick, N.J.: Transaction Publishers, 1992.

_____, *Land of the Morning Calm: Korea and American Security*. Washington, D.C.: Ethics and Public Policy Center, 1990.

Greenstein, Fred I. *The Hidden-Hand Presidency: Eisenhower as Leader*. New York: Basic Books, 1982.

_____, *Leadership in the Modern Presidency*. Cambridge, Mass.: Harvard University Press, 1988.

_____, ed. *The Reagan Presidency: An Early Assessment*. Baltimore: Johns Hopkins University Press, 1983.

Grier, Peter. "U.S. Hangs Tough with North Korea After Carter Trip," *Christian Science Monitor*, June 20, 1994.

_____, "U.S. is Seeking Ways to Shift Defense Load," *Christian Science Monitor*, Oct 12, 1989.

Habib, Philip c. "Statement to the Senate Foreign Relations Committee," Department of State Letter (9), June 10, 1977, in *Declassified Documents Catalog*, 1997 (fiche no. 3216).

Haig, Alexander M. Jr. *Inner Circles: How America Changed the World*. New York: Warner Books, 1992.

Han, Bae Ho, "The Korean-American Alliance: Its Evolution, Transition, and Future Prospect," *Asian Prospect*, 7, 1983.

Han, Sung Joo. "South Korea and the United States: Past, Present, and Future," in *The U.S.-South Korean Alliance: Evolving Patterns in Security Relations*, Edited by Gerald L. Curtis and

Sung Joo han. Lexington, Mass.: Lexington Books, 1983.

Haney, Patrick J. *Organizing for Foreign Policy Crises: Presidents, Advisers, and the Management of Decision Making*. Ann Arbor: The University of Michigan Press, 1997.

Hargrove, Erwin C. *Jimmy Carter as Presidency: Leadership and the Politics of the Public Good.* Baton Rough: Louisiana State University Press, 1988.

Hargrove, Ewin C. and Michael Nelson. *Presidents, Politics, and Policy*. New York: Alfred A. Knopf, 1984.

Harrison, Selig S. "The Korean Peninsula Should Be Made a Nuclear Free Zone," *Christian Science Monito*r, July 3, 1991.

_____, "Political Alignments in the Two Koreas: The Impact of the American Presence," in *The U.S.-South Korea Alliance: Time for Change*, edited by Dough Bandow and Ted Galen Carpenter. New Brunswick, N.J.: Transaction Publishers, 1992.

Harsch, Joseph C. "Wanted: A Strategy, not a Doctrine," *Christian Science Monitor*, Jan 17, 1980.

Hartely, Thomas, and Bruce Russet. "Public Opinion and the Common Defense: Who Governs Military Spending in the United States?" *American Political Science Review*, 86, 1992.

Hastedt, Glenn P. and Anthony J. Eksterowicz. "Presidential Leadership in the Post Cold War Era," *Presidential Studies Quarterly*, 23, 1993.

Head, Richard. "Crisis Decision-making: Bureaucratic Politics and the

Use of Force," in *Bureaucratic Politics and National Security: Theory and Practice*, edited by Kozak, David C. and James M. Keagle, Boulder, Colo.: L. Rienner Publishers, 1988.

Henkin, Louis. *Foreign Affairs and the Constitution*. New York: W. W. Norton, 1975.

Henriksen, Thomas H. *Clinton's Foreign Policy in Somalia, Bosnia, Haiti, and North Korea*. Stanford Calif.: Hoover Institution on War, Revolution, and Peace, Stanford University, 1996.

Hermann, Magaret G. "Leaders, Leadership, and American Foreign Policy," in *Perspective on American Foreign Policy: Selected Reading*, edited by Charles W. Kegley, Jr. and Eugene R. Wittkopf, New York: St. Martin's Press, 1983.

Hill, Dilys M. and Phil Williams. "The Reagan Presidency: Style and Substance," in *The Reagan Presidency: An Incomplete Revolution?* edited by Dilys M. Hill, Raymond A. Moore, and Phil Williams, New York: St. Martin's Press, 1990.

Hinckely, Barbara. *Less than Meets the Eye*. Chicago: The University of Chicago Press, 1992.

Historic Documents of 1972, 1977-1980, 1982-1983, 1987-1989. Washington, D.C.: Congressional Quarterly.

Hogan Michael J., ed. *The End of the Cold War: It Meaning and Implications*. Cambridge University Press, 1992.

Holsti, Ole R. "The Belief System and National Image: A Case Study," in *International Politics and Foreign Policy*, edited by

James N. Rosenau. New York: Free Press, 1969.

Holsti, Ole R. and James N. Rosenau. *American Leadership in World Affairs*. Boston: Allen and Unwin, 1984.

Hoxie, Gordon R. "Presidential Leadership and American Foreign Policy: Some Reflections on the Taiwan Issue, With Particular Considerations on Alexander Hamilton, Dwight Eisenhower, and Jimmy Carter," *Presidential Studies Quarterly*, 9, 1979.

_____, "Dwight David Eisenhower: Bicentennial Considerations," *Presidential Studies Quarterly*, 20, 1990.

Hughs, Thomas L. "The Twilight of Internationalism," *Foreign Policy*, 61, 1985-86.

Hunter, Robert E. *Presidential Control of Foreign Policy: Management or Mishap*. New York: Praeger, 1982.

Huntington, Samuel P. *The Common Defense: Strategic Programs in National Defense*. New York: Columbia University Press, 1961.

_____, "The U.S-Decline or Renewal?" *Foreign Affairs*, 67, 1988/89.

Immerman, Richard H. "Psychology," *The Journal of American History*, June, 1990.

"Inaugural Address: Evocative Version of Campaign Message," *Washington Post*, Jan 21, 1981.

"Interview With the President," *Weekly Compilation of Presidential Documents*, 14, no. 3.

"Interview With Wof Blitzer of CNN," *Weekly Compilation of*

Presidential Documents, 30, no. 23.

Isenberg, David. "The Quadrennial Defense Review." Sep 17, 1998, http://www.cato.org/pubs/pas/pa-317.pdf

Jameson, Sam. "U.S. Plan to Cut Troops Worries Allies in Asia," *Los Angeles Times,* Jan 31, 1990.

Janis, Irving L. *Crucial Decisions*. New York: Free Press, 1989.

Jervis, Robert. *Perception and Misperception in International Politics*. Princeton, N.J.: Princeton University Press, 1976.

_____, "Politics Decision-Making: Recent Contribution," *Political Psychology*, 2, no. 2, 1980.

Johnson, Chalmers. "East Asia: Another Year of Living Dangerously," *Foreign Affairs,* 62, 1983.

"Joint Statement Issued at the Conclusion of the State Visit," *Weekly Compilation of Presidential Documents*, 19, no.46.

Kamiya, Fuji. "The Korean Peninsula After Park Chung Hee," Asian Survey, 20, 1980.

Kaplan, Mortan. *The Strategy of Limited Retaliation*. Princeton, N.J.: Princeton University Press, 1959.

Kaplan, Morton, ed. *Global Policy: Challenge of the 80s*. Washington, D.C.: Washington Institute for Values on Public Policy, 1984.

Keesing's Record of World Events, 1990, 1992-1994. London: Longman.

Kegley, Charles W., Jr. "The Bush Adminstration and the Future of American Foreign Policy: Pragmatism, or Procrastination?"

Presidential Studies Quarterly, 19, 1989.

Kegley, Charles W., Jr. and Eugene R. Wittkopf. "The Two Traces of the Reagan Administration's Foreign Policy Approach," *USA Today*, 14, Jan 1987.

Kellerman, Barbara and Ryan Barilleaux J. *The President as World Leader*. New York: St. Martin's Press, 1991.

Kelso, John R. "The Pacific Rim: The View from Down Under," Presidential Studies Quarterly, 22, 1990.

Kennedy, John F. "For the Freedom of Man," *Vital Speeches of the Day*, 27, 1961.

Keohane, Robert and Joseph Nye Jr. *Power and Interdependence*, Boston: Little, Brown, 1977.

Khong, Yuen Foong. *Analogies at War: Korea, Munich, Dien Bien Phu, and the Vietnam Decisions of 1965*. Princeton, M.J.: Princeton University Press, 1992.

Kihl, Young Whan. "Korea's Future: Seoul's Perspective," *Asian Survey*, 17, 1977.

Kim, C.I. Eugene. "Emergency, Development, and Human Rights: South Korea," *Asian Survey*, 18, 1978.

Kim, Hyung I. "Changing American Values and the U.S.-Korean Relations," *Korea Observer*, 11, 1980.

Kim, Se-Jin. *Documents in Korean-American Relations*. Seoul, 1976.

Kingdon, John W. *Agendas, Alternatives, and Public Policies*. Boston: Little, Brown, 1984.

Knight, Andrew. "Ronald Reagan's Watershed Year?" *Foreign Affairs*, 61, 1983.

Koenig, Louis W. *The Chief Executive*. 3rd ed. New York: Harcourt, Brace Jovanovich, 1975.

Koh, B. C. "North Korea 1976: Under Stress," *Asian Survey*, 17, 1977.

Koh, Harold Hongju. *The National Security Constitution: Sharing Power After the Iran-Contra Affair*. New Heaven, Conn.: Yale University Press, 1990.

Koh, Sung Chul. "United States Assistance to Korea for Maintenance Security," *Korea Observer*, 7, no. 3.

Korea Newsreview, July 7, 1994; Nov 16, 1991; May 14, 1988; Feb 1, 1983; Feb 7, 1981; March 3, 1979; Feb 3, 1979; Jan 20, 1979.

Krisberg, Paul H. "The United States and Asia in 1984," *Asian Survey*, 25, 1985.

Kurz, Kenneth Franklin. *The Reagan Years A To Z: An Alphabetical History of Ronald Reagan's Presidency*. Chicago: Contemporary Books, 1996.

Kwak, Tae-Hwan. "Military Capabilities of South and North Korea: A Comparatives Study," *Asian Perspective*, 14, 1990.

_____, "The Reduction of U.S. Forces in Korea in the Inter-Korean Peace Process," *The Korean Journal of Defense Analysis*, 2, 1990.

Kwak, Tae-Hwan and Sung-Ho Joo. "The Denuclearization of the Korean Peninsula: Problems and Prospects," *Arms Control*, 14, 1993.

Kyvig, David E. *Reagan and the World.* Westport, Conn.: Greenwood Press, 1990.

LaFeber, Walter. *Liberty and Power: U.S. Diplomatic History, 1770-1945*. Philadelphia: American Historical Association: Temple University, 1990.

Lagon, Mark P. *The Reagan Doctrine: Sources of American Conduct in the Cold War's Last Chapter*. Westport, Conn.: Praeger, 1994.

Layne, Christopher. "Requiem for the Reagan Doctrine," in *Assessing the Reagan Years*, edited by David Boaz, Washington, D.C.: Cato Institute, 1988.

Lebow, Richard Ned, and Janice Gross Stein. "Reagan and the Russians," *The Atlantic Monthly*, http://www. theatlantic.com/, Feb, 1994.

Levin, Norman D. and Richard L. Sneider. "Korea in Postwar U.S. Security Policy," *The Journal of Asiatic Studies*, 25 no. 1.

Levine, Herbert M. *Point Counter Point: Readings in American Government*. 4th ed. New York: St. Martin's Press, 1992.

Levy, Jack S. "Learning and Foreign Policy: Sweeping a Conceptual Minefield," *International Organization*, 48, 1994.

Lieber, Robert J. "Eagle Revisited: A Reconsideration of the Reagan

Era in U.S. Foreign Policy," *The Washington Quarterly*, Sum, 1989.

Lindsay, James M. *Congress and the Politics of U.S. Foreign Policy*. Baltimore: Johns Hopkins University Press, 1994.

Lindsay, James M. and Randall B. Ripley. "Foreign and Defense Policy in Congress: A Research Agenda for the 1990s," *Legislative Studies Quarterly*, 17, 1992.

Lovell, John P. "Limits of Lessons Learned: From Vietnam to the Gulf War," *Peace & Change*, 17, 1992.

Ludenstad, Geir. *The American Empire and Other Studies of U.S. Foreign Policy in a Comparative Perspective*. Oxford: Oxford University Press, 1990.

Mack, Andrew. "The Nuclear Crisis on the Korean Peninsula," *Asian Survey*, 33, 1993.

Margolis, Lawrence. *Executive Agreements and Presidential Power in Foreign Policy*. New York: Praeger. 1986.

Mandel, Robert. "Political Gaming abd Foreign Policy Making During Crises," *World Politics*, 29, 1977.

Manning, Bayless. "Goals, Ideology and Foreign Policy," *Foreign Affairs*, 54, 1975.

_____, "The Congress, The Executive and Intermestic Affairs: Three Proposals," *Foreign Affairs*, 55, 1976.

Manning, Robert A. "The United States and the Endgame in Korea," *Asian Survey*, 37, 1997.

Maoz, Zeev. "Framing the National Interest: The Manipulation of Foreign Policy Decisions in Group Settings," *World Politics*, 43, 1990.

Mckinlay, R. D. and R. Little. "A Foreign Policy Model of U.S. Bilateral Aid Allocation," *World Politics*, 30, 1977.

Meernik, James. "Presidential Decision Making and Ethical Use of Military Force," *International Studies Quarterly*, 38, 1994.

"Meeting with Korean National Assemblymen," *Weekly Compilation of Presidential Documents*, 11, no. 26.

Melanson, Richard A. *Reconstructuring Consensus: American Foreign Policy Since the Vietnam War*. New York: St. Martin's Press, 1991.

_____, *Writing History and Making Policy: The Cold War, Vietnam, and Revisionism*. Lanham, Md.: University Press of America, 1983.

Milkis, Sidney M. and Micheal Nelson. *The American Presidency: Origins and Development, 1776-1993*. Washington D.C.: Congressional Quarterly Press, 1994.

Milkis, Linda B. "Innocence Abroad? Congress, The President and Foreign Policy," *The World Today*, 43, 1987.

Modelski, George. "United States Alliance of The Korean System?" *World Affairs*, 139, 1976.

Moens, Alexander. *Foreign Policy Under Cater: Testing Advocacy Decision Making*. Boulder, Colo.: Westview Press, 1990.

Mollenhoff, Clark R. *The President Phased Failed.* New York: MacMillan Publishing Co., 1980.

Mosher, Fredrick C., W. David Clinton, and Daniel G. Lang. *Presidential Transition and Foreign Affairs*. Baton Rouge: Louisiana State University Press, 1987.

Mouat, Lucia. "U.S. to Propose Phased Sanctions on North Korea," *Christian Science Monitor*, June 20, 1994.

Murry, Frank J. "Nuclear Talks with North Korea Likely Soon," *Washington Times*, Jan 7, 1992.

Murry, Geoffrey. "Reagan Visit to Seoul Will Help Cool South Korean Revenge," *Christian Science Monitor*, Oct 17, 1983.

Nacht, Alexander. "U.S. Foreign Policy Strategies," *The Washington Quarterly*, 18, 1995.

MacDonald, Paul K., and Joseph M. Parent, "Graceful Decline?:The Surprising Success of Great Power Retrenchment," *International Security*, Vol. 35, No. 4, 2011.

Neack, Laura, Jenne A. K. Hey and Patrick J. Haney. et. al. *Foreign Policy Analysis: Continuity and changes in its Second Generation*. Englewod Cliffs, N.J.: Prentice-Hall, 1995.

Neustatdt, Richard E. *Presidential Power and the Modern Presidents*. New York: Free Press, 1990.

Nieburg, H. L. "Paradigms of Presidential Power," *Presidential Studies Quarterly*, 21, 1991.

Niksch, Larry A. "U.S. Troop Withdrawal From South Korea: Past

Shortcomings and Future Prospects," *Asian Survey*, 21, 1981.

Nixon, Richard M. "Asia after Vietnam," *Foreign Affairs*, 46, 1967.

_____, *U.S. Foreign Policy for the 1970s: Shaping a Durable Peace.* Washington, D.C.: Government Printing Office, 1973.

Nitze, Paul. "Strategy in the Decade of the 1980s," *Foreign Affairs*, 59, 1980.

Nye, Joseph., Jr. *Bound to Lead: The Changing Nature of American Power*. New York: Basic Books, 1990.

_____, "North Korea Nukes: Program Under Why?" *Christian Science Monitor*, Nov 25, 1991.

_____, "Nuclear Learning and U.S.-Soviet Security Regimes," *International Organization*, 41, 1987.

_____, "The Role of Strategic Nuclear Systems in Deterrence," *The Washington Quarterly*, Spring, 1988.

Oberdorfer, Don. "Carefully Timed U.S. Advice Played Role in South Korean Events," *Washington Post*, July 5, 1987.

_____, "U.S. Refuses to Shift Nuclear Arms in South Korea," *Washington Post*, July 3, 1991.

Oldfield, J.R. "From Reagan to Bush-Political Change in the United States." in *Superpower Politics: Change in the United States and the Soviet Union*, edited by Michael Pugh and Phil Williams. New York: Manchester University Press, 1990.

_____, "Korean Politics and U.S. Policy," *Asian Survey*, 27, 1987.

Olsen, Edward A. "Korean Security: Is Japan's Comprehensive

Security Model a Viable Alternative?" in *The U.S.-South Korean Alliance: Time for Change*, edited by Doug Bandow and Ted Galen Carpenter. New Brunswick, N.J.: Transaction Publishers, 1992.

_____, "Korean Politics and U.S. Policy," *Asian Survey*, 27, 1987.

Osgood, Robert E. "The Revitalization of Containment," *Foreign Affairs*, 60, 1982.

Ostrom, Charles W. Jr. and Brian Job. "The President and the Political Use of Force," *American Political Science Review*, 80, 1986.

Paige, Glenn D. *The Korean Decision*. New York: Free Press, 1968.

Peele, Gilliam. "The Agenda of the New Right" in *The Reagan Presidency: An Incomplete Revolution?* edited by M. Hill, Raymond A. Moore and Phil Williams. New York: St. Martin's Press, 1990.

Perlmutter, Amos. "The Presidential Political Centre and Foreign Policy," *World Politics*, 27, 1974-75.

Peterson, Pal E. "The President's Dominance in Foreign Policy-making," *Political Science Quarterly*, 2, 1994.

_____, ed. *The President, the Congress, and the Making of Foreign Policy*. Norman: University of Oklahoma Press, 1989.

Pfiffner, James P. and Gordon Hoxie. *The Presidency in Transition.* New York: Center for the Study of the Presidency, 1989.

Pfluger, Friedbert. "Human Rights Unbound: Carter's Human Rights

Policy Reassessed," *Presidential Science Quarterly*, 19, 1989.

Plunk, Daryl M. "The Continuing Cold War in Korea and U.S. Policy toward the Peninsula in the 1990s," in *The U.S.-South Korean Alliance: Time for Change*, edited by Doug Bandow and Ted Galen Carpenter. New Brunswick, N.J.: Transaction Publishers, 1992.

Quester, George. *American Foreign Policy: The Lost Consensus*. New York: Praeger. 1982.

_____, "The Malaise of American Foreign Policy: Relating Past Future," *World Politics*, 33, 1980.

Radte, Kurt W. "Global Strategy and Northeast Asia," *The Journal of Asiatic Studies*, 26, no. 2.

Ravenal, Earl. "The Nixon Doctrine and Our Asian Commitments," *Foreign Affairs*, 49, 1971.

Reagan, Ronald. *Public Papers of the Presidents: Ronald. Reagan 1981-1988*. Washington, D.C.: Government Printing Office.

Reagan, Ronald. T. "The Reagan Presidency: in Perspective," *Presidential Science Quarterly*, 16, 1986.

"Remarks on the Nuclear Agreement with North Korea," *Weekly Compilation of Presidential Documents*, 29, no. 28.

Rielly, John E, ed. *American Public Opinion and U.S. Foreign Policy 1983*. Chicago: Chicago Council on Foreign Relations, 1983.

Risse-Kappen, Thomas. "Public Opinion, Domestic Structure, and Foreign Policy in Liberal Democracies," *World Politics*, 43,

1991.

Rockman, Bert. *The Leadership Question*. New York: Praeger, 1985.

_____, "Presidential Power: It's Less than We Think," *Current*, Mar/Apr, 1997.

Romm, Joseph J. *Defining National Security: The Non Military Aspects*. New York: Council on Foreign Relations Press, 1993.

Rosati, Jerel A. *The Carter Administration's Quest for Global Community: Beliefs and Their Impact on Behavior*. University of South Carolina Press, 1987.

_____, "Jimmy Carter, A Man Before His Time? The Emergence and Collapse of the First Post-Cold War Presidency," *Presidential Studies Quarterly*, 23, 1993.

_____, "Developing a Systemic Decision-Making Framework: Bureaucratic Politics in Perspective," *World Politics*, 33, 1981.

Rosati, Jerel A., Joe D. Hagan, and Martin Sampson, eds. *Foreign Policy Restructuring: How Governments Respond to Global Change*. Columbia: University of South Carolina Press, 1994.

Rose, Richard. *The Postmodern President: George Bush Meet the World*. 2nd ed. Catham, N.J.: Chatham House Publishers, 1991.

Rose, Richard and Robert J. Thompson. "The President: Changing International System," *Presidential Studies Quarterly*, 26, 1991.

Rosecrance, Richard. "Regionalism and the Post-Cold War Era," *International Journal*, 46, 1991.

Rosenfeld, Stephen S. "Testing the Hard Line," *Foreign Affairs*, 61,

1983.

Rourke, Francis E. *Bureaucracy and Foreign Policy*: The Washington Center of Foreign Policy Research. Baltimore: Johns Hopkins University Press, 1972.

Rourke, John T. *Congress and the Presidency in U.S. Foreign Policymaking: A Study of Interaction and Influence, 1945-1982*, Boulder, Colo.: Westview Press, 1983.

Russett, Bruce M. *Controlling the Sword: The Democratic Governance of National Security*. Cambridge, Mass: Harvard University Press, 1990.

Sagan, Scott D. and Kenneth Waltz. *The Spread of Nuclear Weapons: A Debate*, New York: W.W.Norton, 1995.

Saikowski, Chalotte. "Reagan Tries to Lesson Tension in East Asia," *Christian Science Monitor*, Nov 14, 1983.

Sano, John R. "The Korean-American Alliance: Approaching the Next Era," *Korea Observer*, 10, 1979.

_____, "The U.S. Ground Troop Withdrawal: Factors Leading to the Decision and Implications for the Future of the Korean Peninsula," *Korea Observer*, 9, 1978.

Sapin, Burton M. "Improving Foreign Policy Performance: Back to Fundamentals," *Presidential Studies Quarterly*, 11, 1981.

_____, "Isn't It Time For a Modest Presidency in Foreign Affairs? Reflections on the Carter Performance," *Presidential Studies Quarterly*, 10, 1980.

Shanahan, Mike. "Anderson Accuses Carter of Letting General Set korea Policy," 17 Sep, 1998.

Shorrock, Tim. "Tim Shorrock and the Kwangju Response and Update," http://www.kimsoft.com/korea/shorock.htm[Cited 12 Sep 1998].

Shultz, George P. *Turmoil and Triumph: My Years as Secretary of State*. New York: Charles Scribner's Sons, 1993.

Shurke, Astri. "Gratuity or Tyranny: The Korean Alliances," *World Politics*, 25, 1973.

Sigal, Leon L. *Disarming Strangers: Nuclear Diplomacy with North Korea*. Princeton, NJ: Princeton University Press, 1998.

Sigur, Gaston J. "U.S. Policy in East Asia and Pacific: Building on the Past and the Present for the Future," *Journal of Northeast Asian Studies*, Summer, 1991.

Simmons, Robert R. "The Communist Side: An Exploratory Sketch," in *The Korean War: 25-year Perspective*. Lawrence, Kans.: University of Kansas Press, 1977.

Singer, J. David. "The Level-of Analysis Problem in International Relations," in *The International System: Theoretical Essays*, edited by Klaus Knorr and Sidney Verba, Princeton, NJ: Princeton University Press, 1961.

Smith, Tony. *America's Mission: The United States and the Worldwide Struggle for Democracy in the Twentieth Century*. Princeton, NJ: Princeton University Press, 1994.

Smoke, Richard. *National Security and Nuclear Dilemma.* 2nd ed. New York: Random House, 1987.

_____, *National Security: Enduring Problems in a Changing Defense Environment.* 2nd New York: St. Martin's Press, 1991.

Sneider, Daniel. "Roh Tae Woo Will Try to Counter Impression Anti-Americanism on U.S. visit Next Week," *Christian Science Monitor*, Oct 12, 1989.

Snyder, Glenn H. "The Security Dilemma in Alliance Politics," *World Politics*, vol. 36, Summer, 1984.

Snyder, Scott. "After the Geneva Agreed Framework: Developing a Road Map for Normalizing Relations with North Korea," *Global Beat*, Working Papers, Washington, D.C.:U.S. Institute of Peace, 21 Oct, 1997.

Snyder, Richard C.,H.W. Bruck, and Burton Sapin. "Decision-Making as an Approach to the Study of International Politics," in *International Politics and Foreign Policy*, edited by James N. Rosenau. New York: Free press, 1969.

Solomon, Richard, ed. *Asian Security in the 1980s: Problems and policies for a Time of Transition.* Santa Monica, Rand Corporation, 1979.

Spanier, John. *Games Nations Play*. Washington, D.C.: Congressional Quarterly Press, 1987.

_____, *American Foreign Policy Since World War II*. 12th rev. ed. Washington, D.C.: Congressional Quarterly Press, 1992.

Spencer, Donald S. *The Carter Implosion: Jimmy Carter and the Amateur Style of Diplomacy*. New York: Praeger. 1988.

Springsten, George S. "Text of a cable to the U.S. Embassy in Seoul," *Declassified Documents Catalog*, 1997, Woodbridge, Conn.: Research Publications, 1997 (fiche no. 1013).

Sprout, Harold, and Margaret Sprout. "Environmental Factors in the Study of International Relations," in *International Politics and Foreign Policy*, edited by James N. Rosenau. New York: Free press, 1969.

"Statement on the Death of President Kim Il Sung," *Weekly Compilation of Presidential Documents*, 30, no. 28.

"Stopping the Spread of Weapons: Still Time to Act," *The Defense Monitor*, 21, 1992.

Suh, Dae-Sook. "Changes in Sino-Soviet Policies toward Korea: Implications for the United States," in *The U.S.-South Korean Alliance: Time for Change*, edited by Doug Bandow and Ted Galen Carpenter. New Brunswick, N.J.: Transaction Publishers, 1992.

"Toasts at the State Dinner," *Weekly Compilation of Presidential Documents*, 15, no. 27.

Tower, John G. "Congress Versus the President: The Formulation and Implication of American Foreign Policy," *Foreign Affairs*, 60, 1981.

"Transfer of Certain Defense Articles to the Republic of Korea,"

Weekly Compilation of Presidential Documents, 13, no. 43.

Truman, Harry S. *Years of Trial and Hope*. Garden City, N.Y.: Doubleday, 1956.

U.S. House Committee on Armed Services. Subcommittee on Investigations. *Report on Impact of Intelligence Reassessment on Withdrawal of U.S. Troops from Korea*. 96th Cong., 1st Sess., 1979. Committee Print 10.

U.S. House Committee on Foreign Affairs. *Legislation on Foreign Relations Through 1993*. 3 vols. 103rd Cog., 2nd Sess., 1994. Joint Committee Print.

U.S. Senate. *The United States and the Korean Problem: Documents 1943-1953*. 83rd Cong., 1st Sess., 1953. S. Doc.74.

U.S. Senate Committee on Foreign Relations. *U.S. Troops Withdrawal from the Republic of Korea: A Report to the Committee by Hubert H. Humphrey and John Glenn*. 95th Cong., 2nd Sess., 1978. Committee Print.

U.S. Senate Committee on Governmental Affairs. F*acts on Nuclear Proliferations: A Handbook. Report Prepared by the Congressional Research Service*, Library of Congress 94th Cong., 1st Sess., 1975. Committee Print.

U.S. Congress. *Hearing of the Senate Foreign Relations Committee*, Jan 1995, Jan 24, 1995.

U.S. Department of Defense, *A Strategic Framework for the Asian Pacific Rim: Looking Toward the 21st Century*. Washington,

D.C.: Government Printing Office, 1990.

_____, "Cable from Joint Chief of Staff to the Commander in Chief, Pacific," in *Declassified Documents Catalog*, 1998, Woodbridge, Conn.: Research Publications, 1998 (fiche no. 0033).

_____, "Memorandum for the President from Deputy Secretary of Defense," May 16, 1977." in *Declassified Documents Catalog*, 1997, Woodbridge, Conn.: Research Publications, 1997 (fiche no. 2456).

U.S. Department of State. "Fact Sheet: Nonproliferation and Export Control Policy," Oct, 1993.

_____, "The United States and North Korea Reach Agreement on Nuclear Program," U.S. Department of State, *Dispatch*, 5, 1994.

_____, "U.S,-North Korea Talks on Nuclear Issue," Department of State, *Dispatch*, 4, 1993.

_____, "U.S. Relations with Korea." East Asia and the Pacific," Department of State, *Dispatch*, June, 1989.

_____, *American Foreign Policy Basic Documents, 1977-1980*. Washington, D.C.: Government Printing Office, 1983.

_____, *American Foreign Policy Documents 1981-1984, 1988, 1990, 1993*. Washington, D.C.: Government Printing Office, 1985-1994.

_____, *Bulletin*, August 15, 1977.

_____, *Bulletin*, July 11, 1977.

_____, *Bulletin*, June 13, 1976.

_____, *Current Policy Digest*, No. 25, Bureau of Public Affairs, Washington, D.C.: March 1987.

_____, "Foreign Direct Investment in a Global Economy," Bureau of Public Affairs, Washington, D.C.: GPO, 1989.

_____, "President Ford's Pacific Doctrine," *News Release*, Washington, D.C.: GPO, 1975.

_____, "Sustaining U.S. Global Leadership: Priorities For 21st Century Defense," January, 2012.

"U.S. Generals in South Korea Hit Carter's Pullout Plan," *Washington Post*, May 19, 1977.

Vance, Cyrus. "Memorandum for President Carter," Feb 20, 1968, in *Declassified Documents Catalog*, 1996, Woodbridge, Conn.: Research Publications, 1996 (fiche no. 1511).

Vitas, Robert A. & John Allen Williams, eds. *U.S. National Security Policy and Strategy, 1987-1994*. Westport, Conn.: Greenwood Press, 1996.

Wagner, Edward W. "Failure in Korea," *Foreign Affairs*, 1961.

Watson, Jack H. Jr. "The Clinton White House," *Presidential Studies Quarterly*, 23, 1993.

Weinrod, Brice W. "Soviet New Thinking and U.S. Foreign Policy," *World Affairs*, 150, 1988.

Welch, David A. "The Organizational Process and Bureaucratic

Politics Paradigms: Retrospect and Prospect," *International Security*, 17, 1992.

Whitehead, John C. "The Place of the United States in the World Today," *Presidential Studies Quarterly*, 19, 1989.

_____, "The Department of State: Requirements for an Effective Foreign Policy in the 1990s," *Presidential Studies Quarterly*, 19, 1989.

Whitson, William W. "American Political, Economic, and Security Interests in Northeast Asia," *The Journal of Asiatic Studies*, 23, no. 1.

Wiarda, Howard J. "The Paralysis of Policy: Current Dilemmas of U.S. Foreign Policy Making," *World Affairs*, 49, 1986.

Wildavsky, Aaron. "At Once Too Strong And Too Weak: President Clinton and the Dilemma of Egalitarian Leadership," *Presidential Studies Quarterly*, 23, 1993.

Wirth, Timothy E. "Afterword: A Korea Policy for the 1990s." in *The U.S.-South Korean Alliance: Time for Change*, edited by Doug Bandow and Ted Galen Carpenter. New Brunswick, N.J.: Transaction Publishers, 1992.

"Withdraw of U.S. Ground Combat Forces From the Republic of Korea," *Weekly Compilation of Presidential Documents*, 14, no. 16.

Wofsy, Leon, ed. *Before the Point of No Return*. New York: Monthly Review Press, 1986.

Yorder, Amos. *The Conduct of American Foreign Policy Since World War II*. New York: Pergamon Press, 1986.

Zagoria, Donald S. "The Sino-Soviet Conflict and the Korean Problem," *The Journal of Asiatic Studies*, 20, no. 2.

_____,"Why We Can't Leave Korea," *New York Times Magazine*, Oct 2, 1977.

Ziemke, Caroline F. "Rethinking the Mistakes of the Past: History's Message to the Clinton Defense Department," The Washington Quarterly, 16, 1993.

미국의 대한반도 정책: 이론과 실제

저 자	김 일 수
발행처	충북대학교 출판부
발행인	윤 여 표
주 소	(361-763) 충북 청주시 흥덕구 내수동로 52 (개신동)
전 화	043)261-2952, 3014
팩 스	043)274-1256
초판 1쇄 인쇄	2014년 10월 30일
표지디자인	다 해
내지디자인	임 성 은
인쇄처	다해 02)2266-9247

이 저서는 2009년도 충북대학교 학술연구지원사업에 의하여 발행되었음
(This work was supported by the research grant of the Chungbuk National University in 2009).

ISBN 978-89-7295-226-8 93340
값 23,000원